新闻传播学术原创系列

“范式”共生与交融

中国新闻文体的当代演进（1949—2019）

刘勇 著

复旦大学出版社

本书为2013年国家社科基金青年项目“当代中国报纸新闻文体史研究（1949—2012）”（13CXW005）的最终成果，也是2022年度国家社科基金一般项目“百年中国新闻文体史研究（1921—2021）”（22BXW004）的阶段性成果。

目录

导　论

一、研究缘起与选题价值

任何学术研究首先都要从问题开始。科学社会学的代表学者默顿就曾指出,社会学问题演化形成过程包含三个主要构成成分:“第一是发问(originating question),陈述想解决的问题。第二是基本依据或理由(rationale),说明为什么要解答这一问题。第三是阐明疑问(specifying question),即对提出的疑问找出与理由相符的可能的答案。”①循着这个理路,我们首先需要回答的问题就是:“为什么要关注当代中国新闻文体史?”换言之,这个选题究竟有怎样的研究价值和意义?

美国社会学者米尔斯在其名著《社会学的想象力》中提出了一对深具启发意义的概念:“环境中的个人困惑”和“社会结构中的公众论题”,前者是桩“私人事务”,后者是件“公共事务”。在米尔斯看来,仅仅依据“个人困惑”,“人们往往只是沮丧地觉得似乎一切都有点不对劲,但不能把它表达为明确的论

① ［美］罗伯特·K. 默顿:《社会研究与社会政策》,林聚任等译,生活·读书·新知三联书店2001年版,第23页。

题。哪些价值受到威胁以及什么在威胁这些价值,这些都未被表述出来”。总之,“它们还没有成为结论,更远远未被作为社会科学的问题而陈述出来”。[①] 那么,什么才是学术研究中有价值的真问题?米尔斯的提醒切中肯綮:一方面,“要知道许多个人困扰不能仅仅当作困扰解决,而是必须按照公众问题和历史形塑问题来理解”。另一方面,“要知道在公共论题中,人的意义必须通过将这些问题和个人困扰及个人生活问题相联系才能显现出来”。因此,“要充分表达社会科学的问题,就必须既要包括困境又要包括问题,既要观察人物又要观察历史,以及它们之间错综复杂的关系”。[②] 这就是说,只有寻找到“环境中的个人困惑”和“社会结构中的公众论题”的内在关联,从二者契合处发问,才能找到学术研究的真问题。

这种体悟为我们从事新闻传播学研究提供了诸多启示。之所以关注当代中国新闻文体史,首先源自笔者多年来从事新闻写作教学与研究的一系列“个人困惑”:“为什么新闻文体常常被化约为新闻体裁?为什么新闻写作学的教学和研究仅仅停留在新闻写作技巧层面?为什么新闻写作学乃至新闻业务的研究难以深入?新闻文体历经了怎样的变迁?哪些因素促发了新闻文体的嬗变?新技术加持下的新闻文体将如何演化?”……凡此种种,不一而足。

与此同时,新闻写作学乃至应用新闻传播学领域又似乎存在着与我这些“困惑”相关联的“公共论题”。早在 1985 年,武

① [美] C. 赖特 · 米尔斯:《社会学的想象力》,陈强、张永强译,生活 · 读书 · 新知三联书店 2005 年版,第 7—10 页。

② 同上书,第 245 页。

汉大学樊凡教授就在中国新闻学会联合会第一次学术年会上发表专文[1]剖析了新闻写作研究领域的两大问题，其一是学术界对于新闻作品的理论批评“还未能回答写作提出的要求，对写作的历史经验进行科学的、有理论深度的总结”。其具体表现为：

> 这种批评差不多只是对新闻作品进行解释和欣赏的附属手段……虽精于文辞，却弱于论理，缺乏严密的逻辑系统，且又多是讲“好话”，对作品进行一九开或二八开的鉴定，讲“坏话”的很少；思维模式也陈陈相因，令人担心它或许会变成一种“八股”，即几乎总是那么三大块——新闻价值、写作技巧、背景资料。……一篇好的（或不好的）作品，如果有人写了一篇文章加以定性，后来的研究者恐怕很难再增加点什么。似乎可以列成表格，任何作品都能够对号入座，往里面套，大可不必写什么批评文章，或者可以交给电子计算机写去。其研究的方法也相当单一，主要使用的是归纳法，视线辗转于外部表象、外部联系，只做些孤立的、一般化的描述。不是说这样的文章毫不足取，也不是说写多了。问题是千论一腔，没有新意。

其二是许多直接论述新闻写作的文章和专著，也存在着明显的不足。

> 它们中的大多数，也许是受到“述而不作”的传统教育思想的束缚，几乎众口一词地重复已有的一些原则和原

① 参见樊凡：《拓展新闻写作研究的思维空间》，载中国新闻学会联合会秘书处：《新闻学论文集》，人民日报出版社1986年版，第431—444页。

> 理……其指导思想是知识论,而不是认识论,更不是创造论,有“术”无“学”,或重“术”轻“学”,似乎新闻写作知识就到此为止。于是新闻写作的理想风帆就长期搁浅在我们自己固有的经验系统的沙滩上。

即使今天读来,这些批评依然具有相当的针对性和解释力。21 世纪以来,应用新闻传播学领域的这种状况似乎并没有得到根本改观。2000 年,中国传媒大学陈作平教授在其专著《新闻报道新思路——新闻报道认识论原理及应用》中对新闻业务的研究现状做出了与樊凡教授相似的评价:“因为缺少有力的理论作为支持,新闻业务研究一直缺乏后劲,许多内容是一些纯技术性的,或者只是实践经验的汇总,这就导致新闻业务研究经常落后于新闻实践的发展。”①2015 年,南京大学王辰瑶教授在《新中国新闻报道史暨代表作研究》一书中论述其研究初衷时,也做了如是阐释:“新闻报道采写,常被归为某类技术性的知识。在新闻媒体,它是业务能力;在新闻院校,它是实务课程。而本书多少存了些挑战这个既定观点的念头。新闻报道不仅是‘术’,也是‘道’,它为时代‘命名’,也因时代改变,新闻报道自身也许不是历史,但它可以串起历史,促成我们对既往的思考,启发着我们在未来的选择。”②字里行间透着对于新闻采写尴尬地位的反思与不平。类似的例子还可以举出很多。不同年代不同学者相似的论述构成了新闻实务乃至应用新闻传播学领域的

---

① 陈作平:《新闻报道新思路——新闻报道认识论原理及应用》,中国广播电视出版社 2000 年版,第 4 页。

② 王辰瑶:《新中国新闻报道史暨代表作研究》,北京大学出版社 2015 年版,第 10 页。

“专业论题”。

当我将“个人困惑”与应用新闻传播学领域的“专业论题”进行观照之后,本书的研究价值与意义也就越发明晰。作为新闻业务史不可或缺的组成部分,新闻文体史不仅是勾连新闻学研究中“学”与“术”的一个重要契合点,也是应用新闻传播学研究的基础性“路径”。

以下,我们从三个方面来阐释本书的研究价值。

第一,在我国社会历史变迁的大背景下,历时呈现当代中国新闻文体的实存状态和发展脉络,着力探寻记者群体和“名记者”个体在文体发展进程中的特点与作用,可以从理论上厘清新闻文体发展中的诸多问题以及文体演变背后的规律性因素,彰显 70 年来我国新闻观念的演进轨迹,也为我们提供了深刻理解当代新闻实践、仔细打量新闻观念嬗变的另一种思路:“深入到新闻发展的现实基础——人的物质生产与交往的需要中去,从那里去寻找新闻业发展的内在动力,去发现新闻观念与社会生活、社会文化的广泛联系;深入到新闻业内部结构及自身发展规律中去,从那里去认清新闻观念演进的历程与方位。”①

第二,立足历史视域,从新闻文体的内生逻辑出发,融合“记者研究”“新闻文本研究”,史论结合,论从史出,不仅能够通过探源测流来夯实新闻文体研究的基础,还能够切实解决新闻写作学领域纵、横两个维度不平衡的问题。事实上,早在 1983 年,王中先生就发现,中国新闻写作课的主要内容是从“横”的方面讲授“各种体裁的写作方法”,他因此倡导新闻院校

---

① 单波:《20 世纪中国新闻学与传播学 · 应用新闻学卷》,复旦大学出版社 2001 年版,第 2 页。

应该开设新闻文体发展史之类的课程,藉此“使学生有史的概念,有发展的概念,有唯物主义的概念。这样有‘横’、有‘纵’,纵横交叉,新闻写作这门课才比较完备”①。

第三,新闻文体史作为新闻业务史的重要组成部分,多年来一直没有得到学术界应有的重视。早在1982年,方汉奇先生就大力倡导“加强对报刊业务史的研究”,“即不能光研究报纸宣传了什么,也要研究它是怎么宣传的?在宣传手法上有哪些创造?有哪些发展?有哪些经验教训?”②从这个意义上说,本书在推动新闻业务史这一专门史的研究方面,也具有积极意义。

二、关于新闻文体的研究述评

长期以来,我国新闻学术界关于新闻文体的研究大致呈现两个特点:其一是数量多,此类研究曾经在二十世纪八九十年代,长期占据新闻学研究最核心的地位;③其二是整体研究的理论性、纵深感不强,大多数研究集中在对某一类新闻体裁的写作

---

① 王中:《序》,载李良荣:《中国报纸文体发展概要》,福建人民出版社2002年版,第1页。

② 方汉奇:《关于新闻史研究的几点体会与建议》,《方汉奇文集》,汕头大学出版社2003年版,第27页。

③ 这方面的论著浩如烟海,二十世纪八九十年代的代表性著作包括:黎信的《外国新闻通讯选评·上册新闻》(长征出版社1984年版)、徐占焜的《新闻写作基础与创新》(新华出版社1984年版)、蓝鸿文的《外国新闻通讯选评·下册通讯特写》(长征出版社1985年版)、洪天国的《现代新闻写作技巧》(中国新闻出版社1986年版)、何光先的《十年新闻写作变革》(中国新闻出版社1989年版)、任稚犀与张雷的《新新闻体写作》(北京日报出版社1989年版)、郑兴东与陈仁风主编的《不要这样写——对百篇新闻写法的商榷》(中国人民大学出版社1990年版)、艾丰的《新闻写作方法论》(人民日报出版社1993年版)、梁衡的《新闻原理的思考》(人民出版社1996年版)、周胜林的《高级新闻写作(第二版)》(复旦大学出版社1997年版)、张建伟的《深呼吸——未曾公开的新闻内幕(上、下)》(经济日报出版社1998年版)等。

技巧、具体新闻作品的鉴赏、名记者从业经历和报道经验总结等层面，缺乏从新闻文体本质属性、内生逻辑、演化机制等维度展开的深度研究。

1987年，武汉大学罗以澄教授就曾撰文指出我们的新闻写作学仍在"前科学"阶段徘徊——"纵观浩繁的新闻写作学研究文章、论文，多是从微观上探讨新闻作品的写作手法、技巧，而缺少从宏观高度系统地审视新闻作品的写作现象；经验性的描述居多，理论性的概括较少，务实有余而务虚欠缺。众多的新闻写作学教材、专著，也是重于新闻文体知识及新闻写作的技法、章法等表面层次的汇集、整理；而较少致力于新闻写作的系统分析，缺乏对新闻写作的思维、心理、审美意识、语言机制、最优化处理等深层结构的探索和概括，同样缺少理论的深沉和郑重。"①20世纪80年代，第三次新闻改革大幕拉开，新闻业界以新闻写作为支点撬动新闻改革，学界则以新闻写作研究来呼应新闻改革。新闻文体研究的理论化问题随之初露端倪，由此也汇集了一大批有份量的研究成果。

复旦大学宁树藩教授是其中的先行者。他从20世纪70年代末至80年代初，开始将"中国近代新闻文体发展史"作为研究重点，并专门为复旦新闻系的短训班开设"中国近代新闻文体的演变"课程。此后他陆续发表了多篇论文，《中国近代报刊业务变革初探》(1981)、《论新闻的特性》(1984)、《新闻学研究中亟待澄清的几个问题》(1986)、《新闻定义新探》(1987)、《信

---

① 罗以澄：《新闻写作现代化探析》，武汉大学出版社1989年版，第2页。

息观念与新闻学研究》(1998)等是其中的代表作①。这些研究浸润了宁先生的问题意识，着力深描新闻文体的历史嬗变及其背后的基本规律。例如，他发现早期消息(新闻文体)写作顺序往往是从人到事、从近到远、从原因到结果，而后来的消息写作顺序却恰恰相反，他据此发问：“是什么力量将这种写作顺序颠倒过来?”基于对消息文体的历时性考察，他的回答是：“传递新闻信息要求。”由此他进一步得出结论，新闻信息观念是“了解新闻文体形成和发展的一把钥匙”。② 宁先生的研究超越了当时新闻写作学研究的基本“范式”，开创了论从史出、史论结合的新闻实务研究新路径，也为此后新闻文体乃至新闻学的研究奠定了全新的逻辑起点。

复旦大学林帆教授的《新闻写作纵横谈》③则是较早突破新闻体裁研究范畴的专著。作者多年来始终倡导新闻写作学研究首先跳出新闻写作，然后再立足新闻写作的方法进行研究。该书收录22篇文章，内容涉及新闻文体的诸多方面，例如新闻文风、新闻文体史、新闻语言、新闻呈现方式等，王中先生在本书的“序”中评价该书“采用了彼此兼顾的体例”，是“有益的尝试”——“谈写作道理，有条条的，也有块块的，彼此兼顾得好，才容易洒开，做到纵横捭阖”。尤其需要指出的是，林帆先生在《新闻写作渊源谈》一文中阐释了一个影响深远的观点，亦即“新闻是‘事学’”，“新闻主要是写事，报道典型事件；即使是着

---

① 2003年，宁树藩先生将这些论文结集编入《宁树藩文集》(汕头大学出版社2003年版)。

② 宁树藩：《信息观念与新闻学研究》，《新闻界》，1998年第3期。

③ 参见林帆：《新闻写作纵横谈》，浙江人民出版社1980年版。

重写人的报道,也不过是因事及人,离不开大量事实”。[①] 这个观点较早从本质层面探讨了新闻与文学的区别,为新闻文体研究的理论拓展奠定了基础。

武汉大学樊凡教授也是从20世纪80年代开始聚焦新闻文体写作领域,他力图从方法论层面,提升新闻写作研究的理论性与应用性。在《拓展新闻写作研究的思维空间》(1985)、《新闻写作学的现代化问题》(1988)、《向着更大的历史跨度——论新闻写作的突破》(1987)等代表作[②]中,他提出了新闻写作学理论基础的构想,包括:能动反映论,即新闻写作是反映与创造的结合,再现与表现的结合;系统整体论,即在内容与形式、新闻性与艺术性及主体、客体、载体、受体三组矛盾关系中整体把握新闻写作;互动互制论,即假设新闻与社会是互相联系、互相制约的,社会的多元变化会成为新闻写作变革的复杂因素。这些论述为其时新闻写作学的理论化,也为新闻文体研究的深度化开拓了可行性路径。即使在今天读来,依然发人深省。诚如单波教授所言,“这些框架性的论说构成了一个具有创造性的理论图谱,新闻写作不再是技巧问题,而具有‘学’的意味,贯通了理想与理性的灵魂。”[③]

与樊凡教授类似,罗以澄教授也在这一时期密切关注新闻写作学的理论化与体系化问题。20世纪80年代中后期,他连

---

① 林帆:《新闻写作纵横谈》,浙江人民出版社1980年版,第13页。

② 1993年,这些论文被收入樊凡教授的个人作品集《拓展新闻写作研究的思维空间》,由香港中华科技出版社出版。2017年樊凡先生去世后,他的学生们遂决定以该书为底本,补充他对中西方新闻比较的论说等内容,重新整理文稿,由科学出版社于2018年同名再版。

③ 单波:《春风化雨上心头(代序)》,载樊凡:《拓展新闻写作研究的思维空间》,科学出版社2018年版,第ⅳ页。

续发表《我国新闻写作学研究现状的反思》(1987)、《新闻写作学研究与系统科学方法的引进》(1987)、《新闻写作学基础理论建设的思考》(1988)等论文,并于1989年以“新闻写作现代化”为书名结集出版。书中很多观点都具有相当的启发性。譬如,他呼吁“新闻写作学的研究方法应当尽快从长期以来的‘作品’为思维中心的状况解脱出来,代之以‘写’为思维中心。”①事实上,“怎么写”正是新闻文体研究关注的核心问题。而在《现代新闻写作学理论体系的构建》(1988)中,他较早将“新闻文体学”置于“新闻写作学”序列。在此基础上,他将文体流变、规律、技法等均纳入新闻文体学范畴。②

如果说上述学者的研究大体还处于理论构想层面,那么,复旦大学李良荣教授撰写的《中国报纸文体发展概要》③(1985)以及光明日报名记者樊云芳与丁炳昌合著的《新闻文体大趋势》④(1989)则是20世纪80年代率先从事新闻文体学研究实践的两本专著。

《中国报纸文体发展概要》修改自李良荣先生1982年的硕士论文《中国新闻文体的沿革》。其时,以著名报人徐铸成为主席的论文答辩委员会不仅一致通过该论文的答辩,而且给予了高度评价——“论文填补了新闻学研究的一项空白”。经过三年修改与补充,及至本书出版时已从7万字论文扩充为正文12万字、附录6万字。该书立足不同历史时期的社会变迁与文体变化,系统考察中国报纸文体从1815年到1949年的百年流

① 罗以澄:《新闻写作现代化探析》,武汉大学出版社1989年版,第5页。
② 同上书,第54页。
③ 参见李良荣:《中国报纸文体发展概要》,福建人民出版社1985年版。
④ 参见樊云芳、丁炳昌:《新闻文体大趋势》,华夏出版社1989年版。

变,是中国新闻文体史领域的里程碑之作。

《新闻文体大趋势》出自名记者伉俪之手。两位作者系统研读了1985—1988年发表在我国几家中央级大报上、并产生过较大社会影响的100多篇报道,在此基础上,对新闻文体规律与趋势做出了专业且具前瞻性的判断。与以往同类研究不同,该书源自记者个人的从业经历与困惑,但又超越了个人职业自传、报道经验总结的层次,强调从传统新闻报道的弊端出发,但又突破了简单的因果分析,而是力图从理论高度加以阐释新闻实践中出现的新问题与新趋势。

20世纪90年代以后,伴随文体学相关理论被引入新闻学领域,新闻文体研究也开始呈现出跨学科色彩。1994年,樊凡教授出版专著《中西新闻比较论》,不仅多处论及中西新闻写作观念、报道模式的差异,还辟出专章论述"中西新闻文体的流变",其中很多观念都借鉴了文体学的基本理论与研究成果。[①] 同年,单波教授发表论文《新闻文体新论》,该文也借鉴了历时文体学的相关理论,阐释了新闻文体内涵,划分原则,演变的内在机制、因素以及趋势等核心问题,开启了90年代新闻文体学研究的新阶段。此后,学者们尝试将新闻文体置于文体学的理论框架与视角中展开研究,产生了一批代表性研究成果,例如单波的《从语义学角度看新闻写作》(1994)、沈莉的《论通讯文体的嬗变》(1996)、丁柏铨的《新闻文体写作规律初探》(1998)、顾潜的《中西新闻文体异同与创新》(1998)、苏宏元的《新闻文体的基本特征》(1999)等。

① 参见樊凡:《中西新闻比较论》,武汉出版社1994年版。

进入21世纪后,新闻文体的研究也日趋多元,理论性、深度化都较传统有了长足的进步,其研究重点主要聚焦在四个方面。

第一,关于新闻文体基本特征、相关要素、写作原理以及基本规律的研究。这类研究中尤以对不同类型新闻体裁、报道方式、文体形态的特征、技法与变化等维度的研究最为集中、所占比例也最大。除了新闻写作教材①中会大量涉及这些内容外,学界亦发表了大量的学术论文。例如,杨保军教授将倒金字塔结构与新闻思维勾连,提出“倒金字塔思维”的概念,并从三个维度厘定其内涵与地位。② 这种研究视角和理路大大超越了新闻文体乃至新闻实务研究,凸显了应用新闻学研究的理论化、深度化的可能。再如,针对长期以来我国新闻体裁分类混乱且对

---

① 2000年以来,我国新闻学术界出版了一大批凸显新闻专业规范的新闻写作教材,很多书都融入了对新闻文体要素与原理的最新解读。其中的代表作包括强月新、单波:《现代新闻写作》,安徽人民出版社2001年版;张惠仁:《现代新闻写作学》,四川人民出版社2001年版;刘明华等:《新闻写作教程》,中国人民大学出版社2002年版;刘其中:《诤语良言——与青年记者谈新闻写作》,新华出版社2003年版;方延明:《新闻写作教程》,高等教育出版社2005年版;胡欣:《新闻写作学(修订版)》,武汉大学出版社2003年版;孙发友:《新闻报道写作通论》,人民出版社2005年版;王春泉:《武装的眼睛:现代新闻报道形式及写作》,安徽人民出版社2008年版;黎信:《英语对外新闻报道指南》,外文出版社2009年版;李希光、孙静惟、王晶:《新闻采访写作教程》,清华大学出版社2011年版;张志安:《深度报道:理论、实践与案例》,高等教育出版社2015年版;林晖:《当代新闻报道教程(修订版)》,复旦大学出版社2017年版;许向东:《数据新闻:新闻报道新模式》,中国人民大学出版社2017年版;白贵、彭焕萍:《当代新闻写作(第二版)》,中国人民大学出版社2018年版;窦锋昌:《全媒体新闻生产:案例与方法》,复旦大学出版社2018年版;高钢、潘曙雅:《新闻采访与写作》,中国人民大学出版社2018年版;罗以澄:《新闻采访与写作》,高等教育出版社2019年版;李良荣、钟怡:《互联网新闻制作》,复旦大学出版社2020年版;武斌:《消息写作原理》,南方日报出版社2020年版;曾繁旭、林珊珊、庄永志:《深度报道:题材、理念与方法》,清华大学出版社2021年版;刘海贵、刘勇、邓建国:《中国新闻采访写作学》(第三版),复旦大学出版社2022年版;等。

② 杨保军:《倒金字塔——新闻思维的规律性结构》,《新闻战线》,2008年第6期。

实践缺乏指导性的问题，王辰瑶教授运用模糊理论，对新闻体裁的分类进行反思和重构，澄清了新闻文体划分的一个基本规则，亦即“对报道体裁进行分类和命名的目的是要向记者提供一个有关新闻文体的类目上的指导，是关于‘怎么写’而不是‘写什么’的”①。还有，史安斌与刘滢撰文指出，对新闻话语体系的分析应当聚焦于三个维度，亦即“新闻文本的形式和语态”“新闻文本传播与接受的过程”“新闻文本与媒体机构、外部生态之间的互动关系”。基于此，他们通过梳理新闻话语体系的理论演进脉络，提出一种基于社交媒体的全媒体新闻话语体系——“正金字塔”结构。② 这方面的成果不胜枚举，限于篇幅，我们仅列举上述三篇颇具代表性的研究。③

与20世纪相比，这一阶段新闻业界的研究更具系统性、操作性与理论性。一批由名记者撰写的研究性论著，开始突破个体从业经验，尝试聚焦新闻文体理论与实践的融合。其中的代表性论文包括：南香红与陈丰的《特稿二辨》(2013)、关军的《为

---

① 王辰瑶：《模糊而有意义——谈谈文字报道体裁的分类与命名》，《新闻与传播研究》，2015年第1期。

② 史安斌、刘滢：《从“倒金字塔”“斜金字塔”到“正金字塔”——基于社交媒体的新闻话语体系和传播模式初探》，《新闻记者》，2014年第7期。

③ 这方面的研究还有很多，例如杜骏飞、胡翼青：《深度报道的文体说与旨趣说》，《新闻知识》，2001年第12期；丁柏铨：《深度报道：概念辨析及深度探源》，《新闻记者》，2014年第10期；许向东：《新闻文体：不断创变的新闻报道样式》，《新闻与写作》，2009年第5期；刘勇：《从自发到自觉——论新时期中国记者新闻文体意识的嬗变》，《国际新闻界》，2010年第5期；王昕、麦尚文：《新闻文体形塑传媒性格与新闻品质——“中新体”的专业取向与报道特色》，《新闻与写作》，2010年第8期；陈寿富：《论新闻文体的特性》，《国际新闻界》，2011年第3期；罗以澄、王继周：《网络社交媒体的新闻文体“杂糅”现象分析——以〈人民日报·海外版〉微信公众账号“侠客岛”为例》，《现代传播(中国传媒大学学报)》2016年第2期；张志安、章震、李鹏程：《人性、社会与文明：特稿价值的三重维度》，《新闻界》，2017年第1期；刘勇、邹君然：《记者文体意识与个体风格的互渗与博弈》，《中国地质大学学报(社会科学版)》，2018年第1期；等。

历史提供细节》(2013)、王天挺的《新闻特稿的叙事变化》(2016)、何�的《特稿写作:七分采、三分写》(2017)、谢梦遥的《特稿写作:把握人物复杂性的五个维度》(2019)、卫毅的《如何形成写作的风格》(2020)、叶伟民的《特稿的文学边界》(2022)等。值得一提的是,《南方周末》前特稿团队不仅长于特稿写作,其对于特稿的研究也独树一帜,李海鹏的《大地孤独闪光》(南方日报出版社2011年版)、南香红的《野马的爱情》(南方日报出版社2011年版)、杨瑞春与张捷的《南方周末特稿手册》(南方日报出版社2012年版)等集中展现了“南方报系”记者群体对21世纪新闻文体研究的贡献。此外,《中国青年报》原调查记者刘万永的《调查性报道》(人民日报出版社2015年版)、《人民日报》知名编辑费伟伟撰写的“人民日报记者说·好稿三部曲”系列[①]等,均跳脱了单纯新闻采写经验的总结,展现了新媒体时代新闻文体的丰富实践与变化。

第二,关于新闻文体发展、演变规律的研究。这类研究主要考察作为整体的新闻文体的生成与发展机制、影响因素和基本趋势等。这方面的代表性论文包括:孙世恺的《略论新闻文体写作的创新(上、下)》(2001)、孙发友的《传播科技发展与新闻文体演变》(2004)、张家恕的《略论新闻文体创变规律》(2006)、齐爱军的《新闻文体发展演变的动力机制探讨》(2006)、范以锦与匡骏的《新闻领域非虚构写作:新闻文体创新发展的探索》(2017)、刘蒙之与张焕敏的《非虚构写作:内涵、特

① 费伟伟:《人民日报记者说:好稿是怎样“修炼”成的》,人民日报出版社2018年版;费伟伟:《人民日报记者说:好稿怎样开头结尾》,人民日报出版社2020年版;费伟伟:《人民日报记者说:好稿怎样讲故事》,人民日报出版社2021年版。

点以及在我国兴起的多维因素》(2017)、陆晔的《文学新闻:特征、文化价值与技术驱动的未来》(2018)等。这些研究普遍关注传播技术、社会需要、政治经济因素等之于新闻文体创变的影响。刘勇的《记录、认可与导向:论新时期新闻作品评奖对新闻文体发展的影响》(2012)则较早从新时期新闻奖项的设置、评奖标准及其变化来观照我国新闻文体的演进。

第三,征用叙事(述)学、符号学、话语分析等理论资源所进行的新闻文体研究。这是2000年以来新闻文体乃至新闻写作学研究深度化、理论化的一个重要表征,研究成果日趋增多。论文方面,何纯的《关于新闻叙事学研究的构想》(2003)、范红的《新闻话语的编码和霸权的形成》(2004)、陈霖的《新闻叙事的叙述者初论》(2005)、齐爱军的《关于新闻叙事学理论框架的思考》(2006)、曾庆香的《新闻话语中的原型沉淀》(2009)、方毅华的《新闻叙事与文学叙事的多重审视》(2010)、蔡琰与臧国仁的《想象与创造性想象:新闻叙事思维再现的蓝图》(2010)、华进的《数码语境下新闻叙事的转型》(2013)、曾庆香的《新媒体语境下的新闻叙事模式》(2014)、刘勇与邹君然的《在"自由"与"尺度"之间:特稿的实践之维——基于对李海鹏系列作品的考察》(2017)、许向东的《转向、解构与重构:数据新闻可视化叙事研究》(2019)等是其中较有影响的成果。

专著方面则主要包含两种类型。

一是建构新闻叙事学的理论体系,将新闻文体研究纳入其中。例如曾庆香的《新闻叙事学》(中国广播电视出版社2005年版)、何纯的《新闻叙事学》(岳麓书社2006年版)、方毅华的《新闻叙事导论》(中国广播电视出版社2014年版)、欧阳明的《新闻报道叙事原理研究》(华中科技大学出版社2016年版)、曾庆香的《新媒体语境下的新闻叙事:话语嬗变与模糊边界》(科学出版社2021年版)、华进的《网络新闻叙事学》(中国社会科学出版社2021年版)大体都是按照这个理路展开研究。

二是将新闻文体作为研究对象,运用叙事学作为理论武器和研究方法,展开对新闻文体实践的剖析。这方面的代表性专著有三部:黎明洁的《新闻写作与新闻叙述:视角·主体·结构》(复旦大学出版社2007年版)、王辰瑶的《嬗变的新闻——对中国新闻经典报道的叙述学解读(1949—2009)》(中国传媒大学出版社2009年版)、陈霖与陈一的《事实的魔方:新叙事学视野下的新闻文本》(中国书籍出版社2011年版)。前两本书均是修改自博士论文的专著。黎明洁以叙事学的“细读法”对新时期的新闻文本进行分析,探寻新闻叙述策略与叙述观念的变化,最终提出“回归新闻是新闻写作改革不变的主题”。王辰瑶则从1949—2009年的新闻报道经典作品入手,将新闻叙述的理论框架与中国新闻实践相结合、融合多种文本分析方法对新闻报道的“意义建构”进行解读,“分析新闻观念的内在变化,展示新闻与时代的紧密而又微妙的联系”。陈霖与陈一则力图融合叙事文本分析与新闻话语实践分析,“探寻新闻传播如何从一种叙事(语言)行为转化为一种话语(权力)实践的内在文化机制和规律”。

第四,关于新闻文体史的研究。这类研究强调历时呈现新闻文体或某一新闻样式的演化历程与实践变化。论文方面的代表作包括:郭光华的《媒介即信息:报纸新闻文体演变回顾》(2001)、廖声武的《新闻文体创新的历史演进》(2006)、张征的

《新闻报道三十年的发展演变趋势》(2008)、张志安的《深度报道的轨迹回望与问题反思——以新闻专业主义为视角》(2009)、刘勇的《1978年以来中国报纸新闻文体的演进史——基于"范式"变迁的视角》(2010)、林溪声的《审视与反思:新中国新闻文体的多重变奏》(2010)、刘勇的《新闻与文学的交响与变奏:基于对"非虚构写作"的历时性考察》(2017)、曾润喜与王倩的《从传统特稿到非虚构写作:新媒体时代特稿的发展现状与未来》(2017)、黄典林的《话语"范式"转型:非虚构新闻叙事兴起的中国语境》(2018)、周逵的《默会的方法:非虚构写作中的民族志方法溯源与实践》(2018)、刘勇的《新中国新闻文体70年:"范式"的共生与交融》(2019)、李娟的《新闻文体"文学范式"的生成与型构——基于对"散文式新闻"的历时性考察》(2019)、陈阳、郭玮琪、张弛的《我国报纸新闻中的情感性因素研究——以中国新闻奖一等奖作品为例(1993—2018)》(2020)、张亚萌与王灿发的《中国共产党报刊新闻文体的历史演变(1921—1949)》(2022)等。

专著方面的代表性成果有3部:陈沛芹的《美国新闻业务导论:演进脉络与报道方式》(安徽大学出版社2010年版)、王辰瑶的《新中国新闻报道史暨代表作研究》(北京大学出版社2015年版)、刘勇的《中国报纸新闻文体嬗变(1978—2008)》(中国人民大学出版社2016年版)。

其中,陈沛芹的著作在梳理美国新闻报道方式发展历程的基础上,着力探讨报道方式演变背后的思想和所赖以生存的社会环境及其变化,这种研究思路对中国新闻文体史研究具有一定的启发意义。

王辰瑶的著作聚焦1949年以来中国新闻报道史,希望能在不同历史阶段的新闻报道之间建立“关联性”,用报道“串起”历史而不是孤立地分析新闻代表作,探讨的核心问题是“新闻当以何种方式来观照时代”。

刘勇的著作则力图跳脱传统新闻文体史的研究框架,以新闻文体的发展为经,以社会生态环境的变迁为纬,同时,立足“学”“术”互动,将新闻文体史与新闻文体研究史紧密结合,对改革开放30年中国新闻文体的历史变革进行了全景展示。

总体观之,这三本专著都试图打破传统新闻文体乃至新闻业务研究的藩篱:《美国新闻业务导论:演进脉络与报道方式》注重对新闻文体演化规律的探寻;《新中国新闻报道史暨代表作研究》聚焦把新闻思考从“业务”层面拖拽进“哲学”层面,从而给新闻工作增加厚重和反思,使之成为“最具有意义感的人类实践活动之一”;《中国报纸新闻文体嬗变(1978—2008)》则强调以新闻业务问题为切口,“打通”新闻理论、新闻史和新闻业务三大研究领域。

除此以外,芮必峰与姜红的《新闻报道方式论》(安徽大学出版社2001年版)、单波的《20世纪中国新闻学与传播学·应用新闻学卷》(复旦大学出版社2001年版)、刘海贵的《中国现当代新闻业务史导论》(复旦大学出版社2002年版)、张家恕的《颠覆与建构——新闻写作原理探究》(云南人民出版社2002年版)、张骏德的《新闻报道改革与创新》(中山大学出版社2008年版)、孔祥军的《精品新闻学:理论建构与媒体运行》(新华出版社2008年版)、李良荣等的《历史的选择》(武汉大学出版社2009年版)、李晓林的《历史的轨迹》(武汉大学出版社

2009年版）、余玉的《上海〈时报〉新闻业务变革研究》（人民出版社2017年版）、张建星的《中国报业40年》（人民日报出版社2018年版）、徐笛的《数据新闻的兴起：场域视角的解读》（中国传媒大学出版社2019年版）、王润泽的《近代中国新闻实践史略》（人民出版社2020年版）、路鹏程的《难为沧桑纪废兴：中国近代新闻记者的职业生涯（1912—1937）》（东方出版中心有限公司2021年版）、武楠的《发掘好新闻——改革开放初期中国新闻观念研究（1979—1988）》（河南大学出版社2021年版）等，也都有大量内容涉及对中国新闻文体史的呈现、剖析与评价等诸多方面。

上述研究从不同维度夯实了新闻文体研究的基础，为本领域的研究者提供了诸多宝贵的资源和有益的启示。当然，也难免会存在某些局限。

一方面，真正意义上的新闻文体史研究，尤其是观照当代中国新闻文体史的研究还相当有限，甚至稀缺。很多研究也缺乏将新闻史、新闻理论及新闻业务三大领域贯通的观念。另一方面，大量研究没有基于文体学的理论视野，或将新闻文体仅仅界定为新闻体裁，过度聚焦在新闻报道原则与技法层面，或偏重“写什么”（即题材），而“怎么写”（即文体）却没有引起足够的重视，停留在对某一次报道、某一报道体裁的经验总结层面的低水平重复现象比较突出，断言式、结论式、“观点+例子”印证式的研究较多，但论证不足，缺乏细致的个案研究，对案例、现象的深描不够；尤其以记者文体实践、文体观念演进为切口的研究“进路”更不多见。1994年，黄旦教授曾撰文批评当时国内新闻理论研究状况，并将之冠名为“记者式研究”，今天看来，新闻文

体乃至新闻实务研究依然存在这些问题。录下,引以为据:

> 一是其论题总是十分集中,犹如新闻记者抢热点新闻,新闻理论的研究者也始终醉心于抢一些热门话题……二是只述不作,有“理”无“论”,在众多的文章中,除少数外,大多都是就事论事,即兴发挥,充其量不过是某一文件、政策的诠释、注解和说明。①

三、本书的研究思路与研究方法

作为新闻业务史的重要组成部分,当代中国新闻文体史自然属于历史研究的范畴。历史何为?梁启超先生在《中国史叙论》中开宗明义:“史也者,记述人间过去之事实者也。虽然,自世界学术日进,故近世史家之本分,与前者史家有异。前者史家,不过记载事实。近世史家,必说明其事实之关系,与其原因结果。”②循着这个理路,本书力图跳脱单纯的新闻业务编年史的写法,尝试由具体问题切入,在展示当代中国新闻文体演变的实存状态的基础上,观测文体演进背后观念的变迁,探寻促发文体嬗变的关联因素和基本规律,继而为互联网时代新闻呈现方式的变革、新闻实践的革新提供一份借鉴。具体来说,1949—2019年中国新闻文体究竟呈现出怎样的历史图景与发展脉络?哪些因素在影响新闻文体的嬗变?那些以新闻为业的人如何从事文体实践?他们又是如何思考新闻的制作?凡此种种的问题,构成了本书所关注的核心“问题域”。

---

① 黄旦:《突破“记者式”研究的框式——对新闻理论研究现状的思考》,《杭州大学学报(哲学社会科学版)》,1994年第2期。

② 梁启超:《饮冰室合集》文集第三册,中华书局有限公司1936年版,第1页。

研究方法总是为解决问题服务的。本书采取“历时文体学”的研究方法，亦即“从动态的、纵向的角度描述历史上处于不同时间维度的文体结构的转化、兴替、变易，描述文体演变的各种现象并总结其规律”①。基于此，本书遵循历史研究的基本逻辑，强调论从史出，史论结合，将新闻文体纳入社会生态环境变迁、新闻改革的大背景，结合对不同历史时期记者文体实践的考察，希图准确勾勒出当代中国新闻文体史的演进轨迹。在具体新闻文本的研究中，我们力图通过运用细读法、内容分析、文本分析等研究方法，对不同历史阶段的新闻作品加以分析与解读。同时，对于名记者的文体实践，我们也将采用个案分析法予以展示。

本书的“当代”具体是指 1949—2019 年。关于本书的研究样本需要做如下说明。一方面，我们选择狭义的新闻体裁，即消息、通讯、特写、特稿、报告文学等，新闻评论和副刊作品则不纳入本书的研究范围。另一方面，由于 1949—2019 年的新闻作品浩如烟海，我们确立的入选标准有三：其一，历史上产生过重大影响的新闻作品，尤其是在新闻文体层面具有特色或价值的作品；其二，新闻共同体内部认可或引发争议的作品，例如，被收入媒体自选的优秀作品集或被收入新闻教材或专著中的作品；其三，获得各类新闻奖的作品。这三者的交集部分，则是当然的研究样本。此外，为了体现对当下新闻文体实践的观照，展现正在发生的历史，本书亦会选择 1949 年以前和 2020—2023 年的新闻报道案例、研究文献予以剖析，“宣传范式”部分着重聚焦了中国共产党百年的党报实践（1921—2021），“非虚构写作”部分

① 陶东风：《文体演变及其文化意味》，云南人民出版社 1994 年版，第 5 页。

则考察了 1949 年以前的实践历程。

需要强调的是,“文体研究的材料被限制在文本之内,文本是出发点,是研究者可以信任的唯一支撑者,然而其意义绝非囿于本身的材料的范围内”①。因此,本书首先必须从具体的新闻文本出发,但这并不意味着我们会忽略其他有价值的材料,比如,中国共产党在不同历史阶段的新闻宣传工作文件、党和国家领导人对于新闻宣传工作的重要讲话与指示、国家具体新闻政策条例、新闻人的业务自传与报道总结等都会被纳入研究视野。

四、本书的核心概念与体例框架

本书的核心概念是“新闻文体”。按照文体学的观点,文体是“文学作品的话语体式,是文本的结构方式”。作为“一个揭示作品形式特征的概念”,文体着力解决的是“怎么说而不是说什么的问题”。② 作为一个开放的系统,完整的文体应当包括“体裁”“语体”和“风格”三个要素。其中,“体裁是文体最外在的呈现形态,语体是文体的核心呈现形态,风格则是文体的最高呈现形态”。这三者既有区别,又密切相关,因此,“当我们谈文体问题时,实际上是谈三要素的综合而成的‘集’,而不是谈其中一个要素”③。从这个意义上说,“文体并不是思想的服饰,它本身同所表达的思想共在”④。

---

① 蒋原伦、潘凯雄:《历史描述与逻辑演绎——文学评论文体论》,云南人民出版社 1999 年版,第 15 页。

② 陶东风:《文体演变及其文化意味》,云南人民出版社 1994 年版,第 2—3 页。

③ 童庆炳:《文体与文体的创造》,云南人民出版社 1994 年版,第 182 页。

④ 蒋原伦、潘凯雄:《历史描述与逻辑演绎——文学评论文体论》,云南人民出版社 1999 年版,第 11 页。

基于此,本书认为,“新闻文体”是新闻报道的话语体式和结构方式。新闻报道的语言表达、结构方式、表现形式、体裁样式、报道方法、写作风格等都属于新闻文体学的研究范畴。因此,新闻文体其实解决的是“怎么写”而不是“写什么”的问题。① 事实上,“怎么写”从来都应该是新闻文体研究关注的核心问题。为什么不同记者对同一事实的报道常常会大相径庭?1924 年,美国新闻学者卡斯珀在其《新闻学原理》中就曾展开过分析,他认为这与“如何写”有着很大关系——“可能完全依赖于高超的叙述能力,依赖于清晰、紧凑而连贯的陈述,依赖于恰如其分的词汇选择和运用,依赖于赋予趣味性细节的更加有效的描述。”因此,“报纸的价值对其呈现新闻的方法的依赖程度并不小,它还依赖于新闻事件叙述中艺术的表达,依赖于新闻被赋予的艺术趣味性”。② 这同样也表明,浸润在新闻文体背后、对记者新闻文体实践起根本作用的是新闻观念,“叙述方式或者叙述技巧表面上看是具体操作层面的问题,实际上反映着记者的报道思维和操作理念”③。因此,新闻文体发展史的研究需要从新闻文体内在逻辑出发,展示不同新闻样式、呈现方式乃至文体观念之间交织呼应的历史脉络。

对于当代中国新闻文体史的研究,惯常的做法是运用纯粹的编年史路径加以阐述,这种研究的优势是易于呈现历史细节,

---

① 刘勇:《中国报纸新闻文体嬗变(1978—2008)》,中国人民大学出版社 2016 年版,第 12 页。

② [美]卡斯珀·约斯特:《新闻学原理》,王海译,中国传媒大学出版社 2013 年版,第 64 页。

③ 张志安:《记者如何专业:深度报道精英的职业意识与报道策略》,南方日报出版社 2007 年版,第 232 页。

但同时又容易限于琐细,遮蔽重点。因此,本书首先引入“范式”概念对当代中国新闻文体展开“深描”,结合文体发展的内在理路和外在形态考察新闻文体的实践与观念演变历程。笔者在《中国报纸新闻文体嬗变(1978—2008)》中曾用一节[①]的篇幅,初步运用“范式”概念剖析过新时期中国报纸新闻文体的变迁。如今看来,当时的研究尚未从整体意义上进行构架,亦未将此理路贯穿于整个研究。在本书中,笔者力图跳出传统编年史的框架,尝试用“新闻文体范式”概念来超越千差万别的新闻作品层面,跳脱新闻体裁、报道方式、报道模式等单一维度,并着眼于不同“新闻文体范式”之间共生与互动关系,展开对当代中国新闻文体史的阐释,其实质是为了探索新闻业务史研究的多维可能。此外,我还在本书中用“文学范式”替代了“故事范式”,将“故事模式”作为“文学范式”的一个呈现路径,因为只有“文学范式”才能与“宣传范式”“专业范式”居于同一逻辑层次,藉此亦能更清晰地展现新闻文体与文学之间的内在关联。

本书的基本框架如下。

“导论”部分。力图通过检视新闻文体实践与新闻文体研究两个层面的文献,交代本书对于当代中国新闻文体史研究的基本构想与逻辑理路。

第一章“‘范式’与当代中国新闻文体嬗变”。首先阐释在当代中国新闻文体史研究中引入“范式”概念的可能性与合理性,继而结合当代新闻文本中所透露出的整体性特征、内在机理、规范性要求以及文体范例等,结合不同媒体的性质与风格定

---

① 参阅刘勇:《中国报纸新闻文体嬗变(1978—2008)》,中国人民大学出版社2016年版,第33—61页。

位、中国新闻文体的文化传统等其他因素，提炼出当代中国新闻文体中实存的三大“范式”：“宣传范式”“文学范式”和“专业范式”，并结合不同历史阶段的新闻文体变迁，深描三大“范式”之间的互动与交融。

第二章“承继与调适：‘宣传范式’的文体嬗变”。首先总体分析“新闻文体宣传范式”的内涵与历史，由此总结出“宣传范式”的两大报道模式（“政论模式”和“信息模式”）、两种报道方法（“印证式”和“用事实说话”）。在此基础上，探查“宣传范式”标志性文体样式——“新华体”的历史变迁与内涵形构的过程。

第三章“互动与交融：‘文学范式’的文体创变”。首先历时性展示“新闻文体文学范式”的呈现路径及其基本特质，继而聚焦“文学范式”两种典型的文体样式：“散文式新闻”和“非虚构写作”，探寻各自的历史嬗变。

第四章“形构与创新：‘专业范式’的文体演变”。着重剖析“新闻文体专业范式”的当代路径与核心内涵，并结合“客观”与“深度”两种专业诉求，展示“客观报道”“调查性报道”“新闻特稿”的历史嬗变，进而通过考察名记者李海鹏在“自由”与“尺度”之间的特稿实践，彰显特稿在“专业范式”与“文学范式”之间互动与博弈的文体特质。

“结语”部分。总结三大文体“范式”在中国新闻文体当代演进中的基本特征，并尝试提出新闻文体的第四种“范式”，亦即数字化语境下的“新闻文体杂合范式”。

第一章
“范式”与当代中国新闻文体嬗变

从1949年到2019年，中华人民共和国从成立、建设到改革开放、中国特色社会主义新时代，70年的历史进程中，每一次国家政治制度、社会环境、新闻体制的革新，记者的新闻实践也随之改变，表现在新闻文体上，其形式样态、理念技法、话语体式等也都相应发生变化。本章我们将基于“范式”互动的维度，检视当代中国新闻文体的演进脉络，探寻新闻文体嬗变的内在机理。

第一节 “范式”：一种打量新闻文体史的新视角

好的研究源自“问题意识”，专业的“问题意识”往往包括三个要素：“其一，具有典型意义的研究对象，既能够拿到鲜活的一手资料，还能在理论创新上有所突破；其二，高度契合且具有解释力的概念,能够‘概念化’研究对象,并直接体现出理论视角和研究旨趣;其三,超越现象描述,追求阐释深度,能够在复杂现实的论证基础上提炼出规律,找出关键变量或揭示出深层机制,在认识现实和解释现实层面有所贡献。”①当代中国新闻报道文本千差万别,新闻文体从样式到观念也多姿多彩。用报道方式、报道模式、报道形式,抑或直接用消息、通讯、特稿、非虚构写作等不同的名称来指称,似乎都有一定的描述力和解释力,但又都还不足以揭橥新闻文体变迁背后的内在逻辑。为此,我们“挪借”科学哲学的关键概念“范式”(Paradigm)来展开阐释。

一、作为科学哲学核心概念的“范式”

“范式”(Paradigm)源自美国科学哲学家托马斯·库恩,用以解释科学发展的机制。1957年,他在《哥白尼革命》一书中,首次使用“范式”这一表述;1959年他正式将“范式”概念引入论文《必要的张力》之中;1962年,他在《科学革命的结构》一书中首次对“范式”进行了理论化阐释。② 库恩认为,“范式”必须同时具备两个基本特征:其一是能够“成就空前地吸引一批坚定的拥护者,使他们脱离科学活动的其他竞争模式”;其二是“这些成就又足以无限制地为重新组成的一批实践者留下有待解决的种种问题”。之所以选择这个术语,库恩的解释是,“意欲提示出某些实际科学实践的公认范例——它们包括定律、理论、应用和仪器在一起——为特定的连贯的科学研究的传统提供模

① 张志安:《序:新闻生产社会学视角下的案例研究》,载《编辑部场域中的新闻生产——基于〈南方都市报〉的研究》,复旦大学出版社2019年版,第4—5页。

② 崔伟奇、史阿娜:《论库恩范式理论在社会科学领域中运用的张力》,《学习与探索》,2011年第1期。

型”。简言之,“范式”就是“公认的模型或模式(Pattern)”。①

库恩虽然对“范式”进行了学理界定,但他运用这个概念时又常常是多义甚至模糊的,英国哲学家玛格丽特·玛斯特曼就发现《科学革命的结构》中“范式”概念的含义多达21种。② 她又将这21种含义归纳为三类:“(1)形而上学的‘范式’,在这种‘范式’中,判决性的认识事件是观察的新角度,是神话,是形而上学的思辨;(2)社会学的‘范式’,在这类‘范式’中,事件是普遍承认的科学成就;和(3)人造的或构造的‘范式’,这一视域下的‘范式’提供了一组工具或仪器,提供了对于具体问题进行研究的手段,提供了解决问题的方法。”③

由此,这个概念本身所包含的学术张力遂引发了学术界持续而广泛的讨论。此后,为了回应各方面的批评与追问,库恩又连续发表论文加以解释。1969年,他在《科学革命的结构》一书的再版“后记”中,明确了“范式”的两种意义:一方面,“范式”的社会意义在于,“它代表这一个特定共同体的成员所共有的信念、价值、技术等等构成的整体”。另一方面,“作为示范型的以往成就”,“范式”“指谓着那个整体的一种元素,即具体的谜题解答;把它们当作模型和范例,可以取代明确的规则以作为常规科学中其他谜题解答的基础”④。

---

① [美]托马斯·库恩:《科学革命的结构》,金吾伦、胡新和译,北京大学出版社2003年版,第9—21页。

② 转引自陈丽杰:《模糊的“范式”——再论库恩的“范式”》,《理论界》,2017年第7期。

③ [美]黛安娜·克兰:《无形学院——知识在科学共同体的扩散》,刘珺珺等译,华夏出版社1988年版,第26页。

④ [美]托马斯·库恩:《科学革命的结构》,金吾伦、胡新和译,北京大学出版社2003年版,第157页。

顺着库恩的思路,美国科学社会学学者黛安娜·克兰进一步评价“范式”的内涵:

> 上面的讨论指出,对于认识事件来说,事实上有两个方面刺激知识的增长,这就是:“范式”作为看得见的一种方式,一种观点,一种模型;“范式”作为特殊类型的工具或者作为解决问题的方法……“范式”之解决难题的“力量”,来自它对具体的问题组的独一无二的适用能力。正是这种特点使得“范式”很难用一般的词汇来定义。①

总结上述观点,“范式”应该是一个整体,它囊括了形而上的信仰、实际操作的规范以及实践中的成功范例。同时,“范式”也为科学研究中解决具体问题提供了新的路径和方法。尽管库恩强调仅将“范式”理论运用于科学哲学领域,且明确将人文社科排除在外,但吊诡的是,“范式”概念却在不同学科尤其是人文社科领域中“旅行”,并且不断被赋予新的意义与价值,诚如佩里所言,“如果说库恩的工作是在全力以赴地界定其核心术语的含义,那么其他人的工作便是不遗余力地扩充它们的含义”②。

二、“新闻文体范式”的内涵与意义

陶东风教授是较早将库恩的“范式”概念引入到文体学领域的学者。他在专著《文体演变及其文化意味》一书中赋予了

① [美]黛安娜·克兰:《无形学院——知识在科学共同体中的扩散》,刘珺珺等译,华夏出版社1988年版,第27—28页。

② 转引自崔伟奇、史阿娜:《论库恩范式理论在社会科学领域中运用的张力》,《学习与探索》,2011年第1期。

“文体范式”的基本内涵——“每一种特定的文类都有其‘范式’,即支配性的文体规范,它既是主观的,又是客观的,既是一种感受、体验结构,又是一种语言组织结构,即文体结构。一种文学类型就代表了特定的体验世界的方式以及语言结构的方式,它在特定时代的兴盛和衰落都反映着那个时代作家的精神结构和文化心理结构以及语言操作结构的变化,具有相当深厚的人文内涵。”在此基础上,他进一步阐释了“文体范式”作为文类变迁标志的意义与价值,“支配性规范的移位就成了我们把握文类演变的有效途径,同时也可以帮助我们确定文类的突变与渐变的区别”。因为“支配性规范的形成、确立是一种新的文类正式产生的标志”。[①] 由此可见,“文体范式”的内涵超越了其他文体要素,它实质包含了文体规范、文体结构和作家的认知与风格等多个维度。文体学的这种尝试也为新闻文体领域引入“范式”提供了有益的借鉴。

中国大陆新闻界最早引入“范式”概念的是原《中国青年报·冰点周刊》的主编李大同。1985 年,他在《漫谈名记者》一文中指出,不同记者之所以在成就上有所差异,“取决于他们选择新闻素材和制作新闻成品时所采用的‘范式’不同”。在他看来,“‘范式’这个概念,内涵极其丰富,由于库恩表述上的缺陷引起人们极大的兴趣和争议”。随后,他将“范式”与记者的新闻生产过程相勾连,“一个记者在新闻实践中,自觉或不自觉地都遵循着一定的‘范式’。新闻价值的判断、素材的选择、新闻

---

① 陶东风:《文体演变及其文化意味》,云南人民出版社 1994 年版,第 60—61 页。

的形式、突出的重点等等，无一不取决于记者的‘范式’”。[①] 这里，李大同提及的“记者的‘范式’”实质指涉记者文体观念与写作技法的总和，亦即“新闻范式”(Journalistic Paradigm)——“指导新闻媒体确认并诠释值得报道的‘社会事实’的认知模式或格式塔型世界观，具有统领新闻实践的各规范性原则和从业知识，并将之整合成内部同一的意识形态体系的功能。”[②]从这个意义上说，“新闻范式”是我们审视记者职业化文体实践的一个重要“窗口”。

本书用“范式”来表征不同特质的新闻文体规范，也是希图从另一个向度来审视当代中国新闻文体的变迁。从深层次看，“新闻文体范式”归因于“新闻范式”，但二者又存在不同之处，后者范畴更广，前者既不是新闻报道的形式，也不完全等同于新闻报道的模式，它更多以“新闻文体范型”为变量，着眼于如何呈现新闻（即通常意义上的“怎么写”），综合考察不同新闻文本的基本框架、结构方式和话语体式的差异，藉此观照文体形态以及技巧背后的观念变化。

引入“范式”概念，为我们打量新闻文体的演变与本质提供了一个新的视角。一方面，不同时代、不同媒体、不同记者生产的新闻文本恒河沙数，种类、形态也千变万化、不胜枚举。“新闻文体范式”则是对单纯新闻文本的提炼与超越，从而能够更加清晰地呈现1949—2019年间我国新闻文体演进的脉络与文

---

① 李大同：《漫谈名记者》，转引自张建伟：《深呼吸——未曾公开的新闻内幕(下)》，经济日报出版社1998年版，第51—52页。

② 潘忠党、陈韬文：《从媒体范例评价看中国大陆新闻改革中的范式转变》，《新闻学研究》(台湾)，2004年总第78期。

体观念的移位。另一方面,“新闻文体范式”能够为我们寻找不同文体样态创变与发展规律提供一个新的理路。文体“范式”的变换与迁移,依循新闻与政治、文学(文化)的互动关系,也契合新闻文体内生逻辑的自洽性。与之相对应,当代新闻文体实践中常常存在“作为宣传的新闻”“作为文学(故事)的新闻”“作为信息的新闻”等诸多文本样态并置的现象,这些文体的结构方式与话语体式不尽相同,有时又相互融合与杂糅,难以统一到纯粹的独立新闻文体专业规范之中。基于此,我们尝试经由“新闻文体范式”这一概念,对70年中国新闻文体的演进历程展开“深描”。

三、当代中国新闻文体演进中的三大“范式”

新闻文本中所透露出的整体性特征、内在机理、规范性要求以及成功的文体范例等,结合不同媒体的性质与风格定位、中国新闻文体的文化传统、媒介技术等其他因素,构成了我们判断“范式”类型的一个重要标准。循此标准,中华人民共和国成立70年来的新闻文体涵括了三个主要的“范式”类型,亦即“宣传范式”“文学范式”和“专业范式”。

“新闻文体宣传范式”指的是新闻文体的逻辑起点与功能指向都以宣传为根本目的,其实质是运用新闻进行宣传,强调新闻承载的是意识形态功能,体现的是政治力量对于新闻话语的“征用”。“任何新闻宣传都是为一定的党派和社会团体服务的,都是他们经济政治利益的集中反映。”①在我国,新闻事业是

① 习近平:《干在实处 走在前列——推进浙江新发展的思考与实践》,中共中央党校出版社2006年版,第310页。

党、政府和人民的喉舌。2016年2月19日,习近平在党的新闻舆论工作座谈会上,明确阐释了“五个事关”的重要表述——“做好党的新闻舆论工作,事关旗帜和道路,事关贯彻落实党的理论和路线方针政策,事关顺利推进党和国家各项事业,事关全党全国各族人民凝聚力和向心力,事关党和国家前途命运。”①正因为如此,“新闻文体宣传范式”不仅广泛地存在于各类各级党媒(报、刊、台、网)之中,而且也存在于不同类型的新闻媒体(例如专业媒体、商业化媒体)之中。换言之,“宣传范式”业已成为当代中国新闻文体的主导“范式”,政治宣传的观念与根本诉求对新闻文体的观念与话语方式都产生着巨大影响,也从根本上规范着党媒记者与编辑的新闻文体实践。《人民日报》原总编辑李庄就曾总结他参加20世纪40年代太行山根据地整风运动之后所形构的“渗透到血液里”的“宣传范式”:“第一,党的新闻工作者必须听党的话,无条件根据党的决定办事;第二,新闻必须真实,不能有半点虚假。终生实践这两条,可以安身立命了。”②

“新闻文体文学范式”显示的是文学之于新闻文体的影响。美国新闻生产社会学领域的知名学者迈克尔·舒德森就曾断言:“新闻不是一种文学形式,而是一组文学形式。一些新闻的形式像悬疑小说、传奇或五行打油诗那样可预测和公式化,其他新闻形式则更加复杂,无论是新闻从业者还是读者都不能完全

① 习近平:《习近平谈治国理政》(第二卷),外文出版社2017年版,第331—332页。

② 李庄:《李庄文集·回忆录编(上)》,人民日报出版社、宁夏人民出版社2004年版,第447页。

意识到其审美规范。”①从历史来看,近代中国新闻文体源自古典文学。根据李良荣教授的考证,我国近代消息是从古典文学中的记叙文转化而来,其形式包括:平铺直叙式(从《左传》及大多数笔记小品中移植过来)、叙中夹议式(直接搬用《史记》《聊斋志异》和一些笔记文的手法)、编年史式(这种写法似史书中的编年史)。而早期的通讯也与中国古典文学中的传记、游记有着直接的渊源关系。其中,纪实性通讯脱胎于《左传》《史记》《资治通鉴》等传记,旅游考察通讯取法于杨衒之的《洛阳伽蓝记》、姚鼐的《登泰山记》等游记,人物传记几乎和史书上的人物传记一模一样。②

可见,近代新闻文体正是在古典文学的不断滋养中得以产生,并逐渐发展成为独立文体。民国学者楼榕娇在《新闻文学概论》中就直接将各种新闻文体命名为“新闻文学”——“普通文学着重于情感的流露,故事的夸大,感人的深远,所以或有虚构的内容,而新闻文学则重在事实的报道,站在抢先的时机上,而为社会服务的工具。这种新闻体裁随着新闻事业的扩展,影响到广大群众的生活,渐渐独立起来,成为新兴的新闻文学。”③楼氏界定的“新闻文学”虽然过于宽泛化,但新闻文体包孕着文学的诸多要素却是不争的事实,从确立主题的方式方法到文章起承转合的结构布局,从记叙、议论、抒情等不同的表达方式到文章的遣词造句,新闻文体的生成都与文学密切相关。

---

① [美]迈克尔·舒德森:《发掘新闻:美国报业的社会史》,陈昌凤、常江译,北京大学出版社2009年版,第222页。

② 参见李良荣:《中国报纸文体发展概要》,福建人民出版社2002年版,第7—17页。

③ 楼榕娇:《新闻文学概论》,台湾学生书局1979年版,第2—3页。

知名新闻人艾丰就曾指出，在各种借鉴中，新闻作品向文学作品的借鉴是“最多的”，这是因为，“文学是最古老因而也是最丰富的宝库；新闻作品，特别是报纸上的新闻作品，最基础的要素还是文字。因此借鉴起来就更直接、更容易些”。[①] 本书的“新闻文体文学范式”，是指新闻报道中调用文学观念和创作手法来呈现新闻的方式，它表现在文体样态上，是指散文式新闻、新闻特写、报告文学等杂交文体的出现，表现在报道方法上则是散文、小说等写作技法在新闻中的借鉴与改造。

“新闻文体专业范式”呈现的是新闻作为一种独立文体所具备的本质特征和独特气质。专业“范式”视域中的新闻，强调以公共利益为中心，满足人们对于未知、预知、应知的信息的需要。美国学者盖伊·塔奇曼在《做新闻》中开宗明义，标识了新闻的内涵：“新闻是人们了解世界的窗口……它替代了旧时走街串巷向公众通告消息的人（又译公告传报员），其功能就是告诉我们想知道、需要知道以及应该知道的消息。”[②]因此，“新闻文体专业范式”源自新闻职业化进程中逐渐形构的专业理念以及由此生成的一整套操作规范。20 世纪 80 年代开始，深度报道的诞生使专业“范式”得以萌发并不断传承。90 年代后，伴随《南方周末》、《财经》杂志、央视《新闻调查》等一批专业媒体的专业化实践，新闻专业理念、专业伦理与专业规范逐渐成为中国记者的价值共识和身份认同的标志。2000 年以来，调查性报道勃兴，微博、微信等社交媒介崛起，UGC（用户生产内容）方兴未

---

① 艾丰：《新闻写作方法论》，人民日报出版社 2010 年版，第 294 页。

② ［美］盖伊·塔奇曼：《做新闻》，麻争旗、刘笑盈、徐扬译，华夏出版社 2008 年版，第 30 页。

艾,“专业范式”又呈现出新的变化,“深度报道从业者的价值取向正在实践中变得分化与多元”。①

以上,我们对三大“范式”进行了初步阐释,但这种“抓大放小”的划分方式似难逃“化约主义”的魔咒。这里,我们需要强调的是,现实(尤其是历史事实)并不可能完全按照人类设定的标准而呈现出泾渭分明的样貌。就像科学实验中的条件限定一样,分类只是为了研究便利而不得不采取的一种简化方式。倘若我们能够据此大体厘清新闻文体的嬗变轨迹与实存状态,则亦不失为一种相对有效的方式。

此外,通过系统阅读大量新闻文本以及对相关史料的搜集与整理,我们认为,三大“范式”并非完全按照时间线索渐次出现,也不是简单迭代关系,相反,它们有时会共生于同一阶段,有时会共存于一家媒体之中,有时甚至会出现在同一篇新闻文本中。更为重要的是,从历史维度看,三大“范式”之间的互动常常表现为相互勾连、交织与融通,彼此借鉴、吸纳与改造。对此,两位新闻学者的观点为我们的判断提供了佐证。杨保军教授从当代中国新闻业的现实中提炼出一个基本结论:“在新闻与宣传两种主要功能的实践中进行传播,是当代中国新闻业的突出特征之一。”②单波教授则基于对中国新闻文体的历史考察,发现了宣传与文学之于新闻文体的内在影响——“对多数中国记者而言,感时忧国、文以载道的精神传统突现了政治观念对新闻文体的影响,使新闻文体结构偏向于新闻的教化功能,诗学、戏

① 张志安:《记者如何专业:深度报道精英的职业意识与报道策略》前言,南方日报出版社2007年版,第1页。

② 杨保军:《三个向度中的当代中国新闻业》,《今传媒》,2008年第6期。

剧化传统使新闻叙事结构侧重于抒情性细节,强调写现场情景和人物思想感情的细节,以达到以情动人。”①

以下,我们以获得1997年中国新闻奖“特别奖”的作品《在大海中永生——邓小平同志骨灰撒放记》为例,详细剖析三大“范式”如何共生且有机融合在一篇报道之中。

首先,这篇报道集中体现了“宣传范式”的基本特质:主题重大,关涉对党和国家领导人邓小平同志历史功绩的评价;秉持“用事实说话”理念,采用“政论模式”,结合多个时间节点与重大事件的串联,高度浓缩并真实呈现了邓小平同志波澜壮阔的一生,将浓浓的哀思寄予深切的追忆之中,立意宏阔,述评结合,直抒胸臆。试举两例:

> 捐献角膜、解剖遗体,不留骨灰、撒入大海——这是把毕生毫无保留地献给祖国和人民的邓小平同志的遗愿,也是他留给党和人民的一份珍贵遗产,表现了一个彻底的唯物主义者的高尚情怀。

这一句话采用了夹叙夹议、叙议结合的方式:前半部分用四个结构相近的动宾词组来陈述事实,交代邓小平同志的“遗愿”,后半部分中的“毫无保留”“珍贵遗产”和“高尚情怀”等表达则是对他遗愿的评价和赞美。前面的事实自然引出后面的评论,后面的评论则立足之前的事实,言之有物,论之有据,这种类似“述评新闻”的写法有效地升华了报道主题。

> 潮涨潮落,大海沉浮,就像他人生的三落三起。半个多

① 单波:《20世纪中国新闻学与传播学·应用新闻学卷》,复旦大学出版社2001年版,第7页。

世纪的革命生涯中,虽历经风险,但他始终百折不挠,总是能一次次在历史的紧要关头挽狂澜于既倒,在沧海横流中显出伟大的无产阶级革命家大无畏的英雄本色。

本段由两句话构成,第一句话用“大海沉浮”类比邓小平三落三起的人生际遇。后一句话同样是事实与评论的组合,“历经风险”“百折不挠”“挽狂澜于既倒”都是对他革命生涯的描述,真实、具体而且生动地再现了邓小平的丰功伟绩,“伟大的无产阶级革命家大无畏的英雄本色”则是对小平同志的政治评价,由于基于事实,这一评价更显中肯、实在。

此外,运用评论作为过渡句,也是该报道运用“政论模式”的一个表现。例如,第14段只用了一句评论——“这是一个令人心碎的时刻”——即实现了承上启下的作用,上承对邓小平夫人卓琳悲伤情绪的描摹,并开启下文对于胡锦涛、邓家子孙、卫士等在骨灰撒放现场人员的描述。

其次,作为新闻重要体裁的通讯,本篇报道也呈现出了“专业范式”的基本特征,主要表现在三个方面:

(1)符合专业新闻文体的行文风格。“多段落”“短段落”“短句子”是本篇报道行文上的一大特色。全文共2 857个字,分布在60个自然段中。其中,每段字数最少的只有3个字,最多的达144个字,3—50个字的有37段,51—89个字的有15段,90—99个字的有4段,超过100字的仅有4段。段落多而不杂,文字简而不凡,凸显了优秀新闻文体的专业特质。

(2)作为新闻文体的显著标志,本篇报道的引语用法灵活且特色鲜明。全篇中一共使用7处直接引语。其中,三处分别引自小平女儿邓榕、一首赞美小平的诗、各国政要和人民,四处引自邓小平的原话,以下我们逐一分析之。

> 邓榕哽咽道:“爸爸,您回归大海,回归大自然,您的遗愿得到了实现,您安息吧!”

女儿邓榕的话,其实是代表邓小平全家的发言,通过亲人之口,道出邓小平的遗愿,真切自然,同时也渲染了骨灰撒放现场悲痛的气氛。

> 正如一首歌颂小平同志的诗所写:“于是才有了凤阳花鼓,敲响农民走向市场的节拍;才有了深圳神话,十年完成一个世纪的跨越……”

对于小平的历史功绩,除了结合具体事实直接叙述外,记者还巧妙地截取了这首歌颂小平的诗,而直接引语中选择的“凤阳花鼓”和“深圳神话”,更带有浓厚的隐喻意义,前者是农村改革的起点、家庭联产承包责任制肇始,后者则是改革开放发源地,都是邓小平开创的中国特色社会主义的重要一环。

> 各国政要和人民盛赞小平:“二十世纪罕见的杰出人物”“本世纪公认的世界级领袖”“邓小平的影响超时代超国界”……邓小平不仅属于中国,也属于全世界。

本段凸显出邓小平是具有世界影响的政治家。记者选择了三个有代表性的直接引语,逐层深入,紧随其后的就是记者的评论——“邓小平不仅属于中国,也属于全世界”,这同样是一种述评的写法。当然,如果记者能交代这些引语的具体出处,则更显专业。

> 早在莫斯科学习时,他就“打定主意”:“更坚决地把我

的身子交给我们的党,交给本阶级。”60多年后,他在退休之前,依然深情地说:我的生命是属于党、属于国家的。退下来以后,我将继续忠于党和国家的事业。

本段运用混合引语的形式,串联了邓小平为党和国家奉献的一生。直接引语表现了他投身革命时的坚定,后面的间接引语在赋予报道节奏感的同时,也彰显了邓小平在退休后仍不忘对于初心的坚守,体现了伟人的高尚品格。

“如果现在再不实行改革,我们的现代化事业和社会主义事业就会被葬送……”

此处用邓小平在“十一届三中全会”上的讲话作为直接引语,既凸显改革之初中国面临的严峻形势,又自然展示了邓小平在改革开放乃至整个中国特色社会主义事业中所做出的巨大贡献。

1979年4月,他提出了兴办经济特区的大胆设想,鼓励创业者“杀出一条血路来”。国门打开了!沿海、沿江、沿边,全方位开放的大格局已经形成,古老的中国终于向世界敞开了博大的胸怀。

本段依然采用混合引语的形式。其中,“他提出了兴办经济特区的大胆设想”是间接引语,“杀出一条血路来”是直接引语,此处只是截取了他讲话中的一小部分,既是引语,又有突出、强调的意味,暗喻改革的艰难。

透过舷窗望去,水天一色,波翻浪涌。从那永不停息的涛声中,人们仿佛又听到了震撼过无数人心灵的声音:

“我荣幸地以中华民族一员的资格，而成为世界公民。我是中国人民的儿子。我深情地爱着我的祖国和人民。”

记者在使用这段直接引语时，有意采取了“去语境”的处理方式，将邓小平的这段自我定位的“名言”，置于新的语境之中，勾连了对于骨灰撒放现场的白描，同时，凸显了报道的画面感。

(3) 强调新闻背景的灵活穿插。交代新闻背景，是专业新闻文体的显著标志。因为，没有背景，就不可能展现新闻的意义与价值。本篇报道中的新闻背景主要有三种呈现方式。

1939 年 8 月，在延安陕北公学学习的卓琳与邓小平相识相爱并结为革命伴侣。那年，邓小平 35 岁，卓琳 23 岁。两人共同走过了 58 年的人生历程。

这是在现场描写中穿插的一段新闻背景，意在展示邓小平与卓琳坚贞的爱情，同时照应了前文对卓琳悲痛欲绝状态的描摹。

历史不会忘记，1978 年 12 月，第三次复出的邓小平，以党的十一届三中全会为起点，揭开一场新的伟大革命的序幕，开创了一条有中国特色的社会主义康庄大道——

……

历史不会忘记，1979 年大年初一，邓小平最后一次越洋过海访问美国。这次出国距他少年时飘洋过海勤工俭学，整整 59 年。

这两段话意在唤起读者记忆：均以“历史不会忘记”起笔，之后均以历史背景串接，中间间隔的 9 段文字，运用“总-分”式结构,以间接引语的方式截取小平同志的著名论断,将新闻背景与事实材料相结合,切实深化了主题。

> 饱经忧患的中华民族经历了太多的磨砺,太多的坎坷,太多的苦难。闭关自守,必然带来停滞、贫穷、愚昧和落后。

这段新闻背景实质是一种“实情虚写”的方法,“饱经忧患”的内涵丰富,寓意深刻,总括了中华民族历史上的“磨砺”“坎坷”和“苦难”。同时,后一句则进一步概括了中华民族屈辱历史的根源,实质是对历史背景的原因解读,由此引出邓小平的间接引语,凸显他“将封闭的国门打开”的历史意义与历史功绩。

最后,从结构、行文、语言等维度,充分运用文学手法,是本篇报道“文学范式”的集中体现。具体包括三个方面。

(1) 借助文学手法,征用“大海”作为贯穿整篇报道的“意象”。根据笔者的统计,“大海”在报道中一共出现了24次,而且作为意象的“大海”在报道中又被赋予了三层意涵。一方面,“大海”是邓小平同志革命生涯的起点,16岁那年他经由“大海”赴法留学,18岁加入旅欧中国少年共产党,从此,“他走上无产阶级职业革命家的道路”。另一方面,“大海”借喻邓小平的革命生涯,正是在“大海”的搏击中,邓小平才历练成一代伟人。“大海,磨炼了他坚强的意志……大海,坚定了他革命的信念”“大海的无垠,开阔了他博大的胸襟;浪涛的汹涌,塑造了他顽强的性格。”“大海”的沉浮,还暗喻了邓小平“三落三起”坎坷的人生际遇。总体看,这一意象的引入,使报道更加生动,也更具深度。

(2) 报道采用了类似散文诗式的结构，达到了"形散而神不散"的境界。"形散而神不散"是"散文式新闻"的至高境界。本篇报道对"大海"这个"意象"的征用，则是达至这一境界的关键。报道实质包含两条线索，一条是骨灰撒放过程，另一条是邓小平同志波澜壮阔的一生和他的历史功绩，而"大海"则是勾连这两条线索的中介。同时，通过反复使用带有"大海"表达的过渡段，记者一次次变换场景，实现报道逻辑的自洽。其中，第12段和第53段的"骨灰撒大海，鲜花送伟人"，23—24段、37—38段、45—46段的"飞机盘旋，鲜花伴着骨灰，撒向无垠的大海；大海呜咽，寒风卷着浪花，痛悼伟人的离去……"，这几处对仗工整的表达，更多担负的就是"过渡"的作用，有机地串联起报道的多个部分。此外，开头与结尾也颇具特色，达到了唐代诗人白居易在《新乐府序》中所倡导的写作境界："首句标其目，卒章而显志"。请看本篇报道的开篇——

> 一位以自己的一生书写中华民族崭新历史的伟人，今天完成了他人生的最后一个篇章。

运用比喻方法，开篇言简意赅，用一句话完成了两个任务：将邓小平同志的骨灰撒放比喻为他"人生的最后一个篇章"，以此凸显报道的主题。同时，记者也对邓小平的光辉一生做了最为简洁却最有力的评价。再看结尾——

> 邓——小——平
>
> ——一个铭刻在亿万人民心中不朽的名字，他在大海中得到永生！

结尾第一句"邓——小——平"的写法，类似抒情诗的创作手法,更似在引导全国人民共同呼唤,第二句既点明主题,又首尾呼应。

(3) 报道运用了诗化的语言,将质朴的情感寄予优美的表达之中。记者综合调用了叙述、白描、议论、抒情等文学表达方式,交错运用了比喻、拟人、排比、对仗、反复等多种修辞手法,场景描写细致入微,情感抒发真挚无华,情景交融,虚实相间。例如:

> 也许是苍天为之动容,当专机飞临大海时,天空出现一道绚丽的彩虹。

本句话运用拟人修辞手法,烘托出邓小平逝世举国悲痛的气氛。

> 强忍着悲痛,81岁的卓琳眼含热泪,用颤巍巍的双手捧起邓小平同志的骨灰久久不忍松开。她一遍又一遍地呼唤着小平同志的名字,许久才将骨灰和五彩缤纷的花瓣缓缓撒向大海。

记者细致观察,忠实记录,饱含深情而不夸张渲染,运用白描手法,集中展现了卓琳“眼含热泪”“颤巍巍”“久久不忍松开”“一遍又一遍地呼唤”“缓缓撒向大海”等诸多感人肺腑的细节,凸显了悲痛的气氛,激发了读者的心理共鸣。

> 也许,奔腾不息的浪花会把他的骨灰送向祖国的万里海疆。……
>
> 也许,奔腾不息的浪花会把他的骨灰送向香港、澳门。……

也许，奔腾不息的浪花会把他的骨灰送向台湾。……

也许，奔腾不息的浪花会把他的骨灰送向太平洋、印度洋、大西洋……

连续四段都以“奔腾不息的浪花会把他的骨灰送向……”的句式开篇，这是典型的排比手法，不仅有效地增强了报道的“文势”，而且深化了主题。此外，对“浪花”的拟人用法，也增添了整篇报道的抒情意味。由此，记者将大陆与港澳台，中国与世界有机连接，一方面，表明邓小平逝世的消息正在传遍祖国大地和世界各地；另一方面，隐含的意思则再次凸显邓小平在改革开放、中国特色社会主义、“一国两制”等方面的历史功绩；同时，更强调了邓小平在世界范围内的影响力，从而彰显了小平同志的伟大。“文学范式”的征用，增强了本篇报道的表达力和可读性。

总体来看，本篇报道有机融合了三大“范式”的特质与优势，极大彰显了文本的感染力与表现力，由此也被选入“苏教版”小学五年级语文课本，显示出基础教育对本篇报道作为优秀中文写作范本的认可。

第二节 当代中国新闻文体演进：“范式”的共生与交融

当代中国新闻文体演进的实质是三大“范式”的共生与交融。换言之，“范式”是新闻文体演变的重要表征。本节将基于“范式”的变迁与互动来观测当代中国新闻文体的嬗变。依据新闻文体的特质、新闻媒体的特点以及新闻生态环境的特征,结合不同文体“范式”的生成与变化历程,我们将 1949—2019 年的新闻文体分成五个阶段。

一、1949—1965 年:从多“范式”并存到“宣传范式”主导地位的确立

1949 年 10 月 1 日,中华人民共和国宣告成立。其时的党报体系尚不健全,公营报刊在城市的力量相对较弱。有学者通过数据对比发现:“如果以日报为统计单位,新中国伊始,除北京民营和公营比例为 1∶4,且《光明日报》最初一段时间也被列为民营序列,其他大城市,民营报纸多占优势,尤以上海为甚,民营与公营比率达到 14∶1;次席是天津和广州,民营占 6,公营仅为 1;再次是杭州,为 3∶1;归绥、南京、哈尔滨、西安、重庆、成都六市为 2∶1;宁波、厦门、福州、兰州等地则公营与民营各 1。”这些数据表明:“新中国初期,民营报纸在识字群体最为集中的城市,依旧保有相当的影响力,是城市阅读必不可少的支撑力量。”①换言之,此时中共党报体系的“宣传范式”与民营报纸的“专业范式”和“文学范式”呈现多“范式”共存的局面。此后,中国共产党领导下的新生政权采取了一系列措施,逐步完成了对中国新闻行业的社会主义改造,效果显著。“……1950 年全国出版各类报纸 140 家,期发总数 230 万份,到 1956 年即增至 1 236 家,期发总数 1 537.8 万份。”②在上海,1953 年前后,民

---

① 郑宇丹:《新中国的民营报纸(1949—1957)》,河南大学出版社 2021 年版,第 294 页。

② 童兵:《主体与喉舌——共和国新闻传播轨迹审视》,河南人民出版社 1994 年版,第 62 页。

间(私营)报业退出了上海报业的历史舞台,《解放日报》成为上海第一大报,日发行量创纪录地达到16万份,牢牢树立了党报的核心地位。[①] 与之相对应,新闻文体也历经多次变化,从新中国成立之初的多“范式”并存逐步转变为“宣传范式”主导地位的确立。

新中国成立之初,党的新闻队伍开始从解放区进入各大城市,在延安时期发展成熟的办报模式难以适应城市办报的要求。加之,新闻人才奇缺。1949年6月,中共中央在一份回复华中局的电报中开门见山,“新闻干部现在全国各地均感不敷”。为此,中央建议:“对于各城市原有报纸中的进步分子及有能力经验而力求进步的分子应放手利用……对随军南下及各城市招收的纯洁的有编写能力的知识青年,亦应同样任用。”[②]由于受到主客观条件的限制,短时间内“宣传范式”难以在全国范围内确立主导地位。于是,向文学求援,借鉴传统文学以及民营报纸的新闻写法,就成了当时一种立竿见影的选择。例如,对于开国大典的报道,就集中体现了新中国成立之初“宣传范式”形构中对于“文学范式”的借鉴与融合。从9月22日起,以“中国人从此站立起来了”为开端,著名记者李庄在《人民日报》连续发表8篇特写,多侧面、多角度报道中国人民政协。下面是他采写的第一篇特写——

---

① 龙伟:《成为人民报纸:新中国上海报业的历史变革(1949—1953)》,社会科学文献出版社2022年版,第199页。

② 《中共中央关于解决新闻干部缺乏问题复华中局电》,载中国社会科学院新闻研究所:《中国共产党新闻工作文件汇编(上)(1921—1949)》,新华出版社1980年版,第283页。

“中国人从此站立起来了” ——中国人民政协第一届会议特写	评析
“占人类总数四分之一的中国人从此站立起来了。”毛主席在中国人民政治协商会议的开幕词中说:“我们团结起来,以人民解放战争和人民大革命打倒了内外压迫者,宣布中华人民共和国的成立了。”	标题和导语直接引用毛主席的原话,这种“引语式”标题和导语的写法在当时的“宣传范式”中并不多见。
这是人民民主新中国开基立业的盛典。这个盛典是一九四九年九月二十一日,在人民首都北平举行的。毛主席宣布这个盛典正式开幕,乐队立即奏起《人民解放军进行曲》,礼炮在会场外隆隆齐鸣。这是胜利的声音,我们在艰苦的斗争中深深地懂得,胜利是不容易得来的。中国共产党成立了廿八年,人民解放军建立了廿二年,从开始到现在,一直领导全国人民,和国内外的敌人艰苦战斗着。这二十多年,使青年变成中年,中年变成老年,多少烈士为革命而英勇牺牲了,但是,人民终于胜利了,打出了一个人民民主的新中国。于是全国人民表示竭诚拥护共产党、毛主席和	第二段的前三句话即分别交代了新闻的五要素。第四句既是抒情,也是议论,抒发记者的真情实感。接下来,第五句和第六句交代了新闻背景,为新政权的胜利诞生提供了因果框架,并将笔触自然转入会场。在对会场的描述中,记者注重运用细节,比如,毛主席进入会场时,记者统计“全场起立鼓掌达两分钟之久”,并发现,“他的开幕词经常为热烈的掌声所打断。”两处看似简单的细节描写,却彰显了人民对于毛主席和共产党的拥护与热爱。接着,记者着力刻画了解放军代表登上主席台时会场代表热烈鼓掌欢迎的场景,随后借助陈毅将军的直接引语,藉此,本段最后一句记者的评论就显得恰到好处。

续 表

解放军,全场代表也毫无例外地热爱、尊敬共产党、毛主席和解放军。中共代表团在大会上,成为党派代表的首席;毛主席进入会场时,全场起立鼓掌达两分钟之久。他的开幕词经常为热烈的掌声所打断。人民解放军的代表——战斗英雄李国英、魏小堂、魏来国、刘梅村被选入主席团,他们登上主席台时,全体代表热烈鼓掌欢迎。陈毅将军讲话时,“代表中国人民解放军全体指战员表示无条件拥护人民政协大会,”他说:“中国人民解放军随时准备着,听候中央人民政府的调用,为消灭残余敌人和保卫新中国的独立自由而奋斗到底。”人们狂热地鼓掌,感谢新中国的坚强保卫者,骄傲于人民政协得到了这个可靠的柱石。	
宋庆龄先生在会上讲话,她说人民政协的成立“是一个历史的跃进”。真的,从去年“五一”中共提出召开没有反动分子参加的政治协商会议的号召以来,到现在只有一年	第三段以宋庆龄的原话开篇,之后引出新闻背景、新闻事实与记者的个人判断,夹叙夹议,叙议结合,展现主题。

续 表

又四个多月的工夫,时间不长,中国的情势却大变了。人民解放军神速的胜利进军。全中国的优秀人物都涌向解放区,涌向中共中央所在地的北平。中共的领导加上全国民主力量的团结,使得革命胜利了,人民政治协商会议召开了。会场的一切,都反映了这种真实的情况。	
宋庆龄、何香凝、张澜、黄炎培、高岗、李立三、赛福鼎、张治中、程潜、司徒美堂等先生讲话时,一致赞扬中共与毛主席的英明领导,坚信全体人民一致团结,共同奋斗,人民新中国一定建设成功。看吧!在主席台上,悬挂着孙中山、毛泽东的巨幅画像,画像中间是人民政治协商会议的会徽。会徽正面为一地球,地球中间是一幅红色的中国地图。地图上面有四面红旗,象征四个朋友,地球左右饰以麦穗,地球上面饰以车轮,麦穗与车轮表示着农民和工人,车轮中间缀一红色五角星,象征着工人阶级的领导。整个会场是这	第四段对于多位代表的讲话,选择以集体间接引语的方式予以展示。之后的一个亮点是记者运用白描写法,对人民政治协商会议会徽的细致描绘。同时,记者详细陈述了主席台的位次安排,意在彰显这是一次“空前团结”的大会,此处显示出记者的观察与写作技巧。本段的另一个亮点是强化对细节的描写,选择何香凝和廖承志母子代表、92 岁的萨镇冰,21 岁的晏福民作为个案,最后一句“封建帝王和蒋家小朝廷的宫殿变为人民的议事厅”的今夕对比,深化了主题。

续 表

个会徽的具体表现。六百多位代表,包含了中国人民民主统一战线中各阶级、各民族的代表人物。党派代表的席位在主席台右前方,中共代表位第一排,毛主席为首席。主席台左前方为部队代表的席位,人民解放军总部位第一排,朱总司令为首席。解放军后面是特邀代表,区域代表和团体代表的席位在党派与部队代表的两旁。大会济济一堂,真是空前的民族大团结。阶级的团结、民族的团结已经从人民政治协商会议的共同纲领上充分地表现出来了,即以年龄而论,也同样说明了这种情况。何香凝和廖承志母子二人,都是政协的代表;萨镇冰已经九十二岁了,中华全国学生联合会的代表晏福民,只有二十一岁,还不及前者的四分之一。大家团结起来一起奋斗,这就保证了在怀仁堂举行人民新中国开基立业的大典,变封建帝王和蒋家小朝廷的宫殿为人民的议事厅。	

续 表

人民把会场布置得朴素而壮丽。会徽后面衬着杏黄色的幕布,在中国,这种颜色是象征庄严与伟大的。会场照明全用水银灯,一个接着一个,两廊下排着红色宫灯。新华门油漆一新,鲜红夺目,两边竖着八面红旗。门下挂着巨大宫灯。这一切,都给人们一种富有生命力的印象。中华民族本来是富有生命力的民族,过去被帝国主义、封建主义、官僚资本主义束缚着不能发展,现在真正解放了,相信不要很多时候,新中国就会建设得很好。在各方面送给大会的贺幛中,充满了这种赞美与自信。北朝鲜全体华侨送给大会的贺幛上,精致地绣着彩色的毛主席像,绣像的背景是中国共产党的党旗,还有一座工厂和几部拖拉机。旗上还绣着“庆祝新中国诞生,在毛泽东旗帜下前进”的字。这幅图案表示:工业的中国,独立、自由、富强的新中国在向我们招手了。	第五段内容基本靠记者的现场观察与细致描写展现出来。记者没有事无巨细地展示,而是有选择性地描绘了幕布、水银灯、红旗、宫灯,以及“北朝鲜”全体华侨送的贺幛,同时记者还加入了自己对于贺幛内容的解读。
全世界的进步人士都在	结尾运用对比手法,暗喻新生政

续 表

注意着我们,向我们欢呼庆祝。国内外的敌人也许在阴暗的角落里正对我们诅咒着。但是,我们有力量,有信心,“让那些内外反动派在我们面前发抖罢!”(毛主席在大会开幕词中语) (《人民日报》,1949-09-22)	权的国内外处境,最后则以毛主席开幕词中的一句话做结,展示新中国的信心与勇气,也与开头形成呼应。

这篇特写主题重大,情感真挚,细节突出,运用白描、对比等文学化手法,增强了报道丰富的表现力,展现了“宣传范式”对“文学”的调用。据李庄回忆:“我力求每篇特写都在当天回忆进程、成果(事实)的基础上,突出它的特点,提炼一个观点,作为立论基础。第一天开幕式,会场洋溢着兴奋、胜利的气氛,体念创业艰难,瞻望前程远大,人人一副笑脸。我个人是抗日战争、解放战争的幸存者,同全场情绪融通,文字虽然粗朴,当时确实一边书写,一边拭泪的。”①这也构成了新中国成立后“宣传范式”的基本写法,借助文学手法,展露情感,感性文字背后蕴含基本观点,从而增强宣传效果,实现宣传目的。

此外,1949 年 10 月 6 日,杨刚在《大公报》发表的《给上海人的一封信——毛主席和我们在一起》也是这一时期的代表作。这篇通讯运用第一人称的“书信体”,借鉴散文笔法,处处

① 李庄:《李庄文集 · 回忆录编(下)》,人民日报出版社、宁夏人民出版社 2004 年版,第 158—159 页。

流露出记者的真情实感。请看这篇报道的开篇——

> 亲爱的上海兄弟姐妹们:
>
> 我必须把这篇通讯直接写给你们,才能够把这一次首都人民庆祝中央人民政府成立大会上的一切尽可能真实的传达给你们。说尽可能真实是容易的,要做到,可是很难。因为十月一日这一天是太伟大,太丰富了。甚至在今天,二十四个小时之后,它的余风还在。街上还是红红绿绿的跳舞队、秧歌队、游行队。二十四个小时之后,依然满街都是红旗,都是锣鼓。从湖北来的老先生老太太摇头赞叹,说昨天那一场大会是“从来没有过!从来没有过!”从上海来的老先生说:“啊,总算活到了这一天,见到了!”从华北来的人激动得发不出声音,只是连续地,低低地赞叹:“呵,好伟大呀!好伟大呀!”从华南来的人也说:“这是有生以来没有见过的呵!”上海的兄弟姐妹们,你们晓得陈毅市长。昨天,陈市长望着天安门前红旗的大海激动地说:“看了这,总算是此生不虚了!”这是确实的。昨天天安门广场的大会完全具体的表现了一个初诞生的新国家的气象和本质:伟大、庄严、团结、民主,尤其是领袖与人民的融合一致。它使人人相互亲爱,使人人要求向上,要求自己学好。

这段文字的起笔俨然就是一篇情景交融的散文的开头:不仅融合了记者观察与现场采访、客观呈现与主观评论,还调用了比喻、反复、排比的文学修辞手法,同时借助描写、议论与抒情多种表达方式,描绘了大会现场中人们的喜悦与兴奋之情。这种文学化表达在文中比比皆是,再比如下面三段:

> 红旗飘卷,队伍静候。正在这时,城楼上面主席台前忽然发出了洪钟一样的吼声。……
>
> 当广场上的人民队伍分队出发时,已经开始黄昏。星星点点,灯笼火把接二连三地燃了起来,很快整个广场在夜色中透明了,并且颤跃着红的星星,黄的星星,紫红的,大红的,金黄的,橙黄的,愈向夜,广场愈益像土地自身活了一样,遍地灯笼火把颤悸跳荡,像人民无边无际的欢乐和希望化身在我们面前跳跃。……队伍行动时唱着歌,但更多的是喊口号而且时常是连续不断的喊着:
>
> “毛主席万岁!”这使得广场不但是以颜色和光辉活跃着,同时它还在连续不断的发出巨吼!地面这时又从许多角落放起了无数五彩照明灯球,使整个开了灿烂的光明的花朵。

记者的观察之仔细,描写之细致,对仗、比喻、排比、通感等修辞手法运用之准确,语言表达之优美,都已经超出了一般新闻报道的范畴,如果没有标明是“新闻通讯”,恐怕绝大多数读者会将这篇通讯直接视为一篇充满美感的散文。

总体看,新中国成立之初新闻文体的整体特点是:题材集中于成就报道,体裁上以通讯、特写为主,真正意义上的新闻较少,写作上偏向文学化表达,包裹着记者的真挚感情,含蕴着宣传目标,体现了“宣传范式”对于“文学范式”的借鉴与吸纳。但是与此同时,新中国记者们“不写新闻”“不会写新闻”“新闻写作不规范”“宣传缺乏技巧”等问题也日益显露出来。

1950 年下半年,《人民日报》出现“用稿荒”,奉调回京担任社长的范长江提出“大转变”,号召记者写真正的新闻。“记者不写新闻或少写新闻，是山区农村交通、通讯不便，人们的时间观念普遍淡薄，除了战争、生产、教育三件大事以外的事情一般不报道等习惯造成的。”①范长江敏锐地发现进城办报与解放区时代的显著差异，提出的“时间观念”问题其实已指涉到了新闻文体的本质特征。

1950年12月2日，吴冷西在新华社第一次全国社务会议上讲话，分析了当时新华社综合报道的基本问题：“我们的许多综合报道还有现象罗列、缺乏分析、包罗万象、缺乏中心、不解决问题、议论过多等现象，这是必须改进的。”②

1954年2月，新华社党组向中央呈递的《关于新华社第三次全国社务会议的报告》中，依然将“新闻写作水平不高”作为报道质量不够好的主要表现——“新闻中议论很多，不善于‘用事实说话’，内容庞杂，逻辑不清，不合新闻规格，没有背景，文字枯燥乏味，有不少陈词滥调、僻词僻字。所有这些缺点，都使新闻的作用大受减弱，不能更好地吸引读者和教育读者。”③

同年，邓拓在《怎样改进报纸工作》的讲话中，明确提出“报纸的新闻必须改革”——“新闻必须用事实说话；必须选择全国人民有共同兴趣的事实；必须报道刚刚发生的事实；必须写活的人和人的活动；必须对稿件进行认真检查，保证事实的准确。缺

---

① 李庄：《李庄文集 · 回忆录编（上）》，人民日报出版社、宁夏人民出版社2004年版，第476页。

② 《吴冷西同志在新华社第一次全国社务会议上的报告——把新华社的报道工作提高一步》，载中国社会科学院新闻研究所：《中国共产党新闻工作文件汇编（中）（1950—1956）》，新华出版社1980年版，第125—126页。

③ 《新华社党组关于新华社第三次全国社务会议的报告》，载中国社会科学院新闻研究所：《中国共产党新闻工作文件汇编（中）（1950—1956）》，新华出版社1980年版，第364—365页。

乏以上条件的就不能叫做新闻。”①

上述事实表明，这一时期新闻文体的“宣传范式”尚处于规范的建构与培育阶段。为此，1951年2月，新华社第一次开展了全社范围内的“练笔运动”，提出在三个月内，“基本消灭稿件中的事实错误、文法错误与文字冗长现象”。为此，新华社组织记者、编辑“从学习语法入手，改进写作”。1954年9月14日，新华社召开动员大会，第一次在全社范围内进行有计划、有组织的新闻写作学习活动。学习分成三个单元：“1. 有关新闻报道基本认识；2. 关于采访和写作中的一些重要问题；3. 关于语法的基本知识。”②《人民日报》也专门邀请叶圣陶先生为编辑、记者进行写作培训，强调写作的基本规范。

1956年6月20日，《人民日报》编委会在一份提交给中央的报告中，检讨了报纸的缺点：

> 对党的政策宣传不及时、不系统、没有力量；新闻少，并且有很大片面性，通讯内容贫乏，不能反映国内和国际生活的实际；教条主义和党八股作风严重，标题呆板，写法笨拙；没有不同意见的讨论，似乎《人民日报》发表的任何文章都应当是完全正确的结论，不能容许有反面的意见，无论政策问题或学术问题，都没有自由讨论；错误太多，数字、人名、地名、时间、引语以及事实情节往往发生错误。③

① 邓拓：《怎样改进报纸工作》，载中国社会科学院新闻研究所：《中国共产党新闻工作文件汇编（下）》，新华出版社1980年版，第331页。

② 方汉奇：《中国新闻事业编年史（中）》，福建人民出版社2018年版，第840页，第863页。

③ 李庄：《李庄文集 · 回忆录编（上）》，人民日报出版社、宁夏人民出版社2004年版，第247页。

同年7月1日,《人民日报》刊发《致读者》,正式开启改版之路。改版主要从三个方面入手,其中与新闻文体直接相关的就是“文风”问题。“报纸上的文字应该力求言之有物,言之成理,言之成章。”因此,该报号召编辑、记者们“尽量把文章写得有条理、有兴味,议论风生,文情并茂,万不要让读者看了想打瞌睡”。此外,“除了很少的例外,报纸上的文章总是越短越好”①。立足新闻文体维度,由《人民日报》改版开启的第二次新闻改革,实质是力图在“宣传范式”框架内,实现新闻写作的专业化与职业化。

总体观之,在1949年“开国大典”的宣传、1950年“抗美援朝”时期的典型报道、1953年对第一个“五年计划”建设成就的“正面宣传”中,新闻界发表了一大批具有时代影响力的新闻作品,也锻炼和培养了一大批优秀的新闻记者与编辑,由此新闻业也在实践中稳步推进社会主义改造。1953年,上海的民营报纸率先改造为“人民报纸”——“与解放初报业市场中充斥其间的‘自由主义’‘资本主义’等因素相较,1953年后的报业在新闻生产环节已基本为中共的党报理论、人民报纸的新闻观念所统领。……与之相应,报纸的编辑、版面、内容,甚至语言、风格都逐渐呈现了无产阶级政治话语的结构和特征。”②1956年,社会主义“三大改造”完成,“新闻文体宣传范式”也基本确立了在全国范围内的主导地位,这不仅包含宣传“范式”的特征与功能,也涵括了其主要问题与隐患——“从新闻文体内形式来看,战

① 人民日报社论:《致读者》,《人民日报》1956年7月1日,载《中国新闻年鉴1982》,中国社会科学出版社1982年版,第101—102页。

② 龙伟:《成为人民报纸:新中国上海报业的历史变革(1949—1953)》,社会科学文献出版社2022年版,第207页。

争年代和党派斗争时期形成的以观念统摄事实，用事实印证主题的单一思维向度，不仅没有随着新中国的诞生而有所变化，相反由于仍片面将新闻作为阶级斗争的工具，由于事实为政治服务、主题先行等主观唯心主义观念的盛行，特别是十年“文革”，记者的认识方法和思维格式被套上重重枷锁，记者在新闻写作中的主体性被扼杀，许多记者已不自觉地成为契诃夫笔下的‘套中人’。反映在记者对事实的认识方法和思维格式上，形成了以单一、静止、片面为基本特征的形而上学认识方法和思维模式。”①

“新闻文体文学范式”在这一时期也得到了较大的发展。

一方面，“宣传范式”直接吸纳和借鉴文学创作的理念与方法，实质也促进了新闻与文学的互动。例如，为了宣传“抗美援朝”，一大批作家获准进入朝鲜，写出了大量诸如《谁是最可爱的人》《依依惜别的深情》等可歌可泣的报告文学和新闻通讯作品，这些都促成了“新闻文体文学范式”的形构。与此同时，关于新闻与文学关系的讨论也切实深化了新闻界对于“新闻文体文学范式”的认识。1953 年，新闻界针对《马特洛索夫式的英雄黄继光》展开讨论，最终以华山在《新闻业务》上刊发的文章作结，由此新闻界形成的共识是：“文学不能代替新闻，这是有关新闻生命的原则问题。我们从文学吸取营养，只是为的更好地理解生活和说明生活。为了维护新闻威信，发挥新闻特有的威力，必须把报告文学和新闻通讯区别开来，任何以虚构代替深入发掘材料和苦心组织材料的做法都必须坚决反对。”②由此可

① 樊凡：《中西新闻比较论》，武汉出版社 1994 年版，第 244—245 页。

② 华山：《文学不能代替新闻——〈马特洛索夫式的英雄黄继光〉一稿讨论的结论》，载张之华：《中国新闻事业史文选（公元 724 年—1995 年）》，中国人民大学出版社 1999 年版，第 563 页。

见,其时的新闻界将“虚构”作为“报告文学”与“新闻通讯”的分界点,其实质也表明“宣传范式”对于“真实性”这一新闻基本特征的认同与坚守。

另一方面,当“宣传范式”成为一种主导甚至唯一“范式”并不断被推广、学习、模仿时,新闻写作“模式化”“八股化”等倾向,就变得不可避免。为了克服这些倾向,提升宣传效果,增强新闻的可读性,“散文”成为其时新闻界最易直接调用的文体样式,杂交文体“散文式新闻”遂成为“宣传范式”框架下新闻文体的一种“调适性文体”。1963 年,穆青发表《尝试用散文笔法写新闻》一文,号召新闻界借鉴散文的笔法、结构与语言,来改变新闻文体僵化、死板的状况。“散文的写法是否是一条出路?现在还在试验,能不能成功还很难说,但不妨试试看。”[①]这不仅显示“散文式新闻”在当时已经渐成新闻写作领域的一种“风气”,也表明其时的“新闻文体文学范式”主要体现在对于文学样式、理念与技巧的融合与借鉴维度。

此外,新华社“通稿制度”形成以后,很多晚报、城市报都担负着一项使命,亦即用一种市民“喜闻乐见”的方式对通稿进行“普及版”改写——“后来上海《新民报》的确是从总编辑赵超构到一般编辑记者,天天都来改写当天的新华社新闻稿,使之变成口语化的里弄读报材料。”[②]客观上,这也影响了当时“新闻文体文学范式”的形构。1956 年,《新民晚报》改版,赵超构提出了著名“短些短些再短些;广些广些再广些;软些软些再软些”的办

① 穆青:《尝试用散文笔法写新闻》,载穆青:《穆青论新闻》,新华出版社 2003 年版,第 82 页。

② 蒋丽萍、林伟平:《民间的回声:新民报创始人陈铭德邓季惺传》,新世界出版社 2004 年版,第 304 页。

报方针。[①] 1957年,毛泽东在同新闻出版界代表的谈话中,予以了明确回应:“报上的文章,‘短些,短些,再短些’是对的,‘软些,软些,再软些’要考虑一下。不要太硬,太硬了人家不爱看,可以把软和硬两个东西统一起来。文章写得通俗、亲切,由小讲到大,由近讲到远,引人入胜,这就很好。板起面孔办报不好。”[②]换言之,“新闻文体文学范式”更多体现为新闻的可读性与通俗化,其实质是在新闻写作遭遇困境时,新闻文体基于“宣传范式”框架下对于文学因素的“征用”。

这一时期,新闻文体的“专业范式”也初露端倪。这首先与党和国家为了提升对外宣传效果有关。1952年5月18日,周恩来总理致信李克农和乔冠华,明确指出新闻宣传中的不客观、过于偏激的现象:

> 我们的发言和新闻稿件中所用刺激性的词语如:“匪类”“帝国主义”“恶魔”“法西斯”等甚多,以致国外报刊和广播方面不易采用……望指示记者和发言起草人注意简短扼要地揭发事实,申述理由,暴露和攻击敌人弱点,避免或少用不必要的刺激性语句。国内方面亦将采取同样方针,并告。[③]

这表明,周恩来已经注意到其时新闻宣传的主观色彩太过

---

① 赵超构:《办晚报要在晚字上做文章——答〈新闻战线〉记者问》,载《赵超构文集》(第六卷),文汇出版社1999年版,第571页。

② 《同新闻出版界代表的谈话》,载《毛泽东新闻工作文选》,新华出版社2014年版,第243页。

③ 《政务院周恩来总理关于新闻稿件的指示》,载中国社会科学院新闻研究所:《中国共产党新闻工作文件汇编(中)(1950—1956)》,新华出版社1980年版,第223页。

浓厚、意图太过明显、写作过于生硬、缺乏技巧等问题。同年,中共中央根据对外宣传的需要,由国家主席刘少奇亲自定名,将成立于1938年的“国际新闻社”改组为“中国新闻社”(以下简称“中新社”)。此后,“中新社”的新闻实践开始对接专业新闻的国际标准,新闻报道努力“保持理性、冷静的心态,秉持真实、客观的职业操守”,发出的是带有明显“中新风格”的“中国声音”,逐渐形成了“中新体”风格——“实”,即用事实说话,以平实的态度说话,力戒官话、套话、空话和“应当懂得”之类的教训话;“宽”,指报道领域的宽泛;“短”,即短小精悍,开门见山,力戒废话;“快”,指报道及时,以“敢为天下先”的拼抢精神提高新闻的时效;“活”,即行文活泼,角度新颖,注重细节。① “中新社”的新闻报道虽然基于宣传的根本目的,但很多报道的文体特征已经有意识地与“新华体”相区别,“专业范式”虽未形成,但已开始了与西方新闻文体对接的尝试。

从理念上看,这主要与刘少奇的指示有关。

1956年5月28日,时任国家主席的刘少奇在对新华社的第一次谈话中,首先指出了当时国内新闻报道的问题,“我们新闻的报道,学塔斯社的新闻格式,死板得很,毫不活泼。比如,往年报道天安门游行,只是官样文章,公报式新闻。公报,就是官僚主义形式”。与此同时,他还进一步指出了新华社国际报道的问题,“现在我们的国际新闻报道只有一面:骂美国的,说我们好的。这种片面性的报道,会造成假象,培养主观主义。”为此,他建议新华社要“学习资产阶级通讯社记者的报道技巧。

---

① 刘北宪:《我们的“中新精神”》,《中国新闻社六十年佳作·消息篇》,中国传媒大学出版社2012年版,第004页。

他们善于运用客观的手法、巧妙的笔调,既报道了事实,又挖苦了我们,他们的立场站得很稳”。基于此,“新华社要成为世界性通讯社,新华社的新闻就必须是客观的、真实的、公正的、全面的,同时必须是有立场的”。这表明,其时刘少奇已经敏锐地从国内新闻和国际新闻两个维度发现新华社一味模仿苏联新闻宣传的倾向问题。为了让新华社逐步培育国际影响力,他提出“客观、真实、公正、全面”的方针,实质是对西方专业新闻操作标准和业务手法的一种高度概括,为后续中国“新闻文体专业范式”的生成提供了实践启示和域外经验。① 诚如杨保军教授所做的评价——“刘少奇的这一观念,一方面准确表达了新闻传播自身普遍的、内在的(规律性)要求,同时也是刘少奇对新闻的客观性与倾向性关系的准确概括。直到今天,客观、真实、公正、全面也是世界各国新闻传媒实际普遍遵守的基本原则,是全球新闻界展开交流对话的基础。”②

1956 年以后,社会主义制度在中国落地生根,中国共产党在国家政治生活中的绝对领导地位亦得以确立,由此一元化的党报体制也随之逐步建立,反映在新闻文体维度,即“宣传范式”逐步成为中国各大报纸的示范,影响并规约着新闻界的文体实践,此后不同党报从形态到技法也呈现出同质化态势——“党报模式作为我国新闻传播工作的一个‘标准’参照系,确实在对各类报纸传播行为的控制方面,起着相当大的规范化作用。”③

---

① 刘少奇:《对新华社工作的第一次指示》,载中国社会科学院新闻研究所:《中国共产党新闻工作文件汇编(下)》,新华出版社 1980 年版,第 358—382 页。

② 杨保军:《新闻观念论》,复旦大学出版社 2014 年版,第 206 页。

③ 喻国明:《中国新闻业透视——中国新闻改革的现实动因和未来走向》,河南人民出版社 1993 年版,第 40—41 页。

二、1966—1976 年:“宣传范式”的变异

1966 年 5 月 16 日,中共中央政治局扩大会议通过了《中国共产党中央委员会通知》(即“五一六通知”),揭开了“文化大革命”的序幕。

此后长达十年的时间里,“专业范式”与“文学范式”几乎完全绝迹,党的新闻宣传的基本原则与正确方针被大规模破坏,“宣传范式”出现诸多变异,新闻界几乎遭受灭顶之灾。这一时期新闻文体呈现有两个主要特征。

(一)“语录体新闻”盛行

所谓“语录体新闻”,是指摘引毛泽东等革命导师话语的新闻报道形式。这股风气肇始于 1960 年 11 月。其时,《红旗》杂志首次用黑体、仿宋体等与正文相区别的字体排出“领袖话语”,此后各报纷纷仿效,很快成为一种席卷整个新闻界的潮流。1961 年 4 月,林彪要求,“解放军报应当经常选登毛主席有关语录”。5 月 1 日开始,《解放军报》摘登毛泽东语录成为该报惯例。1964 年 3 月,林彪又在《关于办好〈解放军报〉的指示》中提出:《解放军报》在稿件的内容和标题上,“要用〈人民日报〉使用的党中央、毛主席的全国性语言。例如‘一分为二’‘比学赶帮’等等。如果来稿没有这种语言,编辑部审稿时要加上去”。此后,《解放军报》等一批报刊照此办理,并成为一条纪律。[1] 据统计,从 1961 年 5 月 1 日到 1964 年 2 月 12 日,《解放军报》共

---

① 童兵:《主体与喉舌——共和国新闻传播轨迹审视》,河南人民出版社 1994 年版,第 101 页。

刊登毛主席语录达264条。①

除了新闻中出现“语录”,在一批报纸的带动下,“毛主席语录及毛主席著作文句上报眼”也成为一种流行的做法。1961年1月6日,为了用“毛泽东思想武装青少年”,《中国青年报》率先开始在该报头版报头右报眼(以前刊登要闻的位置)围以方框,不定期刊登毛主席著作文句语录。从1961年2月2日起,该报开始固定在头版右报眼位置每天刊登一段毛主席著作文句。到1966年5月“文革”开始后,有时每天要刊登好几段毛泽东语录。②

1966年6月2日,《人民日报》开始在报眼刊登“语录”,此后各省委、直辖市的机关党报都向《人民日报》看齐,纷纷效仿。至此,报刊每天必须登“语录”,报刊所登载的文章篇篇引用“语录”,可谓“无语录不成报”“无语录不成文”。③

请看下面这篇报道(节选)——

把思想工作做到“家”

——济南部队某团原指导员王文玉先进事迹之四

战士李守林的母亲病了,连里批准他回家探望。

李守林一进家门,见一个解放军同志正弯着身子烧水、煎药。这是谁?走近一看,不由得吃了一惊,想不到竟是自己连队的指导员王文玉。

---

① 解放军报社党委会:《更高地举起毛泽东思想伟大红旗 为提高〈解放军报〉的现实理论性而奋斗》,《新闻业务》,1964年第5期。

② 刘家林:《新中国新闻传播60年长编(1949—2009)》(上),暨南大学出版社2010年版,第285页。

③ 同上书,第287页。

事情是这样的。这些天,王文玉正在上级机关开会。他从电话里听说李守林要回家探望生病的母亲,就想起了李守林的情况。李守林的父亲是革命烈士,母亲是大队活学活用毛泽东思想积极分子。可是,李守林来到连队后,背上“自来红”的包袱,放松了思想改造,进步不快。为这事,王文玉曾多次对他耐心地帮助教育,效果仍不明显。有的同志便焦急地说:“指导员一片热心,小李抱着葫芦不开瓢,算是落后到家了。”

听了这话,王文玉心里象针扎一样难受。他为李守林的进步着急,更为自己没有尽到责任不安。王文玉激动地翻开《毛主席语录》,一字一句地琢磨毛主席的伟大教导:**“我们都是来自五湖四海,为了一个共同的革命目标,走到一起来了。……我们的干部要关心每一个战士,一切革命队伍的人都要互相关心,互相爱护,互相帮助。”**他越琢磨,越觉得**“每一个”**这一光辉的字眼份量特别重。他想,**“要关心每一个战士”**,这就要求我们把党和毛主席交给自己带领的**“每一个战士”**都用毛泽东思想去教育培养,使他们真正成为可靠的无产阶级革命事业的接班人。这是毛主席交给的光荣任务,也是我们革命的头等大事。他又认真学习了一九六〇年军委扩大会议决议中关于“对落后的和有过失的战士,必须按照正确处理人民内部矛盾的原则,热情帮助,说服教育,具体分析,区别对待,化消极因素为积极因素”这一重要指示,心里顿时热呼呼的,他感到:决不是战士“落后到家”了,而是自己关心得还不够,思想工作还没做到“家”。只要听毛主席的话,按照两个“决议”办事,就一定能用毛泽东思想打开李守林的心窍。

……

说完,大娘从柜子里拿出一把珍藏了多年的刺刀,激动地说:“这是守林爹在战场上从日本鬼子手里夺下的一把刺刀,他又用这把刺刀捅死了十多个日本鬼子。为了教育后代,上级叫我把它保留下来。”

李守林接过刺刀,心里非常激动,仿佛看到了正在战场上与敌人搏斗的父亲,两行热泪“刷”地淌了下来。这时,王文玉和他娘俩一起反复朗读了毛主席的伟大教导:**“成千成万的先烈,为着人民的利益,在我们的前头英勇地牺牲了,让我们高举他们的旗帜,踏着他们的血迹前进吧!”**

毛主席的伟大教导字字触动着李守林的灵魂,他回想起入伍时,母亲为了教育自己继承父亲的革命遗志,把自己送到部队的情景;又想到指导员为帮助自己成长,不知费了多少心血。而自己却辜负了党和人民的希望,总是进步不快。他十分痛心地检查了自己的忘本思想,下决心抛掉“自来红”的包袱,坚决听毛主席的话,继承革命先烈的遗志,一心一意为革命,**“完全”“彻底”**为人民。

春风化雨,点滴入土。从此,李守林在毛泽东思想的哺育下,带着自己思想上的问题,认真活学活用“老三篇”,在改造世界观上狠下功夫,阶级斗争和两条路线斗争觉悟不断提高,不论执行什么任务,都走在前面,年终被评为五好战士,并光荣地加入了中国共产党。干部战士看到李守林的飞快成长,都称赞说:“指导员真是把思想工作做到‘家’了。”

(《解放军报》,1970-10-15)

这是一篇典型的“语录体新闻”,报道的是先进典型指导员王文玉通过“毛主席语录”学习毛泽东思想,并运用毛泽东思想教育、“转化”一位“落后分子”李守林的事迹。倒叙式导语首先交代王文玉的行动,之后补叙产生这一行动的主要原因是王文玉研读了“毛主席语录”。报道中一共三处使用了“毛主席语录”。第一处是王文玉发现工作没有效果“心里像针扎一样难受”的时候,他“激动地翻开《毛主席语录》,一字一句地琢磨毛主席的伟大教导”,此处不仅摘引了“语录”的具体内容,而且细致展开了王文玉结合“1960 年军委扩大会议决议”的学习过程。由此,他找到自己工作的疏漏之处,并决心用毛泽东思想来教育感化战士李守林。第二处是为了纪念李守林牺牲的父亲,王文玉与李守林母子一起反复诵读《毛主席语录》。第三处是为了表现毛主席语录“字字触动着李守林的灵魂”,显示指导员通过毛主席语录实现了感化、教育及至转化“后进分子”的目标。总体观之,《毛主席语录》成了贯穿这篇报道的“核心”与线索,记者据此设置了一个简单却明确的因果关联,亦即因为认真学习了《毛主席语录》,指导员找到了工作的正确方法,实现了工作目标;后进分子也认识到自己的问题,涤荡了自己的灵魂。“语录体新闻”这种不问具体时空、无视新闻事实而寻章摘句的形式主义做法,从根本上破坏了新闻真实性的基本原则,“新闻文体宣传范式”也迅速走向庸俗化和教条化。

(二)新闻界弥漫着“假大空”的新闻文风

“文革”时的新闻文风被冠以“假大空”之名,即假话、大话、空话。宁树藩先生曾不无痛心地总结道:“文革期间,‘四人帮’把持了党的宣传大权……而党报的优良传统也被他们破坏殆尽,‘假大空’竟成为一代‘文风’。党报观念、新闻规律遭到了极大的破坏。”①

童兵教授在其专著《主体与喉舌》中也曾对此做过具体描述,他指出,文革期间的新闻和文章,“使用的全是高调词,话都说得很绝,人称‘文革’语言……总是大段大段地引用毛泽东、林彪等人的语录,借以代替应有的、必要的论证。有的社论,几乎全由语录和文件摘录组合而成。当时,语录全用黑体字排出,所以版面看上去黑乎乎一片。文章的结尾,全是以口号或祝词的形式告完”。例如,当时的新闻导语可以总结为一种特定的“模式”:

> (单位)在史无前例的无产阶级文化大革命中,高举战无不胜的毛泽东思想伟大红旗,抓革命,促生产(或促科研、促教育、促……)②

“文革”时期的历次党代会,几乎都是会后才用“××代表大会新闻公报”的形式告知广大群众。被允许采访会议的也仅有两家官方媒体:《人民日报》和新华社。对于所有的党的重要会议,所有的报道基本上是一个角度、一个调门:“一致通过”“空前团结”“热烈拥护”“举国欢腾”,无一例外地遮蔽了会内会外的不同意见,甚至党内意见的尖锐对立、党内斗争的内幕等许许多多本该让党内外群众知道的真相。③ 其时,新华社对“唐山大地震”的报道就显示了这种文风。

---

① 宁树藩:《迈向灿烂明天的历史思考——纪念中国共产党党报八十周年》,《宁树藩文集》,汕头大学出版社2004年版,第59页。

② 童兵:《主体与喉舌——共和国新闻传播轨迹审视》,河南人民出版社1994年版,第149页。

③ 张征:《新闻报道三十年的发展演变趋势》,《国际新闻界》,2008年第10期。

河北省唐山、丰南一带发生强烈地震
灾区人民在毛主席革命路线指引下发扬人定胜天的
革命精神抗震救灾

[新华社一九七六年七月二十八日讯] 我国河北省冀东地区的唐山—丰南一带,七月二十八日三时四十二分发生强烈地震。天津、北京市也有较强震感。据我国地震台网测定,这次地震为七点五级,震中在北纬三十九点四度,东经一百一十八点一度。震中地区遭到不同程度的损失。

伟大领袖毛主席和党中央、国务院对地震灾区人民群众十分关怀。地震发生后,中共河北省委,天津、北京市委和震区各级党组织,已经采取紧急措施,领导群众迅即投入防震抗灾斗争。中共河北省委领导同志已带领有关部门负责人,赶到灾区指挥防震救灾工作。中国人民解放军和有关省、市卫生系统,已组织大批医疗队赶赴现场。大量医药、食品、衣物、建筑材料等救灾物资正源源运往灾区。国家地震局和河北省地震局已组织专业人员赶赴现场,监视震情。受灾地区人民群众已在当地党组织领导下,迅速组织起来,团结一致,展开抗灾斗争。他们决心在毛主席的革命路线指引下……发扬人定胜天的大无畏革命精神,团结起来,奋发图强,夺取这场抗灾斗争的胜利。

(《人民日报》,1976-07-29)

作为新华社在地震后的第一篇报道,主标题即显示出当时新闻写作的共性特征:以“救灾”取代“灾情”。导语交代了地震的基本情况,但对于地震造成的人员伤亡、主要损失却一笔带过——“震中地区遭到不同程度的损失”。主体部分以

“伟大领袖毛主席和党中央、国务院对地震灾区人民群众十分关怀”起笔，后面串接了官员、部门赶赴灾区救灾的“表述”，“口号式”的结尾是当时“宣传范式”的基本笔法。但是，对于地震造成的伤亡人数、直接损失等，新闻中却隐匿不见。直到三年后，新华社借一次会议报道的契机，才公布了地震中的死亡人数。①

这一时期“宣传范式”的问题引起了周恩来总理的重视，他曾数次对新闻宣传工作做出具体指示。1966 年 2 月，周总理指示：“新华社主办的《参考消息》倾向性太大。《参考消息》不能光登对中国好的反应，都是称赞的，也要适当登一些反面的东西，骂我们的东西。”1967 年 7 月，周总理指示新华社，“把目前国内报道的做法硬搬来对外，这样不行，应该研究一下。对外斗争既不能丧失原则，又有许多不同特点要注意”。1970 年 8 月，他指示新华社和《人民日报》的新闻报道“要注意留有余地”。1972 年 10 月，他再次指示新华社，《参考消息》报从本日起，“标题一概不要有倾向性，完全客观”。② 周总理的上述指示主要基于实际工作需要，强调特殊时期内外宣传的差异，尤其注重“宣传范式”中倾向性与客观性之间的平衡问题，这一认知在当时尤为难能可贵。

三、1977—1989 年：“范式”的调整与复兴

十年“文革”结束，新闻事业已陷入崩溃的边缘，首当其冲

---

① 参见《1976 年唐山地震死亡 24 万多人》，新华社，1979 年 11 月 22 日。

② 参见方汉奇：《中国新闻事业编年史（中）》，福建人民出版社 2018 年版，第 937 页，第 949 页，第 958 页，第 968 页。

的就是新闻写作。这一时期新闻写作领域内淤积了大量问题,主要表现在:

> 我们的不少报道恰恰是“主题先行”的,不是从新闻事实出发,而是从某个观点出发。从整篇报道看,导语不是新鲜、重要的事实,而是用一些众所周知而又空洞乏味的政治术语编织成的某个观点或一个结论,新闻主体不过是为了说明或证明这个结论的事例。观点加例子的写法、新闻报道论文化,带来的弊病之一,是使新闻语言没有新味。因为支配写稿人的不是怎样准确、鲜明、生动地叙述新闻事实,而是努力去证明那个结论,唯恐别人不信,专找有利于证明那个结论的例子写。于是,新闻报道里忌用的“最”“很”“十分”“非常”等副词被滥用了;夸大、拔高的语句出现了;论证式的“分条列段”的写法搬到消息中来了;“认识到”“体会到”等等的空道理、空议论多起来了;结尾时再次强调结论的画蛇添足的写法变得常见了。①

1978年十一届三中全会召开,标志着我国进入改革开放历史新时期。基于此,新闻界从新闻文体的篇幅、语言表达、新闻文风入手进行改革,由此新闻文体的三大“范式”也进入了调整与复兴阶段。

(一)“宣传范式”的调整

“文革”十年造成“宣传范式”的异变,新闻写作中充斥着诸如“党八股”“帮八股”等各种问题。有鉴于此,新闻界开始了艰

---

① 严介生:《新闻语言要去“套”求“新”》,载《中国新闻年鉴1985》,中国新闻出版社1985年版,第67页。

难的调整与改革，并产生了显著变化，开始“从一般地宣传党的方针、政策，转到积极、主动、创造性地宣传党的方针、政策，同时反映公众舆论、传播信息和知识，满足人民群众多方面的需要”①。

一方面，摆脱“新闻腔”，重申新闻文体的基本特征。1977年，“新闻文体宣传范式”的问题被统称为“新闻腔”。亦即新闻写作出现的“概念化”“公式化”“脸谱化”以及“文件味”“材料化”“机关腔”等。其具体表现为：“细节缺失、事例条陈、语言呆板；大话、空话、套话、废话、行话成篇；抽象而不具体，笼统而不明确；生搬硬套，以‘通用语言’制造‘批量产品’；概述而不描写，无细节，无现场感；千人一面，千部一腔，没有独特的个性；灌输式、命令式、训话式的语言泛滥。”②那么，“宣传范式”下的新闻究竟应该怎么写？1980年，《解放日报》总编辑王维撰文，在强调新闻文体“一要具体，二要新，三要短”之后，他对“怎么写”也提出了思考：“一是新闻要让事实说话”“二是新闻的高潮要在前头”“三是新闻写作的角度问题”。③ 这其中，“具体”“短”和“新”都是新闻文体最基本的特质，“用事实说话”则是“宣传范式”下新闻的基本写法。

1981年11月11日，在庆祝新华社建社50周年的茶话会上，时任中央书记处书记的习仲勋同志对改进新华社的宣传报道工作，提出了著名的五点希望：一是“真”，新闻必须真实；二

① 钟沛璋：《中国新闻事业的回顾与展望——为建国三十五周年而作》，载《中国新闻年鉴1985》，中国新闻出版社1985年版，第2页。

② 童兵、陈绚：《新闻传播学大辞典》，中国大百科全书出版社2014年版，第40页。

③ 王维：《报纸应以发表新闻为主》，《新闻战线》，1980年第2期。

是“短”,新闻、通讯、文章都要短;三是“快”,新闻报道的时间性很强,不快就成了旧闻;四是“活”,要生动活泼,不要老一套、老框框、老面孔;五是“强”,要做到思想性强,政策性强,针对性强。① “五字方针”从题材、形式、写法等维度,建构了“宣传范式”视域中新闻文体的基本特征,成为新时期新闻文体改革的重要指针。

另一方面,借鉴“专业范式”,恢复报纸的“信息功能”。“传播信息”是“新闻文体专业范式”的基本功能。文革期间的宣传大多只有“大批判”“大辩论”,而独独缺少了“信息”。1978年1月4日,《人民日报》刊登中国话剧团演出话剧《转折》的消息,这被视为“报纸逐渐恢复其信息功能的一个开端”②。此后,越来越多的报纸选择以登载短新闻的方式扩大报纸的信息量。1979年4月23日,《新华日报》创办“今日快讯”,每天发表短、快、新、活的消息少则四五条,多则十几条,到1984年共发表12 000多条。1983年4月23日该报组织“江苏一日快讯竞赛”,一天之内收到快讯稿1 300多条,从中选了126篇,其中有消息、一句话新闻、特写、来信、小通讯、访问记、照片、速写等,共辟出三个半版的篇幅刊登。③ 1980年11月,《解放军报》开设“一句话新闻”专栏,到1982年底已经见报600多条。“一句话新闻”在句子结构形式上,采用主谓结构;写法上要求一事一

① 习仲勋:《习仲勋同志代表中央书记处对新华社宣传报道提出五点希望》,载中国社会科学院新闻研究所:《开创新闻工作的新局面:中央领导同志关于新闻工作的指示和省以上报刊有关新闻工作的重要文章》,中国新闻出版社1985年版,第43页。

② 张建星:《中国报业40年》,人民日报出版社2018年版,第4页。

③ 新华日报编辑部:《坚持办好“今日快讯”》,载《中国新闻年鉴1984》,中国社会科学出版社1984年版,第183页。

报，文字精炼，追求“新、短、多、广”的效果——“比较理想的，应当是尽量省略主语谓语附加成分的一句话，而不是啰啰嗦嗦，拖泥带水的一句话，更不是把句号换成逗号的多句话变态，或一句话的延伸。”[①]1984年3月，该报又创办“鸡毛信”专栏，大量刊登快讯、短新闻，所登稿件最长六七百字，短的只有一二百字，其主旨是为了“恢复新闻应有的新、快、短、实的特点，使真正的新闻占领版面”。[②] 1984年，《福建日报》为了突出“短”字，开辟“百字新闻专栏”，每天发七八条，每条一百来字。提倡短标题，其二版取“短题多行梯形”的做法，即用同号字分两行制主题，每行不超过十个字，或加一行引题，或加一至两行副题，或加一行引题又一至两行副题，有的消息引题主题副题多至五行，多行题组成浑然一体的梯形结构。三是倡导短通讯，设置加框小通讯，每篇仅三五百字。[③]

（二）“文学范式”的复兴

“新闻文体文学范式”的复兴主要表现为报告文学、散文式新闻、大特写等文体形态的崛起，其原因“既有社会环境日渐开放繁荣精神滋润，又有新闻记者内在创新的主体冲动；既受到外来新闻观念的刺激，又源于自身新闻传统的创造性生成”[④]。报告文学是这一时期最先崭露头角的文体。名记者樊云芳曾不无感慨地写道：“改革的年代，与新闻媒介争夺读者的最强有力的

---

① 解放军报编辑部：《新、短、多、广的新品种——“一句话新闻”》，载《中国新闻年鉴1983》，中国社会科学出版社1983年版，第148—149页。

② 解放军报社：《让“新、短、实”的新闻插上“鸡毛”》，载《中国新闻年鉴1985》，中国新闻出版社1985年版，第88—89页。

③ 福建日报编辑部：《革新版面 突出“短”字——福建日报二版改革初探》，载《中国新闻年鉴1984》，中国社会科学出版社1984年版，第185—186页。

④ 李彬：《新中国新闻论》，北京大学出版社2015年版，第215页。

对手是报告文学。”①徐迟的《地质之光》(1977)和《歌德巴赫猜想》(1978)、刘宾雁的《人妖之间》(1979)开启了80年代报告文学勃兴的大幕。此后,以《唐山大地震》《西部在移民》《神圣忧思录》《世界大串联》《胡杨泪》等为代表的“全景式报告文学”“问题式报告文学”等作品不断面世,掀起了当代报告文学的第二次高潮。据统计,20世纪80年代,《人民日报》共刊发160多篇报告文学,平均每个月至少刊发一篇,有时甚至每周一篇。② 与50年代报告文学集中讴歌社会主义新时代、赞美“最可爱的人”不同,80年代的报告文学的题材开始转向对现实问题的揭露——“上世纪80年代初期,当新闻报道刚刚开始活跃便被套上枷锁时,一些呼唤人性、披露史实、触及现实的报告文学作品却日益受到读者钟爱。这一‘报告文学运动’的实质,是另辟蹊径争取新闻自由。”③此外,报告文学也担负了80年代文学“启蒙社会”的功能,“新时期报告文学作家的启蒙意识是自觉的。他们用报告文学的形式,把对社会生活的认知、观察、思考这种理性的成果,用文学形象的方式拓展出来,交代给社会,在社会上起启蒙作用”④。

作为一种杂交文体,如果说报告文学的文体特性介于新闻与文学之间,其文体边界处于某种“模糊地带”。那么,属于新闻范畴的“大特写”则直接形构了新闻文体的“文学范式”。“大

① 樊云芳、丁炳昌:《新闻文体大趋势》,华夏出版社1989年版,第178页。

② 人民日报社文艺部:《人民日报70年·报告文学选》前言,人民日报出版社2018年版,第003页。

③ 钱钢:《〈唐山大地震〉和那个十年》,《财经》,2009年第15期。

④ 转引自丁晓原:《中国报告文学三十年观察》,作家出版社2011年版,第81页。

特写”的出现与“周末版”的创办密切相关。1981 年,《中国青年报》在全国率先创办《星期刊》,四开八版,每星期日出版。该刊“以思想性、知识性、趣味性相结合,而以知识为重点”,聚焦休闲娱乐,成为“周末版”的源头。1982 年 11 月,北京新闻学会对北京市读者展开的调查显示:“读者较普遍地认为《中国青年报》大报不如《星期刊》那样引人爱看。”①1985 年,上海《生活周刊》正式推出一种全新的新闻文体样式——“大特写”,强调“抓住社会热点中的事件、人物或现象,对新闻事实作全方位、多侧面的报道,用优美的文笔、新颖的题饰、突出的照片吸引读者的一种报道形式……它处在新闻的前沿,在向文学靠拢,但归根结底还是属于新闻范畴”②。

“新闻文体文学范式”核心追求与“可读性”有关。1981 年 11 月 5 日,在《新民晚报》复刊前夕,赵超构在全社职工大会上谈编辑方针的一次讲话中,明确提出了“可读性”概念。他指出,所谓“加强可读性”,就是新闻报道首先要“能让绝大多数一般水平的读者读得下去”。如何加强可读性?他给出了四种方法:第一,要“浅出”,即“通俗化”“常识化”;第二,必须“刹长风,去呆板,去单调,去沉闷”;第三,做到“广些再广些”,即题材广泛;第四,去除“套话”,改进文风。③ 从某种意义上说,“新闻文体文学范式”的逻辑原点正是基于“可读性”这一

① 北京新闻学会调查组:《〈中国青年报〉读者情况的调查——北京市读者、听众、观众调查报告之六》,载《中国新闻年鉴 1983》,中国社会科学出版社 1983 年版,第 297 页。

② 周胜林:《“海派”文体——大特写》,《新闻战线》,1995 年第 4 期。

③ 参见赵超构:《赵超构文集(第六卷)》,文汇出版社 1999 年版,第 555—558 页。

根本诉求。

在此逻辑的牵引下,“散文式新闻”应时而生。1982年1月,穆青再次提出新闻要“向散文式方向”发展的观点。① 同年7月,新华社记者郭玲春发表消息《金山追悼会在京举行》,该文以精巧的结构、优美的文字突破了“追悼会新闻”的固定模式,掀起了新时期运用散文笔法追求新闻可读性的一股热潮,也建构了“新闻文体文学范式”的重要特征。②

纵观整个80年代,中国新闻文体的一个显著特点就在于:“……进一步加强了与文学、史学的‘血缘关系’,如用文学方法表现事件和人物的报告文学,借鉴散文笔法写报道的散文式新闻,与历史背景融合在一起的传奇式报道等。”③由此,新闻文体的“文学范式”得以复兴与重构。

(三)“专业范式”的崛起

进入80年代,新闻界主要从对新闻文体本质特征、基本功能以及基本写法的界定着手,建构“专业范式”的基本内涵。

一方面,厘清新闻乃至新闻文体的本质特征。1979年全国第一届好新闻评选中,被评出的34篇好新闻(均为消息),采用倒金字塔的只有3篇,占9%,采用正金字塔结构的2篇,占6%,采用传统叙事结构的达8篇,占24%。④ 这表明,其时新闻界对于新闻的特性、专业新闻的写作规范尚缺乏基本共识。1980

---

① 参见穆青:《新闻改革——“向生活的深度和广度进军”》,载穆青:《穆青论新闻》,新华出版社2003年版,第191—193页。

② 参见刘勇:《中国报纸新闻文体嬗变(1978—2008)》,中国人民大学出版社2016年版,第154—159页。

③ 任稚犀、张雷:《新新闻体写作》,北京日报出版社1989年版,第11页。

④ 樊凡:《中西新闻比较论》,武汉大学出版社1994年版,第210—211页。

年,《解放日报》总编辑王维在一次讲话中重申“报纸要以发表新闻为主”的观点。[①] 由此,“多写新闻”“多写真的新闻”“多写短新闻”一度成为当时新闻改革的重要口号。

此后,新闻界展开了一系列诸如“新闻与宣传”“新闻散文化”“新闻与文学”“新闻五要素”“新闻思维”“新闻与信息”等学术讨论,不仅对新闻文体的变革产生了重要推动作用,也从根本上厘清了新闻文体的基本特性与规范。[②]

1983年,社会上出现“信息热”,信息概念迅速引发新闻界对于新闻本体的探讨,信息观念成为解读新闻文体形成与发展的“一把钥匙”——“新闻作品的根本功能和职责是传递新闻信息”遂成为新闻界的共识。[③] 1984年,新闻界开展了关于新闻信息量的讨论。人们普遍认为,增大信息量的途径有二:“一是一定量的新闻信息量用尽可能少的篇幅(信息符号)加以表述;二是增加传播媒介发布新闻的次数和条数。”尤为难能可贵的是,当时的讨论还从新闻的结构、写法与篇幅等形式维度探讨了信息量问题——“新闻作品的信息量不仅包括在文字排列的句法结构中,而且也是由这种富有启示性的结构引起的联想唤起的,这些都不能离开新闻的结构、布局、词汇、语句的新颖和独创。因此,增值信息量不仅要求新闻短、条数多、涉猎面广,而且需要别开生面、丰富多彩。有价值的信息,加上完美的表现形

---

① 王维:《报纸应以发表新闻为主》,《新闻战线》,1980年第2期。

② 参见刘勇:《中国报纸新闻文体嬗变(1978—2008)》,中国人民大学出版社2016年版,第193—206页。

③ 宁树藩:《信息观念与新闻学研究(上)》,《新闻界》,1998年第2期。

式,才会满篇生辉。”①

由此,“新闻文体专业范式”中的“信息模式”得以形构,客观性原则也逐渐成为记者文体实践所遵循的基本准则。到80年代中后期,新闻界开始出现“中性新闻(报道)”的提法。所谓中性新闻,是当时的新闻界为了区分传统的宣传类报道,同时也是为了与“客观主义”划清界限而提出的一种“策略性概念”。对此,我们从《新闻传播学大辞典》对这一词条的解释就能看出端倪:“只报道新闻事实而不表现报道者倾向和观点的报道方式。是20世纪80年代在中国新闻改革中新闻界出现的概念,类似于西方新闻学早期提出的‘客观报道’。中性新闻是对中国过去新闻报道中常将新闻与评论混杂在一起的一种纠偏,是符合新闻规律的一种值得提倡的报道方式。但也有人提出质疑,认为新闻报道必须有鲜明的倾向和明确的是非观。”②

另一方面,深度报道的勃兴成为专业“范式”崛起的标志。80年代,“改革”和“启蒙”成为时代的命题,《人民日报》《中国青年报》《经济日报》等一大批主流报纸的记者们率先从“报告文学”中汲取灵感,开始基于新闻文体的特质来探寻新的呈现方式——“作者抓住众所关心的时代主题,以独到的见解、广博的知识、细密的分析,给予读者某种启示和教益。这就是人们常说的‘深度’。”③

① 参见时统宇:《关于增强新闻信息量的讨论综述》,载《中国新闻年鉴1987》,中国社会科学出版社1987年版,第75—76页。

② 童兵、陈绚:《新闻传播学大辞典》,中国大百科全书出版社2014年版,第35页。

③ 李庄:《李庄文集·散文论文编》,人民日报出版社、宁夏人民出版社2004年版,第12页。

1985年,《中国青年报》记者张建伟在发表第一篇真正意义上的“深度报道”作品——《大学生毕业成才追踪记》后,开始意识到读者的需求已经发生了变化:“读者不仅需要信息传播者提供的可‘读’的新闻,更需要经过信息传播者‘解读’的新闻。”①此后,《中国青年报》《人民日报》《经济日报》连续推出《第五代》《中国改革的历史方位》《鲁布革冲击》《关广梅现象》等历史名篇,引发社会巨大反响。1986年,深度报道被列入“全国好新闻评选”之中,1987年更因大兴安岭“三色报道”②等被称为“深度报道年”。这一时期的深度报道作品充满了忧患与思辨,强调将新闻事实置于广阔的社会历史背景中加以阐释,偏向于“理论化”——“它针对社会上和人们思想中的‘热点’和‘难点’,在展开新闻事实的过程中,以严密的逻辑、深刻的思辨、丰富的材料,从理论的高度对事实发展的内在规律进行理性化的解释,使人感到其中的一种无可辩驳的力量。”③但是,这种“政论式”“思想式”的报道模式,其问题也显而易见,梁衡先生的评价最为中肯:“这种通讯是一历史、二哲学、三文学、四才轮到新闻。……新闻是信息传播,要求直说,不能太长,不许绕圈子。所以这种所谓的气魄、力度是借机自我表现。”④

这一时期的深度报道形式多种多样,操作方式突破传统,写法不拘一格,新闻界逐渐形成了基本共识,亦即“深度报道的写作

---

① 张建伟:《深呼吸——未曾公开的新闻内幕(下)》,经济日报出版社1998年版,第361页。

② 即《红色的警告》《黑色的咏叹》《绿色的悲哀》。

③ 任稚犀、张雷:《新新闻体写作》,北京日报出版社1989年版,第11页。

④ 梁衡:《新闻绿叶的脉络——一个评委的笔记》,新华出版社1995年版,第26页。

没有什么一定之规,关键要吃透材料、主题明确,要有建设意识、宏观意识和创新意识,怎么有利于表达主题就怎么写,只要材料准确,认识正确,又刻意求新,意到笔随,好的报道就出来了”①。

首先,组合式报道成为深度报道的“标配”。1987年,《经济日报》的《关广梅现象》就采用了这种组合式报道的方式。该报道持续40余天,包括“读者来信”56篇、评论员文章5篇、消息4篇、通讯4篇、讨论综述1篇、小言论4篇、跟踪抽样调查4篇,合计78篇。这组报道“不仅采用深度报道的形式,而且内容具有相当的深度”,因此,《关广梅现象》“对推动国家改革和新闻自身改革都起了不可忽视的作用”。②

其次,“对话体”拓展了深度报道外延。1987年,中国共产党第十三次全国代表大会召开,会上提出“重大情况让人民知道,重大问题经人民讨论”,直接引发新闻界对公民知情权、新闻深度的追求,促发了“对话体深度报道”的出现。同年6月15日,《经济日报》刊发《“关广梅现象”大对话》。报道基于记者的采访实录,将社会对于这一现象的不同意见和观点整理出来,并以“A”“B”代表两方观点,用对话的形式予以刊载。这种做法的好处是双方观点和争论焦点一目了然,形式上相对客观,也具有一定的平衡性,引发社会各界更为深入的思考和广泛的探讨。藉此,这一报道形式也一度被视为深度报道的重要形式,有记者就将其总结为“我说-你说”的深度报道形式。

最后,“日记体”亦成为深度报道的重要形式。例如,

① 樊凡:《拓展新闻写作研究的思维空间》,科学出版社2018年版,第112页。
② 何光先:《求深——当今报道的一大趋势——第九届全国好新闻作品综述》,载中国新闻学会联合会秘书处:《好新闻:1987年全国好新闻入选作品》,人民日报出版社1988年版,第11—12页。

1987年,《中国青年报》以日记组合的方式,刊登了记者王安采写的《公开的新闻内幕——记者团西北之行日记》。该报道基于记者的亲身经历和耳闻目睹展开叙述,披露了其时新闻界的“不正之风”,整体夹叙夹议、叙议结合,场景、对话、细节、心理活动等描写一应俱全。结尾选择的一篇日记,仅由一段直接引语构成,言简意赅,却意味深长:第一句话展示主人公的现状,第二句话则以反问的形式,彰显并深化了新闻主题——

> 7月3日
>
> 张波来信说:“记者团去宝鸡后,薛主任找我谈话,怪我不该透露内情,把事情捅出来,对我没好处,报社会怪罪我的。我已不再考虑我自己了。新闻界要是连我这样的人都容不下,新闻界还有什么值得留恋的?”

信息模式、客观性原则和深度报道建构了80年代“专业范式”的基本内涵,广大新闻工作者由此建立起“职业意识”与“专业精神”。对此,中国人民大学舆论研究所在1988年发布的研究数据也证明了这一点:大多数活跃在新闻工作第一线的新闻界人士已经明确认识到,“新闻工作的首要职能是沟通信息”(占68.1%),他们坚定否定了“任何新闻报道都应起到宣传鼓动作用”的“金科玉律”(占64.4%)。①

总体看,1977—1989年,三大“范式”已经呈现出并行发展、相互融合的态势。这其中有两个事实为这一结论提供了佐证。

---

① 喻国明:《我国新闻工作者新闻观念更新度的现状及其分析——对全国新闻界关于新闻改革问题抽样调查的研究分析报告》,载中国社会科学院新闻研究所:《新闻学研究10年(1978—1988)》,人民出版社1989年版,第79页。

其一,1983 年,《新民晚报》总编辑赵超构发表《新闻稿件怎样评分?》,该文将晚报新闻价值分为三个部分:“一是政治(政策性)的价值。二是群众性的价值。三是创新性的价值。”①不难发现,这一观点背后实质体现了赵超构试图从导向、题材、写法三个维度来聚合三种“范式”的努力。

其二,1989 年,全国好新闻评选明确将“三统一”作为“好新闻”必备的品格:“形式、内容、风格的和谐统一;事实、价值、效果的和谐统一;新闻价值、宣传价值、审美价值的和谐统一。”②这同样显示出“好新闻”的国家标准也在力图融合三种“范式”的各自特性与优势。

四、1990—1999 年:“范式”的定型与融合

从 1990 年开始,不同新闻文体“范式”逐渐“定型”,并越来越多地呈现出融合化趋势。

1990 年,中国记协首次设立“现场短新闻”评奖活动,1991 年,中华全国新闻工作者协会举办首届“中国新闻奖”评选活动,其评选标准都集中体现了“宣传范式”和“专业范式”的融合。这一时期,“宣传范式”明确提出并巩固了“正面宣传为主”的基本方针。1994 年,时任中国共产党中央委员会总书记的江泽民首次提出“舆论导向”的概念。此后,“正面宣传”与“舆论导向”密切结合,成为“宣传范式”的方针和目标。

1991 年前后,报业兴起“周末版”大潮。到 1993 年,全国增

---

① 参见赵超构:《新闻稿件怎样评分?》,载《赵超构文集(第六卷)》,文汇出版社 1999 年版,第 564—565 页。

② 何光先:《十年新闻写作变革》,中国新闻出版社 1989 年版,第 24 页。

设“周末版”的报纸达到200多家。① 喻国明先生认为这标志着中国传媒的传播模式由“传播者本位”向“受众本位”的转型。② 作为“周末版”勃兴的直接后果，“大特写”成为“文学范式”的一种重要新闻文体形态再次得到巨大发展。早在80年代就以“大特写”崛起的《北京青年报》也积极向“专业范式”靠拢，其选择的两种叙述策略都显示出这种取向——“一是客观报道，以记录事实为主，避免不必要的议论；二是角度的全面覆盖，坚持多侧面多角度的报道，穷尽所能想到的方面。”③ 1993年5月1日，中央电视台开播大型早间电视节目《东方时空》，提出要改变电视语态，“要变‘新华体’为‘中新体’”，从而突破了传统电视新闻文体的呈现方式：“表达与叙述的态度变得真诚、平和，表达与叙述的内容变得真实、鲜活，表达与叙述的手段变得更遵循电视规律。”④1995年，《中国青年报》创办“冰点”专版，关注普通人不普通的命运，连续刊发《北京最后的粪桶》《五叔五婶》《导师母亲》等特稿，迅速引发新闻界广泛关注。1996年，中央电视台《东方时空》开设“生活空间”栏目，⑤强化故事化呈现普通人的生活，开创了电视特稿的“先河”。此后，伴随报纸、电视媒体的共同努力，“大特写”也逐渐转向另一种

---

① 张建星：《中国报业40年》，人民日报出版社2018年版，第11页。

② 喻国明：《传媒变革力——传媒转型的行动路线图》，南方日报出版社2009年版，第3页。

③ 何平平：《〈记者行动〉与新版创造》，载方旭：《我们尝试了什么：〈青年周末〉陈述与思考》，文化艺术出版社1996年版，第306页。

④ 孙玉胜：《十年：从改变电视的语态开始》，生活·读书·新知三联书店2003年版，第52页。

⑤ 2000年，东方时空第三次改版，“生活空间”改名为“百姓故事”，以“讲述老百姓自己的故事”为内容和风格定位，继续探索普通人的故事化呈现，在后续的几次改版中“百姓故事”栏目都得以保留。

文体——“特稿”。

90年代初,晚报蓬勃发展,形成著名的“晚报现象”。据统计,1985年全国只有24家晚报,1990年46家,1992年58家,1994年128家,1997年发展到144家。① 1993年,中国第一家都市报《贵州都市报》创刊。1995年,以“市民生活报”为核心定位的《华西都市报》创刊。此后,都市报在各主要城市“遍地开花”。到1999年,全国已有近30家相当规模的都市报。② 从“飞入寻常百姓家”的晚报到“彻底平民化”的都市报,改变的不仅是报业的基本结构和媒介生态,更包括新闻的叙述方式与话语体式,“市民体”新闻的内涵与外延由此得以不断形构。所谓“市民体”是指“适应都市新闻的发展和老百姓对新闻的需要而出现的一种新闻文体。强调‘以市民为本’,要求从内容到形式都必须具有亲和力,平易近人。内容特征是市井化、全息化、纵深化、人情化。形式上平民化、趣味化、通俗化、事实化。“市民体”对于推动都市新闻的发展起了重要作用。③ 从某种意义上说,“市民体”体现了三种“范式”的交融与互动。

一方面,“市民体”的载体晚报、都市报是党报体系的一部分,自然要遵循“宣传范式”的基本要求。“为了追求可读性和必读性,都市报严格地以市民读者的兴趣和需要作为新闻报道的取舍标准,要求采编人员‘按照市民的需要来决定写什么不写什么,编什么不编什么,登什么不登什么’。在坚持正确舆论导向、遵守新闻宣传纪律的前提下,提出要‘急市民之所急,想

① 张建星:《中国报业40年》,人民日报出版社2018年版,第57页。
② 同上书,第16页。
③ 童兵、陈绚:《新闻传播学大辞典》,中国大百科全书出版社2014年版,第40页。

市民之所想，市民需要什么，我们就报道什么’。”①

另一方面，“市民体”必须“飞入寻常百姓家”，为了提升新闻的可读性，故事化、文学化的操作模式成为这些报纸的基本选择。“采用对话、描写、场景设置等，生动展现新闻事件中的情节和细节，借助新闻事件中的戏剧性因素来突出主题。”②以1996年《华西都市报》创办的“特别报道”为例。该报每期用一个版面专门刊登一个具有真实性、新闻性的长篇稿子。题材框定于案件、人物、事件、社会热点四大方面，而且“只写老百姓的悲欢离合，描写小人物，讲述老百姓自己的故事”；风格上突出故事性（情节、悬念等），强化可读性（热点事件也许缺乏情节性和故事性，但新闻价值大、关注度高，同样具有可读性），强调真实性（严格遵守新闻原则，情节、细节都不允许虚构、编造），注重政策性（遵守新闻宣传政策，不打擦边球）。由于案件、人物、事件、社会热点四大题材最容易集中传统的新闻价值即冲突、异常、灾难、时效、接近性、人情味、影响力等等，再加上借鉴通俗文学的笔法，讲究悬念设置、情节渲染和细节描绘，使故事曲折多变、高潮迭起，讲究笔调、修辞和文采，富有故事性和文学性，因而实际上是“新闻性+故事性+文学性，故如同重磅炸弹，对读者的‘杀伤力’是非常惊人的”。③

然而，当这种“市民体”“社会大特写”与90年代新闻媒体的市场化相勾连，为了在激烈的市场竞争中获得更高的发行量、

---

① 吴定勇：《都市报崛起之谜》，四川大学出版社2005年版，第9页。

② 童兵、陈绚：《新闻传播学大辞典》，中国大百科全书出版社2014年版，第43页。

③ 参见吴定勇：《都市报崛起之谜》，四川大学出版社2005年版，第94页。

收视率,这种变异的“文学范式”及其功能一度被推向极致,于是,虚假报道、低俗之风泛滥,新闻职业道德滑坡等问题也旋即产生。有学者将这些问题归纳为“四色报道”,亦即“红色的秘密(披露领导人的秘闻趣事而真假莫辨)、金色的诱惑(对大款、大腕的挥金如土津津乐道)、黄色的刺激(淫秽内容的大肆渲染)、黑色的恐怖(暴力凶杀的详尽描绘)”①。这些问题客观上也构成了90年代后期“大特写”文体衰落的一个重要因素。

1996年,《南方周末》开始转型,调查性报道成为该报“对中国发言”的重要新闻品种。同年,中央电视台《新闻调查》栏目开播,“中国式电视调查性文体”成为该栏目标志性特征。在一次访谈中,被问及“90年代后期崛起的《南方周末》和《新闻调查》与80年代中后期《中国青年报》相比,其新闻实践所起的主要作用是什么”时,名记者卢跃刚的回答简洁有力:“从专业角度来看,他们还是在恪守专业原则。”②由此可见,客观性原则正逐渐成为当时新闻界带有职业共识的报道观念。1997年,我国的一项调查显示:超过90%的新闻工作者认同“保持事实准确”“报道要客观”“抢时效”“挖掘更深入”是“极为重要”的操作追求。③ 1998年,以“独立、独家、独到”为办刊方针的《财经》杂志创刊不久,即以调查性报道而蜚声业内,并被誉为中国财经新闻界的“扒粪者”。这些事实表明,在90年代的十年中,从客观性原则(文体观念)到调查性报道(文体形态),“专业范式”从两个层

---

① 程天敏:《我看“社会大特写”》,《新闻界》,1998年第2期。

② 张志安:《记者如何专业:深度报道精英的职业意识与报道策略》,南方日报出版社2007年版,第21页。

③ 喻国明:《解构民意:一个舆论学者的实证研究》,华夏出版社2001年版,第189页。

面完成了“定型”。具体内容我们将在第四章加以系统阐释。

按照文体学的观点，“文类演变的一条基本途径就是各种文类之间的交叉、渗透、综合、汇通”①。因此，这一阶段新闻文体的三大“范式”在各自形构的过程中，也在不断相互借鉴、彼此融通。例如下面这篇报道——

亚运会从墙上走下来	评析
刘满长和袁广兵撤掉“二”，换上“一”，忽然间感觉自己要“失业”了。	“特稿式”开头，设置悬念，引起读者的阅读兴趣，打破新闻文体的固有写法。
阜外西口解放军报大门对面，一面洁白高墙，两行赫然红字：“亚运会正在向我们走来，离亚运会还有一天”。固定的是字，活动更换的是日期。	第二段承接开头，解释悬念，提示主题。
袁，一个笑起来憨厚的江苏兵，已记不清自己亲手换掉过多少块日期牌。有半个月了，他没有出过大门上过街。说真的，他真想出去，亲眼看看天安门广场现在是什么景象。他去过亚运村，远远地隔着栏杆望，没进去过。	第三段运用了“点面结合”的方法。首先，选择袁姓战士这个“点”，交代换“日期牌”既是他的工作，也构成他生活的中心。“半个月没有出过大门上过街”“远远地隔着栏杆望亚运村”等细节，暗含了对这些战士的赞扬。
他和他的七位战友是这里的警卫。每天上下班时间，	第四段由“点”及“面”，通过战士的观察与耳闻，展示人们的直接引语，

① 陶东风：《文体演变及其文化意味》，云南人民出版社1994年版，第67页。

续 表

人流涌动经过牌下,总能听到这样的议论:“哟,还有三十天!”“嘿,只有十天了!”这时候,警卫班的战士们心里常莫名地激动起来。一百五十多天,天天傍晚时分卸牌挂牌,已经成了近似职业性的习惯。	预示亚运会即将开幕的同时,也通过叙述战士们150多天坚持“卸牌挂牌”这一简单动作,揭示出一种平凡的感动。
“明天,撤掉‘一’之后,我们每天的生活里就会缺点什么东西的。”二十二岁的邢海平班长脸红红的。“可我们站岗的时候,会在心里惦念,今天是亚运会第几天了。”	第五段再度回到“点”上,选择年轻班长的话,来展示亚运会与他们生活的关联。
马贵禄一家也这么说。这面十六米长、七米高的墙,正是马家厨房的后墙。	第六段为过渡段,由战士群体转向普通居民。
每天晚饭后,搬个小板凳,坐在道旁树荫下纳凉,这位五十八岁的老测绘工和老伴以及孙儿是警卫班战士卸牌挂牌的忠实观众。	第七段聚焦“看”与“被看”,经由“亚运会”在马家与战士们之间建构了关联。
这面墙伴随马师傅长大。“文革”时,灰旧斑驳的旧墙上,朱笔书就最高指示:“下定决心,不怕牺牲,排除万难,去争取胜利。”三中全会后,标语一换而为:“文明城市人民建,文明城市人民管。”第三次,就	第八段是新闻背景,通过马师傅的讲述,展示标语墙在三个历史阶段内容的转换,巧妙地揭示时代的变迁。

续 表

是这两行半年前红漆刷出的标语。	
前一阵北京狂刮几次大风,日期牌好几次被吹落,很快就被过路人捡起挂好。有时候看见牌子歪了,他自己就过去给扶正了。	第九段看似“闲笔”,实则展示良好的社会风尚和公民素质。
亚运会要开幕了,马师傅一家猜想这标语一定还得换,舍不得,“可盼了这么久,不就盼的是这一天吗!”马师傅这么说,他还准备就着亚运会这喜兴劲儿,给小三儿操办婚事呢。	第十段通过直接引语和间接引语的交替使用,显示普通民众对于亚运会即将召开的期盼与兴奋之情。
“嘿,亚运会,铺天盖地的,这就到跟前了!” **(《中国青年报》,1990-09-22)**	结尾以直接引语再次点明主题:亚运会即将开幕。

这篇报道从题材看,属于典型的“宣传范式”,呈现的主题就是“人民翘首企盼亚运会开幕”,但记者却超越了“宣传范式”的传统写法,新闻角度新颖,以小见大,记者选择在亚运会开幕前的最后一天,围绕倒计时牌的变化,结合采访与现场观察,展示七位解放军战士与马师傅一家的生活场景和所思所想。其中,还暗含了对于普通解放军战士坚守平凡岗位的褒扬,对普通民众素质和社会风尚的赞扬。整篇报道言简意赅,篇幅短小,全文 736 个字,共分 11 段,每段最多 115 个字,最少 21 个字。同

时,大量使用直接引语、间接引语,彰显记者采访的深入。新闻背景的使用也独具匠心,深化了主题。多段落、短段落、短句子的形式,颇似“特稿”的写法,显示出“宣传范式”对于“专业范式”的借鉴与融合。

五、2000 年以来:“范式”的转型与重构

进入 21 世纪以后,各种自媒体、平台媒介等层出不穷,媒介生态环境发生了巨大变化,“在 20 世纪,新闻是由新闻工作者们决定的。今天在决定何为新闻的过程中,公众扮演着更重要的角色。下一代新闻业必须欢迎并且为更具参与性的公民服务。正是从这个意义上说,新闻不再是讲授,它更多的是一种内容更加丰富的对话。”①“新闻文体范式”也随之进行转型甚至重构。

首先,“宣传范式”的内涵在不断强化,形式呈现多样化。2000 年 4 月 1 日,新华社国内部成立《新华视点》报道组,强调“打破‘新华体’的思想框框……尝试另一种‘喉舌’方式。‘没有不能报道的领域,只有不能发的稿子’成了它的标签”。②

2012 年中共十八大召开之后,新华社连续推出七篇人物特稿,集中报道七位新任中共中央政治局常委的背景、经历和家庭生活。这组题材重大的特稿,一改传统写法,强调新闻价值的所有要素,写法上打破了传统领导人新闻的“禁忌”,从交代的领导人各自成长经历中暗含了他们的施政理念,释放了很多明确的政改信号,同时还披露了领导人许多平常而不为人知的生活

① [美]比尔·科瓦齐、汤姆·罗森斯蒂尔:《真相:信息超载时代如何知道该相信什么》,陆佳怡、孙志刚译,中国人民大学出版社 2014 年版,第 178 页。

② 曾华国:《中国式调查报道》,南方日报出版社 2006 年版,第 221 页。

细节,展示了他们的亲民形象,拉近了与读者的心理距离。值得一提的是,因为公开了过去被视为国家机密的领导人家庭成员等敏感信息,写法上完全跳脱过去官样文章的窠臼,笔触充满了人文情怀。同年12月4日,中共中央政治局会议审议通过了《十八届中央政治局关于改进工作作风、密切联系群众的八项规定》,明确提出要“改进新闻报道”,并规定:“中央政治局同志出席会议和活动应根据工作需要、新闻价值、社会效果决定是否报道,进一步压缩报道的数量、字数、时长。”2016年2月19日,习近平在党的新闻舆论工作座谈会上发表讲话,指出“任何新闻报道,都有导向,报什么、不报什么、怎么报都包含着立场、观点、态度。新闻报道既要报道国内外新闻事件,更要传达正确的立场、观点、态度,引导人们分清对错、好坏、善恶、美丑,激发人们向上向善的精神力量。”[①]这表明新时代“宣传范式”的主导地位被不断强化,同时也显示出“宣传范式”本身依然处在不断调整与变化之中。

在具体的文体实践中,21世纪的“宣传范式”主要选择两种方式与“专业范式”“文学范式”进行互动。一种是以更客观、深入的方式“用事实说话”,从而实现与“专业范式”的融合。请看——

蛟龙深潜突破7 000米

本报北京6月24日电(记者余建斌) 北京时间6月24日,“蛟龙”号载人潜水器在位于西太平洋马里亚纳海沟

① 习近平:《坚持党的新闻舆论工作的正确政治方向》,载《论党的宣传思想工作》,中央文献出版社2020年版,第185页。

区域,成功下潜至7 020米深度,在这个世界最深海沟写下了目前中国载人深潜的最深纪录。

北京时间6月24日4时30分,“蛟龙”号7 000米海上试验队举行出征仪式,5时29分潜水器开始注水下潜,8时50分许,“蛟龙”号突破7 000米深度,下潜深度7 005米。9时15分,“蛟龙”号坐底深度稳定在7 020米,开展了相关海底作业。

(《人民日报》,2012-06-25)

这篇报道属于“成就报道”范畴,记者在报道中一改传统“宣传范式”的表现形式,没有加入任何评论或抒情的表达,着重通过数据、事实的客观展示,来揭示重大主题。导语部分最后一句话简洁形象地呈现了“新闻眼”。主体部分按时序式结构展开,交代了关键性节点的具体数据,最后一句话“于无声处听惊雷”,“蛟龙”号稳定在海底最深处“开展相关海底作业”,彰显了中国在载人潜水器领域的巨人技术能力,实现了重要的宣传功能。

另一种是更加专业地运用“故事模式”实现宣传目的,强化“宣传范式”与“文学范式”的有机融合。例如下面这篇曾获得第16届中国新闻奖“一等奖”的报道——

3.5万救命钱留给病友

前日19时许,在长沙湘雅医院,当白血病患者彭敦辉送走病友欧阳志成回到病房后,看到了欧阳志成留给他的3.5万元现金和两封信。读罢信件,捧着救命钱,彭敦辉顿时泪雨滂沱。

家住浏阳市文家市镇伍神岭村的彭敦辉,1999年高中毕业后苦学食品加工技术,2000年在老家开办了食品加工厂,直到今年1月生意才稍有起色。去年底,他感觉到身体有些不舒服,经医生仔细检查,被确诊为白血病。今年3月,他来到湘雅医院住院治疗。不到半年时间,家里便负债20多万元。而接下来的干细胞移植手术,还需要数十万元费用。

现年29岁,在隆回县山区当中学教师的欧阳志成,前年下半年也不幸患了白血病。今年8月9日,他再次来到湘雅医院治疗,恰好住在彭敦辉邻床。欧阳志成和彭敦辉的身材、脸型非常相像,而且两个都戴着帽子和眼镜。医护人员和病友都说他俩酷似亲兄弟。由于相同的命运和际遇,他俩成了一对无所不谈的好朋友,经常来到楼下散步,相约共同战胜病魔。

前不久,欧阳志成和彭敦辉的骨髓都配上了型,只待完成干细胞移植手术,便有望完全康复。为了筹集这笔手术费用,欧阳志成和年仅23岁的妻子四处奔走,尽管有关部门向他伸出了援助之手,但仍有10多万元不能到位。在这种情况下,欧阳志成决定放弃治疗。而彭敦辉的手术费用也差一大截,由于一时借不到这么多钱,他和家人同样心急如焚。

前日傍晚,欧阳志成不顾医护人员和彭敦辉的强烈反对,执意办理了出院手续。彭敦辉将欧阳志成送到楼梯口后,欧阳志成马上催他回去,说给他留下了一件礼物放在病床旁的抽屉里面。彭敦辉打开抽屉一看,里面是码放得整整齐齐的3.5万元现金,以及分别写给他和医院院长的两封信。在写给院长的信中,欧阳志成表示,他已留下遗嘱,让家人在其去世后将遗体捐赠给医院作解剖研究之用,为攻克白血病尽自己最后的微薄之力。

彭敦辉立即跑下楼,但早已不见了欧阳志成的身影。他马上拨通了欧阳志成的手机。欧阳志成说完“我走了,兄弟保重”几个字后,便匆匆挂断了电话。

(《长沙晚报》,2005-08-24)

这篇报道属于“宣传范式”中的典型报道,主旨是为了弘扬社会正气,串联中华传统美德。记者没有采用传统的“政论模式”,也没有在报道中注入个人观点,更没有将主人公的行为“事迹化”。而是选择娓娓道来的“讲故事”方式,向读者讲述了两位癌症患者互助抗癌,最终一位放弃治疗而将救命钱留给病友的故事。报道的故事性强,情节设置合理,叙述平实却渗透强烈的感染力,在打动读者的同时,势必引发社会的广泛关注。故事末尾,记者并未选择传统“宣传范式”惯常做法——呼吁全社会向这两位病友“献爱心”,而是以那位放弃治疗却救助病友的欧阳志成“匆匆挂断了电话”戛然而止,独具匠心却又意犹未尽,彰显了两种“范式”有机融合后的最佳传播效果。

其次,“专业范式”更加强调对社会进步的意义。这一时期的《财经》杂志连续刊发《基金黑幕》《银广夏陷阱》《细探格林柯尔》《庄家吕梁》以及 SARS 系列等专业报道,从而推动了“专业范式”在财经新闻领域的形构。诚如经济学家吴敬琏先生在《财经》报道结集的丛书“总序”中评价的那样:“《财经》杂志丛书的意义和价值不仅在于它对热点问题的犀利剖析促进了净化中国市场环境的努力,而且对于提升中国传媒界的职业探索和专业素质也是极具重要意义的。”①《南方周末》则强调“对人们精神生活的拓展,是对现实生活的真实呈现和理性思考,使一大批读者的观念获得了现代意义上的启蒙,对推动中国社会进步做出了一个负责任媒体的应有贡献”②。《南方都市报》的深度报道在“坚持客观公正立场,坚持关注社会现实和社会公正”的同时,更力图突破传统“事件过程+背景资料+专家分析”的模式,“在文本上彻底建立故事化写作模式”,“时刻将报道的可读性放在十分重要的地位,突出细节、现场感、虚实结合和文学技巧”。③ 基于此,“新闻文体专业范式”继续在客观性规范与深度化追求两个维度进行探索。

其一,体现在常规新闻(消息)文体上。例如:

非典型肺炎病原是衣原体?

广东专家对此持保留意见,认为病毒引起的可能性极大

本报讯 昨天,新华社发布消息,称经中国疾病预防控制中心和广东省疾病预防控制中心的共同努力,引起广东省部分地区非典型肺炎的病原基本可确定为衣原体,但广东的绝大多数专家对此持保留意见,他们认为是病毒性肺炎的可能性很大。

北京专家认为病原可能是衣原体

为什么将本次非典型肺炎的病原基本确定为衣原体呢?新华社报道说,中国疾病预防控制中心病毒预防控制

① 吴敬琏:《揭穿黑幕,填平陷阱,净化市场环境》,载《财经》杂志编辑部:《黑幕与陷阱》,社会科学文献出版社2003年版,第1页。

② 杨兴锋:《南方报业之路》,南方日报出版社2009年版,第96页。

③ 邓科:《南方周末:后台(第二辑)》,南方日报出版社2008年版,第228—229页。

所报告,通过电镜观察发现两份死于本次肺炎病人的尸检肺标本上有典型的衣原体的包含体,肺细胞浆内衣原体颗粒十分典型。

报道说,衣原体是一种在真核细胞内寄生的原核微生物。某些衣原体曾经被归为病毒,可通过呼吸道分泌物、气溶胶,直接与病人接触,以及与病禽或鸟类接触而传播,临床表现为肺炎和支气管炎。衣原体引起的肺炎采用针对性强的抗生素治疗非常有效,但必须是全程,足量的规范化治疗。同时对病人加强护理和休息,供给营养丰富,易于消化吸收的食物及充足水分。

报道称,该病是完全可以预防的。

广东专家认为病毒性肺炎可能性大

昨晚,记者采访了很多广东专家,他们认为本次非典型肺炎是病毒性肺炎的可能性极大,因而对病原是衣原体的结论持保留意见,理由大致如下:

一、衣原体肺炎一般呈散发性,即零零星星地发生,所以流行的可能性不大,但这次广东局部地区发生的非典型肺炎有局部流行的特点;

二、衣原体肺炎死亡率不高,大概在0.1%—1%之间,而且发病也不凶险,比如发烧热度不会太高,这与本次发生的非典型肺炎不同;

三、衣原体肺炎属肺间质肺炎,肺泡隔会增宽,但这次非典型肺炎死亡病例尸检显示,肺泡隔变化不大;

四、在本次发生的非典型肺炎病例中找到了病毒包含体,这是诊断为病毒性肺炎的重要依据。

鉴于此,还有专家说,不能按衣原体的结论来制定治疗方案,否则可能造成可怕后果。他们表示会按既定预防治疗方案行事。

专家们说,虽然本次非典型肺炎属病毒性肺炎可能性极大,但到底是何种病毒引起尚难确定。这需要多长时间很难说,因为病毒有很多种,很难分离。不过暂时找不到病原体不可怕,可以针对具体症状,对症治疗。

(《南方日报》,2003-02-19)

这是一篇典型的“硬新闻”,因为它直接关涉人民群众的生命安全。2003年“非典”疫情爆发之初,全国人民都在焦急等待对“非典”病原的权威认定。当新华社已经刊发消息确定“非典”病原为“衣原体”时,《南方日报》却在全国众多媒体中第一个发出不同的声音,客观报道了广东专家的观点。在当时那个非常时期,这不仅需要专业的判断力,更需要敢于担当的勇气。本篇消息写法专业,兼具理性与建设性。导语开门见山,呈现对于同一事件的不同观点,从而突出“新闻眼”。主体被两个判断句式的小标题切分为两个部分,同时也交代了两方的主要观点。对于北京专家的观点,记者援引新华社报道,内容涉及判断依据和治疗方案。对于广州专家的观点,记者通过采访,内容也涉及判断依据和治疗方案。两派观点的篇幅大体相当。结尾秉持科学态度,强调确定病毒的难度与时间长度,但不影响对症治疗。后来证明,广东专家的判断完全正确,广东省也在“抗击非典”的战役中创下了“最低病死率”和“最高治愈率”的佳绩。《南方日报》的这篇报道也一举斩获了当年的“中国新闻奖”和“广东新闻奖”两个“一等奖”。总体看,这篇报道的“专业性”体现在两个层面:一是报道题材涉及非常专业的医学知识,记者将医学领域的专业知识进行了最大程度的“通俗化”;二是新闻报道层面的“专业性”,具有专业新闻的基本特质,符合专业“范式”的基本要求,也展现了“新闻文体专业范式”的理想境界:通过理性和建设性的专业报道推进社会进步。

其二,调查性报道是“新闻文体专业范式”在 21 世纪前十年最具辨识度的文体形态,其背后蕴含的理念则是对事实的尊重、对真相的追寻。“调查性报道不仅是一种报道方法、报道形式,更是一种报道的理念与追求——对真相的探求、对正义的呼唤。”[①]由此也诞生了一大批名家名作,其中的代表作包括:《中国青年报》刘畅的“繁峙矿难”系列报道(2002)、《华商报》江雪的“夫妻在家看黄碟案”系列报道(2002)、中央电视台焦点访谈曲长缨的“临汾矿难调查”(2003)、新华社朱玉的“龙胆泻肝丸导致肾损害调查”(2003)、《南方都市报》陈峰、王雷的《被收容者孙志刚之死》(2003)、《羊城晚报》赵世龙的《长洲戒毒所强卖戒毒女为娼案全调查》(2003)、《新京报》袁凌的“北京 SARS 后骨坏死患者不完全调查”(2003)、新华社周立民的“阜阳劣质奶粉追踪”(2004)、《中国青年报》刘万永的《一个退休高官的生意经》(2005)与《公安局政委女儿冒名顶替上大学》(2009)、《东方早报》简光洲的《甘肃 14 名婴儿同患肾病　疑因喝“三鹿”奶粉所致》(2008)、《财经》王和岩的《西藏农行窝案》(2007)、“邓玉娇案”系列报道(2009)、《“三鹿奶粉大审判”》(2010)、《中国经济时报》王克勤的《山西疫苗乱象调查》(2010)与《河北大学

① 白红义:《以新闻为业:当代中国调查记者的职业意识研究》,上海交通大学出版社 2013 年版,第 9 页。

校园“飙车案”调查》(2010)……这些报道通过记者独立专业的调查,在对事实的“抽丝剥茧”中探寻真相,在追求公平与正义中推动社会进步。与此同时,其文体学意义在于,通过调查记者群体的文体实践,助推了“新闻文体专业范式”在调查性新闻领域的形构,亦即专业的调查、真实的内容、中立的立场、客观的形式、严密的逻辑、克制的表达等成为中国调查性报道的专业标准:“不管调查记者们出于何种目的接纳客观中立的观念,一个不争的事实是,客观中立模式正在成为当代中国调查记者的主导职业角色,特别是在21世纪以后加入新闻业的新一代调查记者之中。”①

最后,“文学范式”不再以具体的文体样式出现,更多地融入其他“范式”之中,突出表现为文学因素全面介入新闻文体实践,包括文学观念层面对人性、社会的深切洞察,技巧层面对生动形象的文学笔法的调用等。例如,下面这篇获得第23届中国新闻奖“二等奖”的消息——

山东作家莫言获诺贝尔文学奖	评析
本报高密10月11日讯 晚上7点刚过,高密的大街上便响起了鞭炮,一条消息在鞭炮声中口口相传:高密走出去的山东作家莫言荣获2012年度诺贝尔文学奖。这是中国籍作家首次问鼎这一奖项。	导语第一句话以即时场景开篇,交代主要新闻事实,同时也将莫言获得诺奖的时间点前置,聚焦人们等待这一消息的时刻,奠定报道的整体基调。第二句话“首次问鼎”则明确揭示了新闻主题。

① 白红义:《以新闻为业:当代中国调查记者的职业意识研究》,上海交通大学出版社2013年版,第99页。

续 表

几天前,莫言成为诺贝尔文学奖大热门的消息不胫而走。来自国内外20余家媒体的记者奔向高密,在莫言文学馆的手稿里,在莫言出生的大栏乡平安村,在高密的剪纸、扑灰年画和山山水水中找寻密码,期待一条爆炸性新闻。	第二段承接导语,以“剪纸”“扑灰年画”“山山水水”来隐喻高密的文化“意象”,由此展现新闻界对莫言获奖的关注,带有口语化的“爆炸性新闻”,则再次凸显莫言获得诺奖的重大价值。
这是收获的季节,高密的棒子黄澄澄地摆满了场院和房顶,侍弄着活计的老乡们略带疑惑地观望着纷至沓来的记者。莫言的二哥管谟欣已经说不清接待了几拨客人,但他还是面带笑容。	第三段第一句话依然引入场景描写,“收获的季节”语带双关,“黄澄澄”的棒子摆满了场院和房顶,则映衬了收获,寓意希望。“略带疑惑”的老乡们与“纷至沓来”的记者形成鲜明对比,进一步展示新闻界对于莫言获奖的极大关注度。
随着时间推移,记者群里散发出焦急和期盼的气氛。他们不停地看表,翻着网页,并一遍一遍追问着莫言的下落。莫言事后对记者说,那时,他正躲在一个地方逗着小外孙玩耍,还舒舒服服吃了顿晚饭。	第四段以记者“看表”“翻网页”“追问”等动作细节,描摹记者们焦急等待的场景。“那时”则转入后续对莫言的采访,衬托其对获奖的淡定态度,二者形成一种带有对比意味的画面感,产生类似电影制作中“蒙太奇”的效果。
“成了!”晚上7点刚过,记者当中一个手疾眼快性子急的率先确认了这一消息,人群中随即爆发出热烈的掌声。	第五段以一个简短有力的直接引语,先声夺人,继而以现场爆发的“热烈的掌声”实现了由焦急等待到确认获奖的过渡。
在斯德哥尔摩当地时间	第六段直接“转场”至瑞典文学

续 表

10月11日13时,远在北欧的瑞典文学院宣布,2012年诺贝尔文学奖授予中国作家莫言。	院,正式公布莫言获奖的官方权威信息。明确的时间点、权威的发布机构,是“专业范式”的重要表征。
瑞典文学院常任秘书彼得·恩隆德在瑞典文学院会议厅先后用瑞典语和英语宣布了获奖者姓名。他说,中国作家莫言的“魔幻现实主义融合了民间故事、历史与当代社会”。	第七段第一句话提供“官宣”现场的细节,第二句话则借用瑞典文学院常任秘书的直接引语,截取诺贝尔奖官方评语的“亮点”,暗含了官方授予莫言诺奖的基本依据。
诺贝尔文学奖评委之一、瑞典汉学家马悦然说,莫言的作品十分有想象力和幽默感,他很善于讲故事。莫言获奖会进一步把中国文学介绍给世界。	第八段提供权威信源的观点,通过评委马悦然的间接引语,对于莫言获奖的原因,进一步加以阐释。
晚9点,让各路记者找得好苦的莫言终于现身。对于获奖,莫言表示:“可能是我的作品的文学素质打动了评委,中国文学是世界文学的一部分,表现中国独特的文化和民族风情,站在人的角度上,立足写人,超越了地区、种族的界限。”他强调,“诺贝尔文学奖是重要的奖项,而并不是最高的奖项”,自己要“尽快从热闹喧嚣中解脱出来,该干什么干什么”。	第九段再次“转场”至山东高密——本次采访的现场。引入莫言的直接引语,展示了三个重要信息:1. 莫言对自己获得诺奖的原因分析和自我评价;2. 莫言对获奖的态度;3. 莫言获奖后的计划。个性化引语彰显了莫言清醒淡定的性格特征。

续 表

莫言出生于1955年2月,原名管谟业,山东高密人。小学即辍学,曾务农多年,也做过临时工。1976年2月离开故土,尝试写作。1981年开始发表作品,一系列乡土作品充满“怀乡”“怨乡”的复杂情感,被称为“寻根文学”作家。他的主要作品包括《红高粱家族》《丰乳肥臀》《檀香刑》《蛙》等。长篇小说《蛙》获第八届茅盾文学奖。	第十段是新闻背景,交代莫言的出生年月、籍贯、作家经历、作品等基本背景。这也是“专业范式”的重要写法。
按照诺贝尔奖有关规定,所有获奖者将前往瑞典首都斯德哥尔摩,参加12月10日举行的颁奖典礼。 **(《大众日报》,2012-10-12)**	结尾提供进一步的新闻事实,展望之后的新闻走向。

对于“莫言获得诺贝尔文学奖”这一新闻事件的呈现,其时国内新闻媒体大多采用“宣传范式”中的“信息模式”或者“专业范式”中的“深度模式”。本篇消息在“同题竞争”中能够略胜一筹,一个重要原因在于其巧妙地融合了“文学范式”与“专业范式”。记者选择诺贝尔文学奖公布前的几个小时,报道地点则在莫言的故乡高密与瑞典文学院两个现场中来回穿梭,类似蒙太奇的处理方式,文学化再现新闻场景和诸多细节,洋溢在报道中的是浓厚的文学色彩,切实增添报道的可读性,更有效避免了报道的同质化问题。

对新闻事件与新闻人物的故事化呈现、对人文情怀的文学化展现,也是2000年以来“文学范式”的重要表征。诚如《中国青年报·冰点周刊》前主编杜涌涛所描述的那样——“‘冰点’不以那种拉开架势的‘大叙述’见长。‘冰点’的叙述是‘故事的’‘细节的’,也是克制的。知微见著,微观中蕴着宏观,一滴水中折射着大海。”①2011年7月27日,《中国青年报》刊发了该报记者赵涵漠采写的《永不抵达的列车》。这篇特稿以“7·23甬温线特别重大铁路交通事故”为背景,报道了两位在事故中逝去的大学生的故事。这篇报道刊出后,立刻被各大新闻媒体广泛转载,阅者无不为之动容。

我们首先来看看报道的开篇部分——

在北京这个晴朗的早晨,梳着马尾辫的朱平和成千上万名旅客一样,前往北京南站。如果一切顺利的话,这个中国传媒大学动画学院的大一女生,将在当天晚上19时42分回到她的故乡温州。

……

23日一早,20岁的朱平穿上浅色的T恤,背上红色书包,兴冲冲地踏上了回家的路。临行前,这个在同学看来“风格有点小清新”的女孩更新了自己在人人网上的状态:“近乡情更怯是否只是不知即将所见之景是否还是记忆中的模样。”

就在同一个清晨,中国传媒大学信息工程学院的2009级学生陆海天也向着同样的目的地出发了。在这个

① 中国青年报编辑组:《报之道》,2007年(内部交流),第209页。

> 大二的暑假里,他并不打算回安徽老家,而是要去温州电视台实习。在他的朋友们看来,这个决定并不奇怪,他喜欢“剪片子”,梦想着成为一名优秀的电视记者,并为此修读了“广播电视编导”双学位,“天天忙得不行”。
>
> ……
>
> 23日6时12分,陆海天与同学在北京地铁八通线的传媒大学站挥手告别。
>
> 7时50分,由北京南站开往福州、途经温州南站的D301次列车启动。朱平和陆海天开始了他们的旅程。
>
> 后来,人们知道陆海天坐在D301次的3号车厢。可有关朱平确切的座位信息,却始终没有人知道。有人说她在5号车厢,有人并不同意,这一点至今也没人能说得清。

在开头几段,记者只是平静地展开对两位主人公诸多细节的叙述,内容包含:他们的穿戴服饰、网络留言、目的地以及与友人告别时的情景等,虽然没有刻意渲染悲凉的气氛,却充满了叙述的张力。此后,报道主体中开始交替穿插两位主人公的故事,其中间或地描摹了陷入焦虑与希望中的家人与朋友。结尾处运用节制的叙述,不仅与开头形成呼应,更增强了报道中渗透的悲伤、宿命的基调——

> 在D301次列车发生的惨烈碰撞中,两个年轻人的人生轨迹终于相逢,并齐齐折断。这辆列车在将他们带向目的地之前,把一切都撞毁了。
>
> 天亮了,新闻里已经确认了陆海天遇难的消息,但没人相信。有人在微博上写道:“我不敢相信也不愿相信!希

望有更确切的消息!”

……

阳光下花草、树木的倒影还留在这个姑娘的相机里;草稿本里还满是这个姑娘随手涂画的大眼睛女孩;她最喜欢的日剧《龙樱》仍在上演;这个夏天的重要任务还没完成,她在微博上调侃自己“没减肥徒伤悲”……

但朱平已经走了。

新华社发布的消息称,截至25日23时许,这起动车追尾事故已经造成39人死亡。死者包括D301次列车的司机潘一恒。在事故发生时,这位安全行驶已达18年的司机采取了紧急制动措施,在严重变形的司机室里,他的胸口被闸把穿透。死者还包括,刚刚20岁的朱平和陆海天。

23日晚上,22时左右,朱平家的电话铃声曾经响起。朱妈妈连忙从厨房跑去接电话,来电显示是朱平的手机。“你到了?”母亲兴奋地问。

电话里没有听到女儿的回答,听筒里只传来一点极其轻微的声响。这个以为马上就能见到女儿的母亲以为,那只是手机信号出了问题。

似乎不会再有别的可能了——那是在那辆永不能抵达的列车上,重伤的朱平用尽力气留给等待她的母亲的最后一点讯息。

人类具有共通的情感。新闻作品之所以能够抓住受众的注意力、触动人的情感,常常是因为其触及了人们内心最柔软的部分。这篇特稿没有扣人心弦的情节,却在朴实无华的叙述中打动人心。两个原本没有交集的年轻大学生,他们的人生轨迹因为一场灾难而定格在一个不幸的句点。当这两个鲜活的生命戛然而止于那辆“永不抵达的列车”时,人们除了唏嘘不已、感叹生命的无常之外,也会对平凡生活的真谛增添一种更深层次的理解。报道中,记者没有过度地煽情,没有大量地使用感情色彩浓厚的形容词、副词,只是在用平缓的笔触进行平实的叙述,生活中最为寻常的点滴细节在记者的笔下被一一展现,字里行间透露出的是那种平凡的感动,这恰恰最容易接近读者的心灵。这里,显示的正是“专业范式”与“文学范式”的合力。诚如名记者南香红对优秀新闻稿件特征所做的阐释——

> 一个好记者交给编辑的应该是一篇干净的稿子,所谓的干净,就是前面的定语、状语应该是很少很少的,表达情绪和感情的词应该尽量去掉,比如说,笑,笑开了花,这些能够表达褒与贬、喜与乐的东西都应该把它去掉。而去掉后,又不要它干巴巴的,就要利用新闻本身的冲突,新闻本身内在的结构、节奏来展现、布局,可以借助小说的方式制造悬念,可以引而不发,安排好节奏,缓和快,快到一定程度可以慢,慢了又快,像音乐一样,可以用几条线索同时叙述、交叉、重叠,这种方法用得好的话,同样可以达到好的传播效果,同时又站在新闻的立场上。①

此处“新闻本身的冲突”“新闻本身内在的结构、节奏”“站在新闻的立场”均彰显了“新闻文体专业范式”的核心特质,体现了新闻作为独立文体的内在自洽性。而“小说的方式”“引而

① 张志安:《记者如何专业:深度报道精英的职业意识与报道策略》,南方日报出版社2007年版,第190页。

不发”“像音乐一样”“用几条线索同时叙述、交叉、重叠”凸显了“文学范式”与“专业范式”的接合方式，两种“范式”的互动与交融，则常常能够生产出优质的新闻稿件，提升其传播效果。

第二章
承继与调适:“宣传范式”的文体嬗变

在中国共产党百年党报实践中,新闻与宣传始终如影随形,紧密勾连。陈力丹教授在《马克思主义新闻观百科全书》中对此的解释是:“由于党的新闻工作必须服务于党的政治路线,所以尽管具体的新闻工作需要遵循新闻职业规范,但在宏观上,党领导的新闻工作是党的宣传工作的一部分。”①“新闻文体宣传范式”即是指新闻文体所呈现出的宣传取向,是当代中国新闻文体的主导性“范式”。

第一节　作为宣传的新闻:“范式”锚定与逻辑演化

“新闻文体宣传范式”的逻辑出发点和最终归宿都带有浓

① 陈力丹:《马克思主义新闻观百科全书》,中国人民大学出版社2018年版,第174页。

厚的宣传目的和宣传诉求,其实质是“用新闻进行宣传”。杨保军教授称之为“宣传新闻主义”,即一种以宣传为本位的“新闻观念”。在此观念支配下,“新闻传播的内容、方式、目的等核心问题,主要不是按照新闻的特征和规律来解决,而是按照传播主体的宣传目的来安排和设置的”①。中国共产党百年党报的实践历程实质是新闻文体“宣传范式”的内涵生成与发展的过程。从基本内核“党报理论”的诞生与拓展,到根本方针“以正面宣传为主”的提出与践行,从“政论模式”与“信息模式”的形构与转向,到“印证式”与“用事实说话”报道方法的锚定与转型,这些嬗变既体现了“宣传范式”对“专业范式”与“文学范式”的吸纳融合,也彰显了中国共产党宣传观念与方法的历史变迁。

一、“党报理论”:定型与深化

所谓宣传,就是指“为了影响他人的思想和行为而开展的说服活动”②。因此,宣传先天就与政党政治密切关联。政党宣传的中心问题则是“把‘主义’即高度概括的理论、纲领传播出来,使人们自愿接受它、相信它”③。从中国共产党诞生之日起,宣传始终是其中心工作。“在中国共产党建党百年之际,党报作为党的宣传工作的重要组成部分,其作用与价值在中国特色社会主义建设与实践中得以进一步凸显。”④早在 1921 年,中共

① 杨保军:《新闻观念论》,复旦大学出版社 2014 年版,第 54 页。
② 张达芝:《新闻理论基本问题》,陕西人民教育出版社 1990 年版,第 155 页。
③ 王中:《论宣传》,载《王中文集》,复旦大学出版社 2004 年版,第 249 页。
④ 汤林峄、雷跃捷:《旗帜 · 阵地 · 杠杆:恩格斯党报党刊思想及实践》,《现代出版》,2021 年第 2 期。

“一大”通过的《中国共产党的第一个决议》就对宣传工作的领导管理机构、经办主体作了明确规定,尤其要求“任何中央地方的出版物均不能刊载违背党的方针、政策和决定的文章”[1]。这是对“党报理论”核心“党管媒体”理念的最早表述。

1927年,中共中央专门就“宣传鼓动工作”发布的第四号通告中也开宗明义:“政治宣传和鼓动,乃是党调动群众领导群众兼以训练党员之必需的条件。”[2]报纸恰是承载宣传最有效的载体,毛泽东就明确指出,报纸是“作为组织一切工作的一个武器,反映政治、军事、经济并且又指导政治、军事、经济的一个武器,组织群众和教育群众的一个武器”[3]。基于这样的体认,中国共产党在革命战争年代不断累积宣传工作经验,并逐步形成了“党报理论”,其核心内涵囊括了党报的性质、地位、任务与功能,以及组织架构、工作原则、报道内容与形式等方面的一系列规约,新闻文体的宣传“范式”正是根植于这个理论框架。

“党报理论”的逻辑起点是对“何为党报”的回答。1942年3月16日,《中共中央宣传部为改造党报的通知》中则规定得明明白白——“报纸是党的宣传鼓动工作最有力的工具……报纸的主要任务就是要宣传党的政策,贯彻党的政策,反映党的工作,反映群众生活。要这样做,才是名副其实的党报。”[4]同年

---

① 《中国共产党的第一个决议(摘宣传部分)》,载中国社会科学院新闻研究所:《中国共产党新闻工作文件汇编(上)(1921—1949)》,新华出版社1980年版,第1页。

② 《中共中央通告第四号——关于宣传鼓动工作》,载中国社会科学院新闻研究所:《中国共产党新闻工作文件汇编(上)》,新华出版社1980年版,第35页。

③ 毛泽东:《报纸是指导工作教育群众的武器》,载中共中央文献研究室、新华通讯社:《毛泽东新闻工作文选》,新华出版社2014年版,第156页。

④ 《中共中央宣传部为改造党报的通知》,载复旦大学新闻系:《中国报刊研究文集》,上海人民出版社1962年版,第6页。

4月1日,延安《解放日报》发表社论《致读者》,进一步明确了党报所必需的品质——“党性、群众性、战斗性和组织性”[1]。作为党报的核心原则——“党性原则”规范着党报及其成员的工作方式,更明确将党报的“宣传范式”与其时同人办报所遵行的“专业范式”“文学范式”相剥离,诚如《解放日报》1942年9月22日的社论《党与党报》中所强调的那样:“一切依照报馆同人或工作人员个人办事,不必顾及党的意志,一切依照自己的高兴不高兴办事,不必顾及党的影响。办报办到这样,那就一定党性不强……报纸是党的喉舌,是这一个巨大集体的喉舌。在党报工作的同志,只是整个党的组织的一部分。一切要依照党的意志办事,一言一动,一字一句,都要顾到党的影响。”[2]经过“延安整风”,《解放日报》也完成了从“不完全党报”转变为“完全党报”的“重大创举”,藉此“创立了中国新闻史和党报史上一种独特的报刊类型和操作模式——以组织喉舌为性质,以党的一元化领导为体制,以四性一统(党性、群众性、战斗性、指导性,统一在党性之下)为理论框架的延安‘范式’”。[3] 由此,中国共产党完成了“党报理论”的“定型”,并逐渐从延安扩展至党领导下的所有解放区。

1949年,中华人民共和国诞生,历经社会主义制度的确立、计划经济时代以及改革开放共70多年的历史,伴随媒介形态与

---

① 延安《解放日报》社论:《致读者》,载复旦大学新闻系:《中国报刊研究文集》,上海人民出版社1962年版,第10页。

② 《党与党报》,载中国社会科学院新闻研究所:《中国共产党新闻工作文件汇编(下)》,新华出版社1980年版,第54—55页。

③ 黄旦:《从“不完全党报”到“完全党报”——延安〈解放日报〉改版再审视》,载李金铨:《文人论政:知识分子与报刊》,广西师范大学出版社2008年版,第250—280页。

媒体格局的演进,“党报理论”的外延逐步扩大,从党报拓展至党领导下的新闻事业,从报纸、广播、电视到互联网、两微一端,并逐渐确立为全国主导地位,“党报理论”亦不断增添新的内涵。2003年,胡锦涛提出新闻宣传必须“贴近实际”“贴近生活”“贴近群众”的“三贴近”要求。2011年,中宣部、中央外宣办、国家广电总局、新闻出版总署、中国记协五部门在全国新闻战线组织开展“走基层、转作风、改文风”活动,亦即“走转改”。“三贴近”是从理论层面对“党报理论”的拓展,“走转改”则是从实践维度对“党报理论”的细化,在新闻文体层面,则表现为创新新闻宣传的话语体系与话语表达方式,强调政治性与专业性的有机融合。

党的“十八大”以后,习近平多次拓展并深化了“党报理论”。

2013年8月19日,他在全国宣传思想工作会议上深入阐发了新的历史条件下党性与人民性的关系命题。首先,他明确指出,“党性和人民性从来都是一致的、统一的”。在此基础上,又分别提出了党性与人民性的具体要求——“坚持党性,核心就是坚持正确政治方向,站稳政治立场,坚定宣传党的理论和路线方针政策,坚定宣传中央重大工作部署,坚定宣传中央关于形势的重大分析判断,坚决同党中央保持高度一致,坚决维护中央权威。所有宣传思想部门和单位,所有宣传思想战线上的党员、干部都要旗帜鲜明坚持党性原则。坚持人民性,就是要把实现好、维护好、发展好最广大人民根本利益作为出发点和落脚点,坚持以民为本、以人为本。要树立以人民为中心的工作导向,把服务群众同教育引导群众结合起来,把满足需求同提高素养结合起来,多宣传报道人民群众的伟大奋斗和火热生活,多宣传报道人民群众中涌现出来的先进典型和感人事迹,丰富人民精神世界,增强人民精神力量,满足人民精神需求。”①习近平首次将“坚持人民性”与“以人民为中心”的工作导向紧密勾连,这是对“人民性”的重要拓展。

2016年2月19日,习近平在党的新闻舆论工作座谈会上明确阐释了“党管媒体”原则:“党和政府主办的媒体是党和政府的宣传阵地,必须姓党,必须抓在党的手里,必须成为党和人民的喉舌。”同时,他还提出要将“党管媒体”原则贯彻到新媒体领域,“所有从事新闻信息服务、具有媒体属性和舆论动员功能的传播平台都要纳入管理范围,所有新闻信息服务和相关业务从业人员都要实行准入管理”②。

2018年8月21日,习近平在党的新闻舆论工作座谈会上系统总结了党在宣传实践中提出的一系列新思想、新观点、新论断,将传统的“党报理论”扩展为“坚持党对意识形态工作的领导权,……坚持提高新闻舆论传播力、引导力、影响力、公信力,坚持以人民为中心的创作导向,坚持营造风清气正的网络空间,坚持讲好中国故事、传播好中国声音”。这些重要思想,“是做好宣传思想工作的根本遵循,必须长期坚持、不断发展”。③

尽管不同历史时期“党报理论”的外延会有所扩展,但其基

① 习近平:《把宣传思想工作做得更好》,载《论党的宣传思想工作》,中央文献出版社2020年版,第15—16页。

② 习近平:《坚持党的新闻舆论工作的正确政治方向》,载《论党的宣传思想工作》,中央文献出版社2020年版,第181—184页。

③ 习近平:《自觉承担起新形势下宣传思想工作的使命任务》,载《论党的宣传思想工作》,中央文献出版社2020年版,第338页。

本内核从未改变，诸如：作为党、政府和人民“喉舌”的性质定位；“全党办报，群众办报”的基本方针；“为人民服务、为社会主义服务”的“二为”方向；“四性一统”的工作原则等。这些都从根本层面“锚定”了“宣传范式”的基本内涵，落实到新闻文体维度，则体现为一系列操作理念、原则与技巧。

二、“以正面宣传为主”：演进与拓展

“以正面宣传为主”的方针契合宣传的“应有之义”和根本逻辑，凸显“宣传范式”的新闻观，涵盖了“报道什么”与“如何报道”两个基本问题，其“最直接、最明了的意义就是以坚持报道‘正面事实’为主，就是要在版面上、频道中、节目里、网页上尽可能多报好消息，少报坏消息”。① 从历时性维度看，这一方针与中国共产党新闻宣传工作所追求的长远效果以及不同阶段的现实需要紧密关联。

1939 年，为了扩大党的抗战宣传效果，毛泽东向全党发出号召：“表扬这些英雄及其英勇行为，对外宣传与对内教育均有重大意义，各政治机关应注意收集这些英雄的事迹，除在各部队报纸上发表外，择其最重要者电告此间及广播。”②这是毛泽东对正面典型宣传最早的阐释，为 1942 年《解放日报》改版后典型报道的崛起奠定了思想基础和实践准备。

1946 年，第二次国共合作破裂。毛泽东当即致信时任中共中央宣传部部长的陆定一，要求新闻宣传必须“强调我军必

① 杨保军：《新闻观念论》，复旦大学出版社 2014 年版，第 275 页。

② 毛泽东：《收集和宣传八路军新四军民族英雄事迹》，载中共中央文献研究室、新华通讯社：《毛泽东新闻工作文选》，新华出版社 2014 年版，第 54 页。

胜蒋军必败"——"我们的文章与新闻立论之重点，不是说敌人如何压迫，如何凶狠，而是要解释敌人虽有二百师兵力，虽有美国援助，虽已经占去一些地方与还可能占去一些地方，但是有种种条件我军必胜蒋军必败。"因此，"每遇一次胜利，即写一篇社论鼓励之，证明之；每失一重要地方即写一短文解释之，说只要歼敌，将来可以恢复"。[①] 这是毛泽东对正面宣传具体方法的明确指示，凸显了正面宣传与革命形势、现实需要之间的密切关联。

1950年，面对自然灾害，为了防止"片面孤立宣传灾情的严重性，造成悲观失望情绪，给予帝国主义反动派夸大我国灾情，进行挑拨造谣的藉口"，中央人民政府新闻总署发下指示，要求各地新闻机关"对救灾工作的报道，现应即转入救灾成绩与经验方面，一般地不要再着重报道灾情"[②]。虽然这只是当时的权宜之计，后来却长期成为我国新闻界报道灾难的一条纪律，直到1979年"渤海二号钻井船翻沉事故"报道才有所改观。

1980年，为了指明"四个现代化"建设中需要解决的主要问题和努力方向。邓小平发表讲话，明确要求"使我们党的报刊成为全国安定团结的思想上的中心"。为此，他希望报刊"要大力宣传社会主义的优越性，宣传马克思列宁主义、毛泽东思想的正确性，宣传党的领导、党和人民群众团结一致的威力，宣传社会主义中国的巨大成就和无限前途，宣传为社会主义中国的前

---

① 毛泽东：《宣传一定要适应形势的发展变化》，载中共中央文献研究室、新华通讯社：《毛泽东新闻工作文选》，新华出版社2014年版，第177页。

② 《中央人民政府新闻总署给各地新闻机关关于救灾应即转入成绩与经验方面报道的指示》，载中国社会科学院新闻研究所：《中国共产党新闻工作文件汇编（中）（1950—1956）》，新华出版社1980年版，第62页。

途而奋斗是当代青年的最崇高的使命和荣誉”[①]。字里行间已经包含了“正面宣传”的基本要义。

1981年,中共中央下发《关于当前报刊新闻广播宣传方针的决定》提出,报刊、新闻、广播、电视要“坚持以表扬为主的方针”。同时,“在报刊点名批评比表扬的影响大得多,所以数量要有所控制,广播和电视则更要慎重”。[②] 这里的“以表扬为主”的内涵已接近“以正面宣传为主”,只是这个表述更加口语化,也更具操作性,但尚未上升到党的宣传政策的高度。

真正明确提出“以正面宣传为主的方针”,并将其置于党的新闻宣传根本指针高度的是时任中共中央政治局常委的李瑞环。1989年11月25日,他在中宣部主办的新闻工作研讨班上发表了影响深远的《坚持正面宣传为主的方针》的讲话。他从内容和效果两个维度系统地阐释了“以正面宣传为主”的基本内涵——“我们所说的‘正面’,所说的‘为主’,就是要着力去宣传报道鼓舞和启迪人们发展社会生产力的东西,鼓舞和启迪人们坚持四项基本原则、坚持改革开放的东西,鼓舞和启迪人们加强社会主义民主和法制建设的东西,鼓舞和启迪人们推进社会主义精神文明建设的东西,鼓舞和启迪人们热爱伟大祖国和弘扬民族文化的东西,鼓舞和启迪人们维护国家统一和民族团结的东西,鼓舞和启迪人们为推动世界和平与发展而斗争的东西。总之,一切鼓舞和启迪人们为国家的富强、人民的幸福和社会的

---

① 邓小平:《目前的形势和任务》,载新华社新闻研究所:《邓小平论新闻宣传》,新华出版社1998年版,第114页。

② 《中共中央关于当前报刊新闻广播宣传方针的决定》,载中共中央文献研究室编:《三中全会以来重要文献选编(下)》,人民出版社1982年版,第686—687页。

进步而奋斗的新闻舆论,都是我们所说的正面,都应当努力加以报道。”因此,“以正面宣传为主的方针”是“社会主义新闻事业必须遵循的极其重要的指导方针”。[①]

1996 年,江泽民在视察人民日报社时,将“正面宣传”拓展为“舆论导向”,“舆论导向正确,是党和人民之福;舆论导向错误,是党和人民之祸”。[②] 1999 年,他在全国宣传部长会议上,要求“唱响主旋律,打好主动仗”。其中,“唱响主旋律”就是要“唱响祖国颂、社会主义颂、改革开放颂”。[③] 这一拓展,实质是将“正面宣传”的目的、意义与新闻文体的题材、内容等具体操作实践密切勾连,丰富了“新闻文体宣传范式”的内涵。

2008 年,胡锦涛在视察人民日报社时,进一步提出“舆论引导能力”——“坚持正确舆论导向,提高舆论引导能力,营造良好舆论环境,更好地发挥宣传党的主张、弘扬社会正气、通达社情民意、引导社会热点、疏导公众情绪、搞好舆论监督的重要作用。要把提高舆论引导能力放在突出位置,进行深入研究,拿出切实措施,取得新的成效。”[④]从报道指针上升到执政党的宣传能力,这是对“正面宣传为主”的再定位。

2013 年 8 月 19 日,习近平在全国宣传思想工作会议上发表重要讲话,突出强化了“正面宣传”在党的新闻舆论工作中的

---

① 李瑞环:《坚持正面宣传为主的方针——在新闻工作研讨班上的讲话》,载张之华:《中国新闻事业史文选》,中国人民大学出版社 1999 年版,第 788—809 页。

② 陈力丹:《马克思主义新闻学词典》,中国广播电视出版社 2002 年版,第 90 页。

③ 《把宣传思想工作做得更好》,载中共中央文献研究室编:《十五大以来重要文献选编(上卷)》,中央文献出版社 2011 年版,第 663 页。

④ 胡锦涛:《人民日报社考察工作时的讲话》,《人民日报》,2008 年 6 月 21 日。

核心地位——“坚持团结稳定鼓劲、正面宣传为主,是宣传思想工作必须遵循的重要方针。”①2016年2月19日,习近平在党的新闻舆论工作座谈会上,明确论述了“牢牢坚持正面宣传为主”的原因、意义与路径,他指出:“做好正面宣传,要注重提高质量和水平,增强吸引力和感染力。”②两次表述既肯定了“正面宣传为主”的历史意义及其在党的新闻舆论工作中的根本性地位,也从提升质量角度明确了“为主”在新时期的主要内涵。2020年2月,习近平在中共十九届中央政治局常委会议研究应对新型冠状病毒肺炎疫情工作时的讲话中,明确提出“把握主导,壮大网上正能量”。为此,他要求“要加强舆情跟踪研判,主动发声、正面引导,强化融合传播和交流互动,让正能量始终充盈网络空间”。③ 这表明,在新时代中国共产党的宣传逻辑中,“正面宣传”的适用范围已拓展至网络空间、移动互联网领域。

纵观当代中国新闻宣传的历史进程,“以正面宣传为主”始终是“宣传范式”的基本方针和核心要求。诚如老报人李庄总结的那样:“正面宣传为主,是党的新闻工作优良传统,是党的新闻工作一贯坚持的正确方针……正面宣传为主的基础是真实,是党的性质、党的新闻工作的性质决定的。”④落实到新闻文体层面,这一方针则表现在新闻题材的选择、报道主题的提炼以

---

① 习近平:《把宣传思想工作做得更好》,载《论党的宣传思想工作》,中央文献出版社2020年版,第16页。

② 习近平:《坚持党的新闻舆论工作的正确政治方向》,载《论党的宣传思想工作》,中央文献出版社2020年版,第187页。

③ 习近平:《做好新冠肺炎疫情防控宣传教育和舆论引导》,载《论党的宣传思想工作》,中央文献出版社2020年版,第417页。

④ 李庄:《李庄文集·散文论文集》,人民日报出版社、宁夏人民出版社2004年版,第17—18页。

及写作技法的运用等诸多方面。例如，题材要新，要"见人未见，闻人未闻，识人未识"。主题提炼上要尽量"深一些"，防止"单面平涂"，要提倡多侧面、多角度的分析与提炼。写作上要巧妙构思，尽量减少"水分"，要多"采用客观、公正的手法"，少用"总结式、结论式的语言"，要写得"更生动一些，更优美一些"。[①] 除此之外，"以正面宣传为主"在新闻文体实践中还表现为记者情感性因素的介入，有学者将其基本做法总结为三个方面：

> (1)记者在文本里直接表露自己的观点和立场，对新闻人物和非新闻实体进行直接判断和评价，相对而言，新闻人物在新闻文本里的情感表露反而不如记者那么明显和强烈；(2)在长篇通讯、调查性报道或系列报道中，记者经常描写集体性而非个人化的情感；(3)无论是记者还是新闻人物的情感表达，通常是正面的，符合一贯的"正面报道为主"的新闻实践。[②]

三、从"政论模式"到"信息模式"："宣传范式"报道模式的形构

所谓报道模式，是指不同"范式"的新闻文体在题材、样式、结构、话语体式等维度上呈现出相对固定的"范型"。循此标准，"宣传范式"视域中的新闻文体逐渐形构为两种报道

---

① 参见刘保全：《新闻论争综述16题》，中国人民大学新闻学院(内部用书)，2002年，第161页。

② 陈阳、郭玮琪、张弛：《我国报纸新闻中的情感性因素研究——以中国新闻奖一等奖作品为例(1993—2018)》，《新闻与传播研究》，2020年第11期。

模式。

(一)“政论模式”

“政论模式”源自宣传“传播观点”的本质内涵。1945年,胡乔木在《人民的报纸》中提出:“最重要的新闻是理论性的新闻,夹叙夹议,叙述的是事实,但贯彻并且阐明了自己的立场、批评和观点。”①这是对“政论模式”最早的阐释。此后,伴随党报(台)的实践,这一模式逐渐定型。所谓“政论模式”,是指记者在新闻报道中直抒胸臆,或发表意见、表明立场,或抒发情感、阐明态度,或直接发出倡议与呼告等,将个人(或媒体)对新闻事实的倾向与判断或直接或间接地呈现出来,凸显了观点(评论)在新闻报道中的地位。对此,新华社原社长郭超人的观点颇具代表性,他曾提出,“必要的政论和抒情是充实丰富和强化主题思想的有效手段”。因为“政论是从政治上对一事物的意义作出的评价,抒情是客观事物在作者头脑中产生的感情;政论是客观事物在作者主观头脑中抽象的反映,抒情是客观事物在作者主观头脑中形象的反映。二者都是客观事物在作者主观头脑中的产物”②。

“政论模式”在革命战争年代以及新中国成立后的相当一段时期内,曾经长期占据主导地位。新中国成立初期,百废待兴,宣传任务繁重,为增强宣传效果,《人民日报》倡导“评论性新闻”(即“新闻述评”)来表达编辑部的“声音”。编委会规定评论性新闻的“性格”为:“根据事实加以必要的评论,以事实为

① 《胡乔木传》编写组:《胡乔木谈新闻出版(修订本)》,人民出版社2015年版,第21页。

② 郑鸣:《关于记者:郭超人新闻思考》,新华出版社2010年版,第186页。

主,评论为次,尽量做到夹叙夹议……要注意文字生动,有风趣。”①“文革”中,“政论模式”逐渐走向极端,贻害甚多。80年代中期崛起的各种冠以“×××启示录”“×××备忘录”“×××现象”之类的“思考型报道”“政论性通讯”等文体形态,大多运用这一模式,但更多脱去了“政治化”“极端化”的表达,追求思想的深度。例如,1987年10月6日与7日《人民日报》在头版连续发表的《中国改革的历史方位》和《改革阵痛中的觉悟》就是其中的典范。这两篇报道被称为“思考型报道”,记者在周密细致采访的基础上,系统梳理国内思想界对于改革历史与现状、特征与问题等方面的观点,体裁似通讯也似评论,报道中融入评论,结构严谨,行文纵横捭阖,感性表达与思辨色彩紧密结合,凸显了强烈的时空感与穿透力,“以记者的感性视角和文字,吸纳和梳理各方的理性思考,呈现给读者的是深沉的历史感和富有冲击力的情感波澜”。② 请看《中国改革的历史方位》的开篇部分——

> 20世纪80年代,改革的大潮在古老的华夏大地上涌动。
>
> 刚刚从十年噩梦中醒来的人们,被迅速卷进变革的浪涛。生活在变,观念在变,人在变,一切都在变。兴奋、惊愕、困惑、期待……袭扰着每一个人。
>
> 我们从哪里来?我们向何处去?
>
> 百年后的历史学家,将怎样评说今天占世界人口

---

① 李庄:《李庄文集·回忆录编(下)》,人民日报出版社、宁夏人民出版社2004年版,第239页。

② 祝华新:《〈中国改革的历史方位〉与80年代》,《中国改革》,2018年第4期。

1/5的中华民族在中国共产党领导下的伟大进军?

开篇四段,起承转合,迅速将笔触拉回现实,文字洗练而不拖沓,气势恢宏而不造作。主体分为三个部分,以三个小标题“站在落后起跑线上的抉择”“北京,第二次革命的动地炮声”“是民族复兴,还是被开除球籍”引领。该篇报道的一个显著特点就是:记者在叙述一段事实之后,往往会运用一段评论性文字来作为过渡。例如,“摆在全世界社会主义国家面前的出路只有一条:改革!”“全世界都看到,中国的改革充满活力,充满希望,但同时也充满特殊的困难。”“在国际竞赛的跑道上,我们已经错过了许多次赶超的机会。”“让坐失良机的遗憾留给历史吧!那么,我们的面前还有没有新的机会呢?”“面对着这样一个国际竞争的时代,严峻的挑战和巨大的机会同时出现了。”“中华睡醒的巨龙该惊起了!”这些表述既来自记者总结采访对象的观点,又是记者在调查分析之后形成的判断。在此基础上,结尾部分的升华就显得顺理成章——

> 中国共产党人和中国人民,在历经了多少次曲折之后,终于找到了民族振兴之路——改革!
>
> 奏响中华人民共和国国歌的激昂旋律吧!“中华民族到了最危险的时候……”我们的民族历来有在紧急关头奋起的非凡凝聚力。
>
> 加快改革!我们的时间已经不多了。

结尾的第一段基于历史引出“改革”,以“改革”作为开篇三个疑问的答案,实质点明了整篇报道的主旨。第二段第一句以祈使句引出国歌,激发读者对于中华民族历史的集体记忆,第三句话则是基于历史的评论,巧妙地勾连了历史、现在与未来。第三段以呼告起笔,以评论收尾,呼应并深化了报道主题。整体看,这篇报道彰显了“政论模式”在80年代的显著特征:穿梭在历史与现实之间,“笔锋常带感情”,凸显大开大合的恢弘气势,追求直抵人心的思想深度。

从80年代中期以后,这种“思考型报道”一度成为官方认可、受众欢迎、记者爱写的新闻文体类型,这是因为:“思考型报道把过去报纸上经常回避的社会敏感问题,用正面报道的形式公之于众,并认真地加以分析和解释,使人们感到‘解渴’。因此它是创造性地解决了如何‘入脑’问题的一种新的宣传形式。”①

此外,新中国成立以来的“成就报道”也多采用“政论模式”,其典型特征表现为:主题重大,正面宣传,视角宏阔,立意高远,结构精巧,步步为营,夹叙夹议,气势磅礴。例如,全票通过获得第12届中国新闻奖“一等奖”的这篇作品(节选)——

上海的辉煌 祖国的辉煌(节选)	评析②
2001年亚太经合组织(APEC)会议的大幕已经圆满地落下了。其精彩的镜头将永久地定格在历史的胶片中。 这是一次在特殊历史时刻成功举办的重要国际会议。 这是一页展示中国改革开放巨大成就的辉煌篇章。	报道的开篇气势恢弘。第二段中“特殊历史时刻”定位了APEC会议的历史坐标。第三、四段具体诠释了APEC会议的意义,第五段用间接引语,承上启下,最后一段拓展“特殊历史时刻”的未来价值。

① 任稚犀、张雷《新新闻体写作》,北京日报出版社1989年版,第37页。
② 评析观点根据全文做出,此处限于篇幅,仅为节选。

续 表

这是一个为未来注入活力和信心的崭新开端。 中国国家主席江泽民指出，此次会议意义重大、影响深远，为推动亚太区域合作迈出了坚实的步伐。 APEC世纪盛会，将成为中华民族走向伟大复兴进程中的重要节点。 **为辉煌的里程碑欢呼** 世纪之初，亚太经合组织将如何发展？“911”恐怖袭击事件发生后，世界局势将如何演变？全球经济成长放缓，人们将如何应对？2001年10月，当APEC各经济体领导人在这样一个严峻而关键的时刻聚会上海，全世界都把目光投向了这里。作为东道主的中国自然倍受瞩目。 …… 国际社会的普遍赞誉汇成同一个声音：上海峰会具有里程碑的意义。	第一部分聚焦本次APEC会议的成就。记者运用间接引语的形式，引用澳大利亚《时代报》新闻报道、智利总统的评价、新加坡《联合早报》社论等，将国际普遍赞誉凝练成为一句话——“上海峰会具有里程碑意义”。
这是一个辉煌的里程碑，因为它所通过的《领导人宣言》和《上海共识》为亚太地区和世界经济恢复稳定增长注入了活力，增强了人们对未来	接下来三段，每段皆以“这是一个辉煌的里程碑，因为……”开头，不仅进一步从不同角度概括了APEC会议的成就，行文上也构成了排比的句式，结构更加工整，格局更加大气。

续　表

的信心。会议不仅重申了1994年茂物会议确定的贸易投资自由化、便利化的时间表,而且进一步促进了经济技术合作,加强了能力建设,使发达成员和发展中成员的利益得到了平衡照顾。中国为此而发挥的建设性作用得到了各成员的广泛赞赏。 这是一个辉煌的里程碑,因为它对地区和世界的安全与稳定产生了深远影响。包括中美首脑会晤在内的广泛活跃的双边外交活动,增进了成员之间的相互了解和沟通。而领导人在反恐怖主义问题上达成的共识,也有利于为地区和世界经济发展创造一个安全稳定的环境。 这是一个辉煌的里程碑,因为它是新中国成立以来规模最大、层次最高的一次多边国际活动。1.3万之众的宾客人数创下了APEC的历史纪录。中国政府和主办地上海市为此所作的精心组织和安排确保了会议的顺利进行,赢得了世界的一致赞叹。	

续 表

为辉煌的城市欢呼 10月20日晚,当火树银花绽放在无垠的夜空,所有人都被深深地震撼了。流光溢彩的浦江两岸,人们尽情欢呼——为这美妙的夜景,更为这座城市的辉煌! 把2001年APEC会议的主办地放在上海,是中央给予上海的机会,而上海紧紧抓住了这次良机。市委、市政府多次召开动员大会,抓紧各项筹备工作。中共中央政治局委员、上海市委书记黄菊号召全体市民“当好东道主,热情迎嘉宾”。申城上下紧密协作,全力配合中央有关部门,做实做细每一个环节。 于是,世界看到了一扇展示中国改革开放巨大成就的精美橱窗。 …… 上海变漂亮了。充满现代气息的城市面貌令APEC会议来宾惊叹不已。走下飞机,呈现在他们眼前的是现代化的浦东国际机场;漫步在黄浦江边,林立的高楼足以与任何	第二部分以情景描写起笔,将人们的“欢呼”解读为两个“指向”——“夜景”和“这座城市”。从而,巧妙地将镜头转向“上海”。第二段叙述上海为筹备APEC会议所做的种种努力,引出对上海的新定位——“一扇展示中国改革开放巨大成就的精美橱窗。”之后,报道直接引用美国总统布什对上海的赞叹、CNN拍摄上海的美丽景象和报道。契合政论模式重要特质的一点在于,第六段强调并论证了上海辉煌的政治意义——“上海的辉煌,源自创造性地实践邓小平理论。”第七段则用事实说话,多角度展示了上海10年的建设成就。本部分与第一部分相似之处在于,之后还是运用三个排比段落,彰显上海的新变化。与第一部分不同的是,报道没有止步于此,倒数第二段客观陈述了会议期间国际工商巨头在上海竞相推出的“大动作”。最后,以《洛杉矶时报》对上海的高度评价收束。

续　表

一个国际大城市媲美;仰望天空,纯净的湛蓝让人心旷神怡。上海三个“三年大变样”的成果得到了充分展现。 上海变发达了。从一流的交通通讯设施、到一流的会务组织能力、到一流的安全保障措施……APEC 会议期间,上海破解了一道又一道世界级考题,从中折射出这座城市日益强大的综合服务功能。 上海人变大气了。面向世界开放的上海自信而周到。上万名热情的志愿者体现的是一种现代公益意识; …… 《洛杉矶时报》评价:上海是中国的旗舰。	
为辉煌的祖国欢呼 辉煌的城市,离不开辉煌的祖国。 新世纪伊始,世界经济前景令人忧心忡忡。此时此刻,中国经济的强劲增势和政局的和谐稳定自然格外耀眼。APEC 会议,更加凸显了这一点。 ……	第三部分是本篇报道的升华,第一段只用一句话“辉煌的城市,离不开辉煌的祖国”,即将报道视角转向“祖国”。第二段运用对比手法,将中国置于世界范围内打量,从经济和政治两个维度评论中国“格外耀眼”。第三、四段则运用混合引语的形式,展示“国际舆论”对 APEC 会议与中国实力的关联分析。第五段是一个过渡段,由对中国实力的论述,转向“对外开放”

续 表

2001年的中国,将申奥成功、完成入世谈判、APEC会议胜利召开以及中国足球队首次进军世界杯等几桩大事记录在自己的历史上。喜事连连,绝非偶然。在以江泽民同志为核心的党的第三代领导集体带领下,中国坚持改革开放,不断开拓创新,日益走向繁荣富强。 有理由相信,APEC会议将为中华民族的伟大复兴再添动力;有理由相信,沿着解放思想、实事求是的路线与时俱进,祖国的明天必将更加辉煌。 **(《解放日报》,2001-10-28)**	的基本国策。第六段发出呼告“投资中国,就是投资未来”,并列举了三家国外知名企业。最后两段凸显“政论模式”的核心诉求:意义阐释,价值定位。第七段将2001年的多项成就归因到政治层面,结尾融抒情、评论于一体,以两个“有理由相信”做结,既呼应了开头,又深化了主题。

这篇报道没有采取“就事论事”的会议报道模式,而是将APEC会议置于立体化的坐标系中加以审视,既报道会议的成功,又“跳出会议”,将之与上海城市的发展、中国改革开放的巨大成就以及中国在国际舞台上与日俱增的影响力紧密勾连。报道开篇即点明主题,主体部分紧扣“辉煌”,逐层递进,三个小标题将报道层次从APEC会议转向上海,最终“定格”在中国。报道在行文上具有两个鲜明的特点。其一是寓观点于数据、新闻事实、直接引语、背景资料等巧妙的组合与解读之中,以点带面,高屋建瓴,纵览全局,彰显了严密的报道逻辑。其二是寓理性的

思辨于灵动的文采之中。报道多处使用排比手法,铺陈比附,气韵盎然。例如,第一部分连续三段开头都使用“这是一个辉煌的里程碑,因为……”这样的句式,第二部分又连续三段以“上海变漂亮了”“上海变发达了”“上海人变大气了”作为开头,统领了观点与材料,也切实增强了报道的气势。结尾部分更凸显“政论模式”的基本写法:直抒胸臆,升华主题。

由于契合宣传要旨,21 世纪以来的“政论模式”亦被广泛运用于“庆典报道”之中。例如,获得第 30 届中国新闻奖“特别奖”的通讯《人间正道是沧桑——献给中华人民共和国 70 周年华诞》①。该报道全文共 11 287 字,开头由七段文字构成。开篇以“历史是最好的教科书”与“1949—2019”两句起笔,展现整篇报道的时间叙事脉络。之后连续三段排比铺陈,每段设置一个问题——“中国共产党为什么能?马克思主义为什么行?中国特色社会主义为什么好?”三个问题引出一段习近平总书记的直接引语,开头最后一段则再次以一个追问句式突出新闻主题,牵引下文。

主体由五个对称的小标题区隔为五个部分,依次为:“青春之中国——70 年,古老中国焕发蓬勃生机,拥有 5 000 多年文明史的中华民族抵达新的高度”“奋斗之中国——70 年,人民共和国阔步走在中国共产党领导人民开创的‘人间正道’上,前所未有地接近实现中华民族伟大复兴的目标”“人民之中国——70 年,始终坚持以人民为中心,一切为了人民、一切依靠人民,全体中国人民在实现民族复兴伟大征程中共享幸福和荣光”

① 赵承、张旭东、熊争艳等:《人间正道是沧桑——献给中华人民共和国 70 周年华诞》,新华社,2019 年 9 月 29 日。

“世界之中国——70年,见证中国全球坐标的深刻位移,中国需要世界,世界更需要中国”“未来之中国——70年,新的起点上开启复兴新航程,必将在新时代创造出让世界刮目相看的新的更大奇迹”。五个小标题均高度提炼出新中国成立70年来的一个独特“面向”,再辅之以精准的特征概括与阐释,不仅有效地统摄了每个部分的具体内容,而且奠定了整篇报道的基调。

主体部分以1949—2019为时间纵轴,在不同横切面上选取重大历史节点上的标志性人物与事件展开叙事:从梁启超激情写下《少年中国说》到其子梁思成站上天安门城楼见证开国大典;从李大钊奋力疾呼“吾族今后之能否立足于世界,不在白首中国之苟延残喘,而在青春中国之投胎复活”,到毛泽东在天安门城楼宣告新中国的诞生;从毛泽东1956年发表影响深远的《论十大关系》,到下放江西的邓小平在“小平小道”上思考谋划改革开放的基本设想,再到习近平2005年发表《绿水青山也是金山银山》;从开国大典前宋庆龄在参加中国人民政治协商会议第一届全体会议时说:“我们达到今天的历史地位,是由于中国共产党的领导”,到2018年3月,十三届全国人大一次会议将“中国共产党领导是中国特色社会主义最本质的特征”写入国家根本大法;从1949年清华大学航空系第一批学生程不时带着自制的“纸飞机”参加开国大典游行时的潸然泪下,到2017年程不时见到中国自主研制的大飞机C919落地时的再一次落泪;从1981年中国女排在日本大阪首夺世界冠军到2019年同样在大阪取得第十个世界冠军……凡此种种,不一而足。主体中一共穿插了43个有名有姓的人物,由点到面,点面结合,通过个体与国家、历史与现实之间的细节对比,借助叙述、抒情、议论多种表达方式,结合排比、比喻、对比、反复等多种修辞手法,运用短句子、短段落、多段落呈现形式,彰显并深化了报道主题。

结尾则依循“政论模式”的基本路径,直接抒发情感,表明态度,从而达到升华主题、增强报道气势的效果——

> 听吧,新长征的号角已经吹响。此时此刻,我们的耳畔仿佛又响起国歌激昂的旋律——
>
> 我们万众一心,冒着敌人的炮火……前进! 前进! 前进! 进!
>
> 前进,英雄的中国人民!
>
> 万岁,伟大的中华人民共和国!

“政论模式”的优点是观点鲜明,立场分明,宣传目的与态度一目了然,但如果主观倾向性过于突出,情绪代入过于明显,一旦报道的真实性受到质疑,宣传效果也势必会有所减弱。诚如王辰瑶教授分析的那样:“新闻业对时代的观照倾向于直接介入、直抒胸臆,力促其变,这既是忧患中诞生的中国近代新闻业鲜明的文人论政、文章报国传统的延续,也源于较单纯的党报体系下的媒体定位。但是这种新闻报道模式的弱点在于自信有余自省不足、热情有余冷静不足、意图鲜明规范不足。因此它容易出现因外部环境变化导致新闻报道的立场、情感、倾向在短时间内变动过巨的情况,也容易在时代激情退却后让人指摘报道本身与事实真相的距离。”①

---

① 王辰瑶:《新中国新闻报道史暨代表作研究》,北京大学出版社 2015 年版,第 9—10 页。

(二)“信息模式”

“信息模式”是指新闻报道注重对信息的呈现与提炼,藉此来凸显宣传功能。“宣传范式”视域中的“信息模式”大体呈现三种方式。

第一种是纯粹“公文式”的信息发布,诸如党的政策法令、政府公告、外交文书、重大人事任免、宏观经济数据等权威信息,这不仅展现了新闻媒体的信息功能,也是党领导的新闻事业的优势所在。早在1946年,新华总社就发出《电讯要简练》的指示,要求“电讯写作必须紧缩字句,做到简练,迅速报道。……新闻不夹杂议论,评论和新闻尽可能分开;材料要有取舍,选择真正重要典型的和生动的事实进行中心突出的报道;写作具体而扼要,既不糟蹋生动材料又不浪费文笔”。[①] 这是宣传“范式”对“信息模式”操作方法的明确规定。

第二种是由于某种特殊的政治需要,通过党媒渠道发布信息,目的是彰显隐藏在信息背后的政治价值与现实意义。譬如中美建交前夕,新华社发布的这篇报道——

毛泽东主席会见尼克松总统

同他进行了认真、坦率的谈话。

基辛格博士、周恩来总理等参加会见

新华社一九七二年二月二十一日讯 毛泽东主席今天下午在中南海会见美国总统理查德·尼克松,同他进行了认真、坦率的谈话。

① 新华通讯社史编写组:《新华通讯社史(第一卷)》,新华出版社2010年版,第277—278页。

美国方面参加会见的,有总统国家安全事务助理亨利·基辛格博士。

中国方面参加会见的,有国务院总理周恩来,外交部礼宾司副司长王海容和翻译唐闻生。

(《人民日报》,1972-02-22)

这篇报道全文仅110个字,新华社并没有交代宾主会晤的具体内容,但这一信息背后的深意却呼之欲出。换言之,本篇报道的核心信息恰恰是这次“会晤”本身,其实质即是以传播信息的方式来实现政治宣传的根本目的。

第三种是通过信息的组合、对比,来说明、阐释特定的报道主题,从而凸显宣传的价值。例如——

上海把人力车送进了博物馆

新华社上海25日电　上海市交通局今天把上海的最后两辆人力车送给了博物馆。原来的人力车工人曾为此自动集会庆祝,感谢政府替他们挖掉了穷根,帮助他们走上新的生活。

人力车最初出现在日本。远在1874年,上海也有了这种交通工具。解放前夕,上海约有5 000多辆人力车,7 000多人力车工人。解放后,政府在发展公共交通建设的同时,就有计划地帮助人力车工人分批转业。有些人力车工人已经被训练成为汽车驾驶员或技术工人。有的回到农村参加了农业生产。没有劳动能力又没有依靠的老年工人进了养老院。63岁的老工人姜威群,拉了50多年人力车,穷得一直不能结婚,现在他正在养老院安静地度着晚年。

(新华社,1956-02-25)

本篇报道最大的特色就在于运用对比性信息来展现新闻主题。导语中"穷根"与"新的生活"是对比,主体中描述了解放后政府对人力车工人所采取的不同政策,其实也是在与解放前作对比,同时,最后一句话表面上呈现的是个例,实则展示的还是新旧社会的对比。如此,整篇报道的宣传意味即得到了明确、突出的彰显。

20世纪80年代,经由"新闻与宣传大讨论"以及"信息"概念的引入,中国新闻界不仅厘清了新闻与宣传的关系,确认了新闻与宣传各自不同的本质属性,而且也为"宣传范式"视域下新闻文体的"信息模式"提供了理论支撑,亦即新闻报道完全可以通过提供信息的方式来实现宣传的目的与功能。对此,《人民日报》原总编辑李庄就曾做过详细说明——"我们过去确实忽视了许多应该传播的信息,这个缺点必须纠正。但我们应该清醒,新闻媒介传播什么信息,是有考虑有选择的,是为了直接、间接地使读者受到影响、感染、熏陶和审美享受,实现一些人不愿意公开承认的'教科书'的使命。"①简言之,"宣传范式"的信息传播功能始终附着在宣传功能之上,其实质依然是以宣传为根本目的。

四、从"印证式"到"用事实说话":"宣传范式"报道方法的转型

(一)印证式报道方法

印证式报道方法源自革命战争年代党内外宣传的需要,其

① 李庄:《李庄文集·散文论文集》,人民日报出版社、宁夏人民出版社2004年版,第170页。

意涵是指“以典型例子来论证党的主张、方针、政策的合理性、必要性以及巨大的威力,从而使广大干部群众了解、理解,自觉地贯彻执行”①。这种报道方法源自革命战争年代中国共产党内外宣传的需要。1948 年,毛泽东号召全党:“在对自己领导的各项重要工作发出决议或指示之后,应当注意收集和传播经过选择的典型性的经验,使自己领导的群众运动按照正确的路线向前发展。”②“典型性经验”不仅可以验证党的决议、指示的正确性,也能够动员群众,并保证党领导下的群众运动的顺利发展。1949 年,新华社发布改进新闻报道的指示:“在写作新闻时,应该首先将搜集到的材料和实际斗争连(联)系着进行分析研究,使思想上有明确的目的,然后采取个别事物和一般情况相结合,互相类比,举一反三的方法进行报道。”③这里的“个别事物和一般情况相结合”“互相类比举一反三”,即“宣传范式”中“印证式报道方法”的具体操作方式。

由于宣传方式简单和宣传效果明显等特点,印证式报道方法曾在战争年代发挥过巨大作用,新中国成立后的相当一段时期内,依然被新闻界广泛采纳。请看这篇曾获得 1979 年首届全国好新闻评选一等奖的报道——

“光棍堂”引来四只“金凤凰”

本报讯　最近,在蓟县上仓公社后秦各庄大队,人们传

---

① 林晖:《未完成的历史——中国新闻改革前沿》,复旦大学出版社 2004 年版,第 230 页。

② 中共中央文献研究室、新华通讯社:《毛泽东新闻工作文选》,新华出版社 2014 年版,第 185 页。

③ 《新华总社关于改进新闻报道的指示》,载中国社会科学院新闻研究所:《中国共产党新闻工作文件汇编(上)(1921—1949)》,新华出版社 1980 年版,第 372 页。

颂着一段“‘光棍堂’引来了四只‘金凤凰’”的佳话。说的是地主家庭出身的社员马文志,过去曾被错划为地主成分,今年被落实政策,改为社员成分以后,他的四个儿子先后找上对象。

马文志有四个儿子,大儿子明珠41岁,二儿子明泽31岁,三儿子明辉29岁,四儿子明伟26岁。这哥儿四个,个个精明强干,一贯劳动扎实,是庄稼地里的好把式。可是,就因为是地主家庭出身,一直说不上媳妇。他家成了村上有名的“光棍堂”。今年春天,大队在落实中央关于对四类分子的政策中,根据马文志的实际情况,改变了他本人的成分。于是,前来说媒的踢破了门坎子。不到一个星期光景,老大、老二、老三都说上了媳妇,老大很快就成了亲。

前些天,老四也搞上了对象。这四个媳妇中,有三个是贫农的女儿。

马文志一家看到家境大变,都非常高兴,一致表示要多出勤,努力大干,为四化多做贡献,用实际行动回答党的关怀。

(《天津日报》,1979-08-19)

这篇报道为了印证中央关于对“四类分子”政策的合理有效、广得民心,记者即运用对比手法:马文志被错划为地主成分,四个老实精干的儿子多年找不到媳妇;落实政策后,“说媒的”就“踢破了门坎子”,“不到一个星期”四个儿子就都找到了媳妇。结尾则运用疑似记者代言式的“间接引语”,既表达了当事人一家对党的关怀的感激之情,又再次强化了对于这一政策的宣传。显然,这些信息点之间的因果关联过于直接、简单,宣传目的又过于明显,反而使报道的真实性有所降低。

应该看到,印证式报道方法在“单纯”的社会生态环境里,面对“单纯”的受众,常常能够收到立竿见影的效果,而且相对容易推广,但其背后暗含了“图解政策”的报道观念以及“简单化”的认知思维,最终在“文革”中发生变异,陷入“事实要为政治服务”等的泥潭。此后,新闻界虽有改进,但印证式报道观念的影响却始终存在。譬如,长期以来,很多媒体刊发的人物通讯、工作通讯基本都是运用典型报道的手法,来说明和印证某一项政策的正确性或某项工作的必要性等。樊凡先生在1990年代初就曾明确指出,“对某个时期某个阶段政治任务及由此而确定的主题进行印证、说明并进而进行指导”已成为“中国新闻文体内形式发展的本质特征,它必然对中国新闻文体内形式的变革产生深刻的影响”。[①] 但是,时过境迁,日益成熟的受众越来越无法接受这种报道模式。

2012年以来,尽管新闻界也在不断从报道观念与方法层面予以反思和改进,然而历史的积弊总是难以轻易被击破,其留存的观念残余依然在产生影响。比如下面这篇报道——

山东微山　干部进门“狗不咬”

本报济南5月16日电　“干部进村多了、入户久了,村里的狗都‘误’把他们当成自家人,亲着呐!”微山县傅村街道闫庄村党支部书记高文东笑着说。在山东微山县,农家养的看家狗遇到走村入户的机关干部,就像遇到老熟人般摇起尾巴打招呼。

---

① 樊凡:《中西新闻比较论》,武汉出版社1994年版,第233—234页。

近年来,微山县从选派3 000名干部“大规模进村入户,面对面谈心交流”,到1 300余名医护人员成为群众“家庭医生”,再到今年3月启动干部“进百姓门、吃百姓饭、知百姓事、帮百姓忙”联系农户教育实践活动,有效改善了干群关系。

“每名干部都有自己的联系户,每个农户都有固定联系人。”微山县委常委、组织部长张洪雷介绍,机关干部与群众同吃、同住、同劳动,特别是自费吃农家饭,受到群众欢迎。目前已梳理群众意见建议3 000多条。

(《人民日报》,2013-05-17)

这是一篇带着浓厚“印证”思维且并不严谨的报道。新闻的主题是微山县联系农户教育实践活动成果显著,“有效改善了干群关系”。为此,导语首先以村支书的话开篇,将“摇尾巴”的动作来隐喻狗对干部的亲近,从而“反衬”干部“进村多,入户久”这一新闻事实。这种写法带有鲜明的倾向性,但同时又缺乏逻辑,经不起推敲:何以见得狗摇尾巴就是“误把干部当成自家人”?村支书又是如何知道狗的真实“想法”?村里到底有多少条这样的狗?(因为导语中用了一个副词“都”,那么显然记者应该核实过,否则村支书的话就不是事实,只能是猜测。)结尾部分,记者又采访了当地的组织部长,以显示当地反映教育实践活动有效改善了干群关系。而对于本次活动中的受益者——群众,却仅仅以一句空洞的表述“受到群众欢迎”一笔带过。显然,整篇报道“印证”痕迹太重,“论证”逻辑却难以让人信服。诚如一位作者曾在《南方周末》上撰文对这类现象所抨击的那样——

许多年来,新闻报道形成了一种模式,在这种模式的报道中几乎不报道灾害的原因,不描述发生灾害的场景,也不报道伤亡的人数以及财产损失。这些报道中的所有消息来源、引语和重点都似乎在不断地印证“社会主义好”这样的事实。其他新闻报道也如法炮制这种模式,比如在公安部门解救被拐卖的妇女时;社会福利部门对特困家庭表示关心的时候;政府官员向下岗工人发放救济金的时候……日复一日,我们的媒体不厌其烦地使用浅薄的例子来证明一个深刻的真理。难道不做作吗?①

(二)“用事实说话”

“用事实说话”是中国共产党党报理论的一个重要组成部分,也是我国新闻界的一个优良传统。早在1925年,毛泽东在《〈政治周报〉发刊理由》一文中,连续使用四个“请看事实”,深刻阐发了这一思想——“我们反攻敌人的方法,并不用多辩论,只是忠实地报告我们革命工作的事实。敌人说:‘广东共产’。我们说:‘请看事实’。敌人说:‘广东内哄’。我们说:‘请看事实’。敌人说:‘广州政府勾联俄国丧权辱国’。我们说:‘请看事实’。敌人说:‘广州政府治下水深火热民不聊生’。我们说:‘请看事实’。《政治周报》的体裁,十分之九是实际事实之叙述,只有十分之一是对于反革命派宣传的辩论。”②1945年,《解放日报》刊发的社论《从五个W说起》则率先将“用事实说话”

---

①　转引自李希光:《大音希声——1989—1999中国报业的和平演变》,载林晖:《历史的探索》,武汉大学出版社2009年版,第200页。

②　毛泽东:《〈政治周报〉发刊理由》,载中共中央文献研究室、新华通讯社:《毛泽东新闻工作文选》,新华出版社2014年版,第2页。

与新闻文体的五要素结合,“世界上最有效的宣传,莫过于事实……要做好事实宣传,就要实事求是,注意绝对确实”①。1946年,胡乔木从方法论维度阐释了“用事实说话”的内涵——“学写新闻还叫我们会用叙述事实来发表意见。我们往常都会发表有形的意见,新闻却是一种无形的意见。从文字上看去,说话的人,只是客观地、忠实地、朴素地叙述他所见所闻的事实。但是因为每个叙述总是根据着一定的观点,接受事实的读者也就会接受叙述中的观点……我们不要装假,因为我们所要宣传的只是真实的事实,但是既然如此,我们就更加没有在叙述中画蛇添足的必要了。”②1949年,中华人民共和国成立以后,这一方法伴随“通稿制度”,经由“新华体”的文体实践逐步向全国推广。1954年,吴冷西在《新闻业务》上发表《对新闻写作的八条要求》,其中第一条要求即为“用事实说话”——“用充分的事实来体现一定的政策思想,而不是用记者的口吻去大发议论。”这是因为,“新闻之所以可贵而不同于政治论文,就在于新闻是事实的综合,其特殊价值和独特作用,就在于用事实来议论,用确确实实的事实来感化、影响读者,否则,新闻就失去其独立存在的意义”。③ 这里,吴冷西将“用事实说话”置于独立新闻文体存在意义的维度加以考量,足见“宣传范式”对于“用事实说话”的倚重。

---

① 社论:《从五个W说起》,《解放日报》1945年12月13日,载复旦大学新闻系:《中国报刊研究文集》,上海人民出版社1962年版,第440页。

② 胡乔木:《人人要学会写新闻》,载《胡乔木传》编写组:《胡乔木谈新闻出版》,人民出版社1999年版,第29页。

③ 吴冷西:《对新闻写作的八条要求》,载张之华:《中国新闻事业史文选(公元724年—1995年)》,中国人民大学出版社1999年版,第564—565页。

“用事实说话”的核心是“藏着舌头说话”,强调对事实的选择、排布以及新闻的叙述方式等。这一方法是新闻文体通过专业化呈现方式实现宣传功能的一条重要路径。自1942年延安整风以来,中国共产党领导的新闻媒体就在不断践行并改进这一方法,由此也诞生了大量脍炙人口的新闻名篇。例如,革命战争年代的《西瓜兄弟》与《桌上的表》,中华人民共和国成立之初的《长江大桥上车水马龙》与《上海工业每分钟创造的价值》,改革开放后的《“关广梅现象”大对话》与《九江段4号闸附近决堤30米》等。这些作品强调对“事实”的具象化呈现,诚如《人民日报》原总编辑范敬宜先生所指出的那样,“新闻应该具体。具体,就是用事实说话的体现”①。换言之,“用事实说话”的实质即在新闻文体的框架内追求“宣传”的目标与功能。譬如下面这篇报道——

上海严寒

新华社上海1957年2月12日电　这几天上海街头积雪不化,春寒料峭,最低温度下降到零下7.4摄氏度,上海人遇到了有气象记载的80多年来罕见的严寒。10日和11日,出现了晴天下雪的现象。晴日高照,雪花在阳光中飞舞,行人纷纷驻足仰视这个瑰丽的奇景。

“前天一夜风雪,昨夜八百童尸”,这是诗人臧克家1947年2月在上海写下的诗篇《生命的零度》中开头的两句。这几天要比10年前冷得多,但据上海市民政局调查,到目前并没有发现冻死的人。民政局已布置各区加强对生

① 范敬宜:《总编辑手记》,人民日报出版社2010年版,第211页。

活困难的居民特别是孤苦无依的老人的救济工作。为了避免寒冷影响儿童的健康,上海市教育局已将全市幼儿园的开学日期延至18日。

(新华社,1957-02-12)

作为历史名篇,《上海严寒》最显著的特色即在于“用事实说话”。全文只有268个字,记者却通过新旧社会差异的多处比较,展现出“新中国、新社会人民政府对人民的无微不至的关怀”这一大主题。一处对比是将上海人面对有气象记载的80多年来罕见的严寒时,却纷纷驻足欣赏雪景,来展示新社会人民闲适、安宁的生活状态;一处对比是引用臧克家的诗来交代10年前有孩子被冻死的事实,反观比10年前还冷得多的“这几天”,不仅没有冻死人,政府还特别加强对老人的救济与保护,甚至连幼儿园也推迟开学。报道中对雪景的白描,对政府工作细节的呈现,新旧社会的对比,都意在彰显新社会、新制度的优越性,而记者始终没有直接发表评论。如果说这篇报道字里行间仍然透着某种“印证”的影子,那么,21世纪以来,我国记者在使用这一方法时则更趋于专业化,很多操作手法与“专业范式”的客观报道几无区别。不妨再看下面这篇报道——

中国在利比亚公民撤离行动圆满结束

本报北京3月5日电 记者从外交部获悉:北京时间3月5日23时15分,中国政府协调派出的上海航空公司包机抵达上海,从马耳他接回最后一批我从利比亚撤出人员149人。至此,中国撤离在利比亚人员行动圆满结束,共撤出35 860人,已全部回国。

2月22日至3月5日,中国政府协调派出91架次民航包机、12架次军机,5艘货轮、1艘护卫舰,租用35架次外国包机、11艘次外籍邮轮和100余班次客车,海、陆、空联动,开展了新中国成立以来最大规模的有组织撤离海外中国公民行动。2月23日起,中国政府派出由多部门组成的3个工作组,分别赴利比亚首都的黎波里及利比亚与突尼斯边境,东部和中部城市班加西、米苏拉塔,以及南部城市塞卜哈协助组织撤离工作。3月2日,我掌握并有回国意愿的在利中国公民35 860人全部撤出利比亚。3月5日,上述公民全部回国。

3月5日上午,中国政府赴利比亚工作组圆满结束协助撤离在利比亚中国公民任务,分乘2架包机抵达北京。

(《人民日报》,2011-03-07)

这篇报道暗含的主题是,危难中我们国家会想尽办法保护自己的公民,彰显国家、政府"有担当"之外,更表征了中国国力业已强大的事实。纵观整篇报道,记者没有直抒胸臆,只是在客观冷静地陈述事实,用事实、数据以及政府行动来展现"新中国成立以来最大规模的有组织撤离海外中国公民行动"。具体来说,报道中一共运用6个时间点、12处数据,并且详细叙述了在每一个时间节点,中国政府派出的3个工作组分赴的国家与区域,调用的民航包机、军机与外国包机的架次,货轮、护卫舰以及外籍邮轮的数量,客车的班次,撤出的人数等。结尾看似自然收束,实则匠心独运:在交代此次撤离任务确已圆满成功的基础上,显示了中国政府派出工作组的阵容与规模,也指明了最后一批撤离的是中国政府的工作组成员。短短的一句话却语带双关,不仅有效宣示了国力与国威,而且展示了中国政府工作人员的精神风貌,树立了一个负责任、有担当、爱民亲民的大国形象。

此外,“宣传范式”在强化“用事实说话”的同时,还会借助“文学范式”进行叙事抒情。例如,2020年,获得第30届中国新闻奖一等奖的通讯《英雄无言——95岁老党员张富清的本色人生》①,就多处使用了散文笔法,请看其结尾——

> 新疆军区某红军团,张富清当年战斗的英雄部队。年轻的官兵,正紧紧围绕听党指挥、能打胜仗、作风优良强军目标,学习老前辈张富清英雄事迹,立志做新时代革命军人。
>
> 3月2日,部队派员专程到来凤,探望老战士张富清。
>
> 是夜,平素内敛沉默的张健全(编者注:张富清之子)抑制不住内心激动。眼含热泪,他写下深情的记录——
>
> 部队来人了
>
> 老兵心中掀起波澜
>
> 面对军装上的军徽
>
> 老兵用一条独腿坚强站立
>
> 缓缓举起右手
>
> 庄严地行上军礼

这部分经由主人公张富清儿子的讲述,用一个老兵敬礼的细节来凸显张富清的军人本色——“老兵”“一条独腿”“庄严”

① 唐卫彬、杨依军、谭元斌:《英雄无言——95岁老党员张富清的本色人生》,新华社,2019年4月8日。

“军礼”构筑了整篇报道的重要“意象”,这即是信仰的力量,是一个老党员对党的无限忠诚。此处,散文笔法渗入宣传话语,切实强化并升华了整篇报道的宣传效果。

第二节 作为“宣传范式”典范的“新华体”:历史变迁与内涵建构

作为不同性质新闻文体规范的提炼与表征,“新闻文体范式”规定了新闻文本的基本框架、结构方式以及话语体式等,蕴含了不同文体形态与文体理念。经由记者与媒体文体实践的积淀,不同“新闻文体范式”则常常会“固化”为一种或多种“文体范型”①,这些“文体范型”的“定型”,实质也是其遵从新闻文体规范,建构“新闻文体范式”,参与新闻文体嬗变的过程。“新闻文体宣传范式”的标志性文体样式当属“新华体”无疑。本节主要基于历时维度来检视“新华体”的历史变迁,探查其内涵“定型”的历史节点。

一、“新华体”:“宣传范式”基座上的典范性文体形态

作为“宣传范式”的文体典范,“新华体”最初得名于新华社的新闻实践。“所谓‘新华体’,是一种处于不断改革、嬗变过程

① 陶东风教授称之为“文类模式”(mode)。他认为,文类定型的标志是“一种不变的文类模式的形成”,“定型化是文类发展的顶峰,但也是僵化的开始。”参见陶东风:《文体演变及其文化意味》,云南人民出版社1994年版,第82页。

中的‘动态文体’,它是与新华社‘消息总汇’这一特殊新闻媒介的性质密不可分的。”①长期以来,伴随新华社的文体实践与推广,“新华体”逐渐被“定格”为“宣传范式”基座上的典范性文体形态:“无论纵观还是横看,基本上可以说,一部新中国的新闻文体发展史——至少在1980年代以前——便是‘新华体’担纲的历史。”②

20世纪80年代,时任新华社社长的穆青曾总结“新华体”的特点:“内容上是大家普遍关心的重要的最新新闻;事实上是大家信得过的,真实、准确、可靠;政治观点上是正确的,是和党中央保持一致的,提倡什么,反对什么,态度非常鲜明;文字上精炼生动;时效上是及时的,最快的,不落在报纸电台后面。”③然而,学术界对于“新华体”不仅缺乏统一的界定,而且评价也是褒贬不一。对此,我们从不同时期出版的五部辞书对“新华体”的收录情况即可见一斑:1990年版的《中国大百科全书·新闻出版卷》(新闻学科部分由萨空了主编,中国大百科全书出版社)和1993年版的《新闻学大辞典》(甘惜分主编,河南人民出版社)都没有收录“新华体”词条,1992年版的《宣传舆论学大辞典》(刘建明主编,经济日报出版社)、2013年出版的《新闻传播学辞典》(程曼丽、乔云霞主编,新华出版社)和2014年版的《新闻传播学大辞典》(童兵、陈绚主编,中国大百科全书出版社)均收入了该词条。

1992年版的《宣传舆论学大辞典》将“新华体”的特征描

① 王君超:《是耶非耶“新华体”》,《报刊之友》,2002年第4期。

② 孔祥军:《新闻传播精品导读:新闻(消息)卷——范式与典例》,复旦大学出版社2004年版,第43页。

③ 穆青:《新闻工作散论》,新华出版社1983年版,第340—341页。

述为:

> 消息简洁,文字精炼、篇幅短小;善于用事实解释事实,很少空发议论;层次清晰,尽量做到一个事实一段,消息中段落过渡自然;稳健中见权威,该快则快,该慢则慢,注重通稿的信誉;善于抓大问题,关键性问题,重大事件的报道多有令人耳目一新的角度,主题开掘深刻。①

2013年版的《新闻传播学辞典》给“新华体”的定义是:

> 新华通讯社长期报道国内外新闻所形成的一种写作体式。关于新华体的特点说法不一,但这一概念在我国新闻界已流行通用。②

2014年版的《新闻传播学大辞典》则对“新华体”做了如下界定:

> 段落安排仅为导语、主体与结尾三段式的消息结构形式。因为新华社首先并习惯采用,故名。具有段落分明、一目了然等长处,但也有俗套、缺乏活力的短处。已有所改进。③

三者比较,《新闻传播学辞典》将“新华体”定义为一种“写作体式”,但没有具体阐释其特点。《宣传舆论学大辞典》和《新闻传播学大辞典》都将“新华体”限定在“消息”框架内,前者从风格、结构、题材、主题等维度,着力凸显了“新华体”的文体优

---

① 刘建明:《宣传舆论学大辞典》,经济日报出版社1992年版,第247页。

② 程曼丽,乔云霞等:《新闻传播学辞典》,新华出版社2013年版,第193页。

③ 童兵、陈绚:《新闻传播学大辞典》,中国大百科全书出版社2014年版,第305页。

点。后者则聚焦其结构优势,亦没有回避其“俗套、缺乏活力”的缺点。

应该看到,作为“宣传范式”的典范性文体,“新华体”彰显了新闻与宣传的交叉与融合,其结构方式偏向新闻文体,话语体式又承载宣传功能,实质是一种“用新闻进行宣传”的文体形态。因此,在1949年以来的新闻文体发展进程中,伴随“宣传范式”主导地位的确立,以及新华社“国家通讯社”的传播优势,“新华体”的影响逐步拓展至全国,“一体独大”的优势与弊端也势必逐步显现。对此,武汉大学樊凡教授的剖析最为恰切:

> “新华体”是人们对一度流行的新闻文体风格的一种亦庄亦谐的概括。
>
> 新华体,本来并无贬义,它有简洁、准确、朴实、完整等特点,曾产生过许多有影响的好稿。但它也有不足,比如消息就是消息,通讯就是通讯,特写就是特写。由于人人竞相仿效,几十年来形成了单一呆板的风格。新华体的语言,是“人民调”,即一种文件化、公报化的概括式叙事腔调。其结构往往是所谓的“排浪式”,即将一些重要的和不重要的现象,罗列成篇,用序数的方法起笔,用序数的方法展开,最后用序数的方法结束全文。如讲新面貌,就是五多、十多。讲关心群众办好事就是十件好事、八大实事,讲工作就是九大任务、十大措施等。①

① 樊凡:《中西新闻比较论》,武汉出版社1994年版,第244页。

二、革命战争年代:“新华体”基本类型与风格的奠定

新华社前身是1931年11月7日诞生的“红中社”。1937年1月,在延安改名为“新华社”。可以说,革命与战争建构了“新华体”的现实环境与时空脉络。

(一)从“公告式新闻”到“综合消息”:“新华体”初期的类型化

“新华体”最显著的风格是政治性、政策性强,行文简洁、一目了然,文风朴实。这些特点的形成与新华社的定位以及革命战争年代的条件限制有关。新华社从诞生伊始,就作为中国共产党的宣传机关存在,担负着发布战报、文件、党的指令、会议精神、政治宣传等基本任务,从而奠定了“新华体”最初的“公告式新闻”风格。无论是在抗日革命根据地时代,还是在解放区时代,新华社都面临着政治宣传的功能、电讯技术条件限制、宣传人才的匮乏等诸多现实问题,这些对“新华体”最初的风格形成均产生了直接或间接的影响。对此,《新华通讯社史》中就有过明确的记载:“由于各地发来的稿件质量参差不齐,有的文言较多,有的文字粗糙,所以广播科对稿件的编辑加工需花费很大力量。新华社的广播稿是供各解放区报纸刊登的,因而政治选择是最重要的。另外因为发稿线路容量有限,要求广播稿在文字上一定要尽量简洁,不能有废字赘句。广播科的编辑们为规范新闻写作下了很大功夫,如“的”“地”“得”以及“他”“她”“它”等的用法,要求把它们坚决统一起来。经过努力,新华社播发的稿件逐渐形成了严谨规范、通俗流畅、简洁明

快的文风和特色。”①

由此可见,新华社政治宣传的核心定位决定了“新华体”框架下“公告式新闻”的首要特征即是政治性,因此其表述必须“严谨规范”。而广播的大众传播属性和新华社发稿线路的容量限制,则造就了“公告式新闻”通俗流畅、简洁明快的特色。

如果说,新华社建立之初规约了新华体的基本文风。那么,1942年“延安整风”开启的第一次新闻改革则奠定了“新华体”在报纸消息文体上的基本传统,亦即大量运用综合消息指导具体工作。这是因为,以《解放日报》为代表的党报,不仅是“党的宣传者”,也是“党的组织者”,担负着宣传党的路线、方针、政策的任务,这种任务通过“指导性”来完成。“要指导,不能光用事实,必须有思想观点。思想观点要令人信服,用一个事实往往缺乏说服力。”这样,就需要对各地群众的生活生产实际情况、各部门各区域的工作经验与共性的问题,加以概括,运用综合消息的形式进行传播,从而增强报道的针对性和实际效果。“对根据地的干部群众来说,综合性消息也方便了他们的阅读。因为他们的文化水平低,概括能力差,一事一报的消息即使加上一段新闻导语,他们读起来也会摸不着头脑。”②

另外,当时解放区报纸的基层读者多为干部和教员,他们承担着向群众进行宣传的任务。“综合性消息比起一事一报的消息,当然便于作口头宣传了。”③基于此,由于新华社还承担着向各解放区党报、党台供稿的任务,为了配合党报的改革和实际工

① 新华通讯社史编写组:《新华通讯社史(第一卷)》,新华出版社2010年版,第192页。

② 李良荣:《中国报纸文体发展概要》,福建人民出版社2002年版,第100页。

③ 同上。

作需要,“新华体”也从“一事一报”的“战报式消息”拓展至“综合消息”领域。

其时的综合消息,大多为“非事件新闻”,内容包括工作经验、先进事迹、生产情况等。其类型包括两类:一类是“多元素新闻”,强调“概括地报道一个地区、一条战线、一个方面的情况”;一类是“单元素新闻”,亦即“集中报道一个事件的全过程及与这个事件相关的事情”。综合性消息大多采用“一个观点+若干例子”式的写法,其结构基本包括四个部分:导语——包含五W,消息中最新最重要的事实;背景——事件在什么情况下发生或对导语中的名字作些说明;主体——详述经过;结尾——展望将来或加评论。消息的主体部分往往把事实归类,在一个观点下套几个例子。① 请看下面这篇报道——

完全粉碎敌进攻计划 我主动撤出延安空城

中共中央仍留陕北指挥全国爱国自卫战争②

新华社陕甘宁二十日电 侵入关中分区之蒋军,已陷入人民游击战之天罗地网中。二月二十一日,蒋军侵入关中首府马栏市后,当地军民立即展开游击战争,广泛袭击敌人。上月二十五日,耀县蒋特三十余人至柳林区梁寨坊一带编保甲时,被游击队打死十余人,俘四名。由马栏向耀县出扰蒋军,亦在该地区被俘十一名。赤水游击队于本月五日深入敌后,攻入栒邑土桥镇,将该地碉堡工事全部平毁,

① 参见李良荣:《中国报纸文体发展概要》,福建人民出版社 2002 年版,第 98 页。

② 报道选自孙德宏:《中国百年新闻经典(消息卷)》,人民出版社 2016 年版,第 57—58 页。

七日晚一举收复梁庄,俘蒋记“自卫队”中队长以下三十五人,缴轻机枪三挺,步枪十七支,赤水广大地区已告收复。现各地军民正积极展开反“清剿”与反抢掠斗争。

(《人民日报》,1947-03-22)

这篇报道即是一篇典型的“新华体”综合消息。消息第一句话即交代核心观点:“蒋军已陷入人民游击战之天罗地网”。紧接着,报道选择了四个不同时间、地点的实例来“论证”核心观点,结尾既是对之前战果的总结,又回到“当下”,转向“各地军民正在开展的两个斗争”,由点及面,收束全文。

面对日趋丰富的文体实践以及由此产生的各种新问题,新华社还及时以“公开信”的形式加以总结,构成了“新华体”发展史上的两个重要“节点”。1946 年 1 月 1 日,延安新华总社给各地总分社和分社发出一封指示信——《把我们的新闻事业更提高一步》,对新闻写作提出了九条具体要求,这是“新华体”发展史上的一个重要“事件”:“(一)要扩大报道范围。……(二)报道要有系统和连续,前后衔接,有始有终,尤其是重大事件和运动的报道。(三)要确实、迅速。……(四)要有说明、注释、比较、对照等。(五)新闻写作要实事求是,用事实来说明问题,最忌随便乱说议论。(六)写作必须贯注思想和感情,把它融汇在新闻的叙述和描写中,以引起读者的共鸣。(七)要讲究布局和剪裁,取舍材料。(八)最重要的内容,应放在最前面。重要新闻要有导语。导语是择取最中心最精彩之点,不要与本文重复,避免抽象公式。(九)写作要有起伏和变化,避免枯燥和平铺直叙。”同年 5 月 23 日,新华总社对各地总分社和分社又发出了题为《电讯要简练》的公开信,进一步提出要解决“新闻电讯冗长和迟缓”的问题。“电讯是传达社会动态的紧急工具,在新闻中是最精干的形式,它以最简洁的文字和最高度的速率来报道最重要的新闻。”因而,电讯写作“必须紧缩字句,做到简练,迅速报道”。[①] 这两封信是在解放区新闻宣传实践基础上提出的改进策略,其内容涉及报道观念、宣传效果、报道题材、报道方式、文体结构、语言表达、新闻风格等诸多方面,是新华社统合文体观念-文体技巧、动态消息-综合消息两个维度,对“新华体”进行的一次规范化阐释,从而锚定了“新华体”的基本理念与技法。

（二）毛泽东的“身体力行”形构了“新华体”的本质内涵

作为党的领导人,毛泽东在革命战争年代对于新闻宣传工作的一系列指示与文章,形塑了“新华体”基本内涵。

一方面,他要求新闻宣传必须“真实”,强调“用事实说话”。早在 1925 年,他在《〈政治周报〉发刊理由》中就明确指出:“《政治周报》的体裁,十分之九是实际事实之叙述,只有十分之一是对于反革命派宣传的辩论。”[②]1945 年,他又在《讲真话,不偷、不装、不吹》的“讲话”中指出:“关于要讲真话,我们现在发一个通令,要各地打仗缴枪,缴一支讲一支,不报虚数。知之为知之,不知为不知,一支为一支,两支为两支,是知也。”[③]这些都从本质上彰显了以“新华体”为代表的“宣传范式”的本质属性和规范性理念。

---

① 新华通讯社史编写组:《新华通讯社史(第一卷)》,新华出版社 2010 年版,第 275—276 页。

② 中共中央文献研究室、新华通讯社:《毛泽东新闻工作文选》,新华出版社 2014 年版,第 2 页。

③ 同上书,第 166 页。

另一方面,他还对新闻写作方法提出具体的建议与思考。1931年,他在《普遍地举办〈时事简报〉》中论述了"在消息中如何插评论"的问题:"也不是完全不发议论,要在消息中插句把两句议论进去,使看的人明白这件事的意义。但不可发得太多,一条新闻中插上三句议论就觉得太多了。插议论要插得有劲,疲沓疲沓的不插还好些。不要条条都插议论。许多新闻意义已明显,一看就明白,如插议论,就像画蛇添足。只有那些意义不明显的新闻,要插句把两句议论进去。"[①]这段话遂为后来"新华体"写作中穿插"评论"的做法提供了基本依据。

1948年9月,毛泽东又在一条"指示"中明确提出标题的拟制方法。"凡新闻,标题必须有内容。原题并无内容,不能引人注目。"新中国成立后,"新华体"的消息标题大多采用实题,既言之有物,又突出亮点,与毛泽东的大力倡导不无关联。同年11月,他又要求多写"综合新闻","请注意写些综合报道。其办法是借着一个适当的题目如像占领南阳之类去写。并要各地分社负责人(普通记者不能写此类通讯)或党的负责人学会写这类综合性的报道。而我们是长久缺少此类报道的"[②]。毛泽东将综合消息置于全局性维度加以考察,这也成为后来"新华体"长期聚焦"综合消息"的重要原因之一。

与此同时,毛泽东还亲自为新华社撰写了大量脍炙人口的新闻报道,从实践中形构了"新华体"的文体特征和基本写法,成为新闻工作者竞相模仿和学习的典范。其中,最为著名的是

① 中共中央文献研究室、新华通讯社:《毛泽东新闻工作文选》,新华出版社2014年版,第30页。

② 同上书,第195—196页。

《中原我军占领南阳》(1948)与《我三十万大军胜利南渡长江》(1949)两篇报道。前者奠定了“新华体”综合消息的基本写法,后者彰显了“新华体”动态消息的核心技法。

中原我军占领南阳

新华社郑州五日电　在人民解放军伟大的胜利的攻势下,南阳守敌王凌云于四日下午弃城南逃,我军当即占领南阳。(概述式导语开门见山,揭示新闻主题。)南阳为古宛县,三国时曹操与张绣曾于此城发生争夺战。后汉光武帝刘秀,曾于此地起兵,发动反对王莽王朝的战争,创立了后汉王朝。民间所传二十八宿,即刘秀的二十八个主要干部,多是出生于南阳一带。(92个字即交代了南阳的历史背景,不仅增强了报道可读性,也展示了南阳自古以来的战略地位,从而衬托新闻事实的价值。)在过去一年中,匪首蒋介石极重视南阳,曾于此设立所谓“绥靖区”,以王凌云为司令官,企图阻遏人民解放军向南发展的道路。(以新闻背景作为过渡句,承上启下,既凸显国民党对南阳的重视,再次展现我军占领南阳的意义,并开启下文对于国民党南下总体溃败的叙述。)上月,白匪崇禧使用黄维兵团三个军的力量,经营整月,企图打通信阳、南阳间的运输道路,始终未能达到目的。(运用新闻背景再次反衬我军占领南阳的意义。)最近蒋匪因全局败坏,被迫将整个南部战线近百个师的兵力集中于以徐州为中心和以汉口为中心的两个地区,两星期前已放弃开封,现又放弃南阳。从此,河南全境,除豫北之新乡、安阳,豫西之灵宝、阌乡,豫南之确山、信阳、潢川、光山、商城、固始等地尚有残敌外,已全部为我解放。

(运用新闻背景,客观叙述蒋军在整个南部的溃败,以此为对比,突出我军的战果。)去年七月,南线人民解放军开始向敌后实行英勇的进军以来,一年多时间内,除歼灭了大量的国民党正规部队以外,最大的成绩,就是在大别山区(鄂豫区)、皖西区、豫西区、陕南区、桐柏区、江汉区、江淮区(即皖东一带)恢复和建立了稳固的根据地,创立了七个军区,并极大地扩大了豫皖苏军区老根据地。除江淮军区属于苏北军区管辖外,其余各军区,统属于中原军区管辖。豫皖苏区、豫西区、陕南区、桐柏区现已联成一片,没有敌人的阻隔。这四个军区并已和华北联成一片。我武装力量,除补上野战军和地方军一年多激烈战争的消耗以外,还增加了大约二十万人左右,今后当有更大的发展。(通过新闻背景,列举事实,展示我军一年多来的战绩,最后一句则是在客观事实基础上的“评论”。)白匪崇禧经常说:“不怕共产党凶,只怕共产党生根”,他是怕对了。我们在所有江淮河汉区域,不仅是树木,而且是森林了。不仅生了根,而且枝叶茂盛了。(以敌方将领白崇禧的直接引语引出作者的评论,“树木”“森林”“生了根”“枝叶茂盛”的表述,使用了比喻修辞手法,生动形象地表达了观点。)在去年下半年的一个极短时间内,我们在这一区域曾经过早地执行分配土地的政策,犯了一些策略上的“左”的错误。但是随即纠正了,普遍地利用了抗日时期的经验,执行了减租减息的社会政策和各阶层合理负担的财政政策。这样,就将一切可能联合或中立的社会阶层,均联合或中立起来,集中力量反对国民党反动统治势力及乡村中为最广大群众所痛恨的少数恶霸分子。这一策略,是明显地成功了,敌人已经完全孤立起来。(这部分转向新解放地区。首先交代新闻背景,客观叙述新解放地区的土改犯有错误,但迅速纠正,并借此宣传了解放区执行的正确政策,最后一句则是对这一政策的效果评价。)在我强大的野战军和地方军配合打击之下,困守各个孤立据点内的敌人,如象开封、南阳等处,不得不被迫弃城逃窜。(本句自然“转场”,再次将视角转向国民党军队,引出下文对于国民党军队的叙述。)南阳守敌王凌云统率的军队是第二军、第六十四军以及一些民团,现向襄阳逃窜。襄阳也是国民党的一个所谓“绥靖区”,第一任司令官康泽被俘后,接手的是从新疆调来的宋希濂。最近宋希濂升任了徐州的副总司令兼前线指挥所主任,去代替原任的杜聿明。杜聿明则刚从徐州飞到东北,一战惨败,又逃到了葫芦岛。王凌云到襄阳,大概是接替宋希濂当司令官。(这部分依然通过冷静地叙述事实,展示国民党的败绩,同时也显示出中国共产党对于国民党部队动向及其人员调遣的了解程度,隐喻中共获取敌方情报的精准与迅速。)但是从南阳到襄阳,并没有走得多远,襄阳还是一个孤立据点,王凌云如不再逃,康泽的命运是在等着他的。(本句仍然是基于事实的“评论”,体现作者对战局的预测,字里行间也凸显其自信。)

通观整篇报道,虽然没有细分段落,但全文逻辑清晰,脉络清楚,一气呵成,气势如虹。写法上强调“用事实说话”,以单一新闻事实为由头,聚焦多元新闻背景,凸显宣传主题,夹叙夹议,叙议结合,事实与观点交相呼应,新闻背景与历史掌故相映成趣,聚焦逻辑的跳跃行文,为“新华体”的综合消息奠定了基本写法,成为新闻记者学习的“范文”。胡乔木后来多次提及该文的价值。例如,1953年,他在《新闻工作与新闻业务》中说:“毛主席所写的新闻可作为我们的模范。如毛主席曾写了一条解放南阳的消息,都用事实说话,没有议论,又有背景说明,写得很有风趣。……一件新闻所报道的事实,要能说明它与人民的关系,要有人的活动,要看得出事物的变化,用简短的话把有教育意义的新东西写出来。”①1984年,他又在《新闻要跟上新的信息技术》一文中指出:“毛主席当年写的占领南阳的新闻就没有几个人能写出来,我也写不出来,因为我的历史知识、地理知识都不如毛主席。我们希望把新闻写得丰富多彩,叫人看起来有广泛的兴趣,有较强的吸引力,没有多方面的知识做基础就不容易写好。”②

不难看出,胡乔木的第一次评价聚焦报道“用事实说话”的技巧,第二次则将重点放在报道的可读性维度,两次评价集中体现了“宣传范式”视域下“综合消息”的基本特征:用事实说话,用诸多事实之间的关联与对比说话,用新闻背景增强报道的可读性。具体来说,导语开门见山,交代核心事实,主体紧密围绕核心事实,运用新闻背景(包括历史、地理、现实的材料)、直接引语等方式引入新闻的“周边事实”,以此与核心事实形成对照与呼应,衬托新闻的意义。此外,运用述评结合的方式,以述为主,缘事而评,也是凸显新闻价值,突出宣传效果的基本手法。

① 胡乔木:《新闻工作与新闻业务》,载《胡乔木传》编写组:《胡乔木谈新闻出版》,人民出版社1999年版,第127页。

② 胡乔木:《新闻要跟上新的信息技术》,载《胡乔木传》编写组:《胡乔木谈新闻出版》,人民出版社1999年版,第351页。

概而言之,毛泽东撰写的《中原我军占领南阳》实质奠定了“新华体”综合消息中“单元素新闻”的基本写法。与之相对照,《我三十万大军胜利南渡长江》则是“动态消息”的典范之作。

我三十万大军胜利南渡长江

新华社长江前线二十二日二时电　英勇的人民解放军二十一日已有大约三十万人渡过长江。渡江战斗于二十日午夜开始,地点在芜湖、安庆之间。国民党反动派经营了三个半月的长江防线,遇着人民解放军好似摧枯拉朽,军无斗志,纷纷溃退。长江风平浪静,我军万船齐放,直取对岸,不到二十四小时,三十万人民解放军即已突破敌阵,占领南岸广大地区,现正向繁昌、铜陵、青阳、荻港、鲁港诸城进击中。人民解放军正以自己的英雄式的战斗,坚决地执行毛主席朱总司令的命令。

本篇消息全文共五句话198个字,表达方式以叙述为主,结合白描、议论与抒情等多种手法,动态展示出新闻事件的进程。标题采用“实题”,突出了核心新闻事实;导语与标题呼应,开门见山,再度凸显新闻事实。第二句话精炼地交代了时间、地点两个新闻要素;第三句话既展现新闻背景,也运用对比式写法,凸显人民解放军的强大与国民党反动派的溃败。与综合消息相似,运用新闻背景与新闻核心事实的叠加对比来凸显新闻主题,这亦是“新华体”写法上的一个重要特征;第四句话运用白描笔法,举重若轻,显示出大军南渡的壮阔场景。“长江风平浪静,我军万船齐放,直取对岸”,凝练地描绘出解放军南渡长江、势如破竹的恢弘场景。之后,连续通过“突破”“占领”“进击”三个动词,用事实说话,动态化展示解放军所向披靡的英勇气概;结尾运用议论加抒情的笔法,深化了新闻主题。整体观之,这篇报道展示并形构了战时“新华体”动态消息的基本特质:主题重大,正面宣传,一事一报,辞简意丰,叙议结合,大气磅礴。

三、新中国成立初期至“文革”前:“新华体”全国性地位的确立与巩固

1949 年,中华人民共和国成立,社会主义新闻事业逐渐在全国范围内“落地生根”,“新华体”也随之展现出勃勃生机,并长期成为全国媒体竞相模仿和学习的“典范”——“所谓的‘新华体’实际上是我国新闻界在长期新闻实践中形成的一种有中国特色的共同的新闻写作体式,一种优良的新闻文风。与其称之为‘新华体’,倒不如称之为我国新闻文体或文风更符合实际。”①

(一)得益于新华社作为“国家通讯社”地位的确立

1950 年 3 月,中共中央下发《中共中央关于改新华社为统一集中的国家通讯社的指示》,开宗明义:“使新华社成为统一的集中的国家通讯社的条件,现已成熟。”②同年 4 月,新成立的中央人民政府新闻总署第八次署务会通过决定,“新华社必须从组织上、工作上完全统一起来,彻底改变分散的情况,加强对全国和全世界的报道工作,俾能充分发挥其为国家通讯社的作用,真正成为代表国家发布新闻的机关”。同时规定,各总分社

① 文有仁:《漫议“新华体”》,《新闻爱好者》,2001 年第 5 期。

② 《中共中央关于改新华社为统一集中的国家通讯社的指示》,载中国社会科学院新闻研究所:《中国共产党新闻工作文件汇编(中)(1950—1956)》,新华出版社 1980 年版,第 1 页。

的具体任务之一就是“凡当地有二家以上报纸者,负责向各报抄发新华社电讯稿和通讯稿”。[1] 此后,新华社的全国影响力与日俱增,这也为“新华体”的全国性地位奠定了基础。

（二）有赖于逐步形成的“通稿制度”

1949年2月,全国解放的步伐越来越近,各地使用新华社的稿件却出现越来越多的问题。为此,新华总社下发《新华总社通报各地选择总社稿件时应注意之点》,对各地使用新华社稿件做了初步的规定:

> 总社中文文字广播稿件分作甲乙两类,以区别他的重要和次要。这是根据稿件的内容质量和全国一般的需要衡定。但各地报纸所处的环境条件不同(如有新区和老区,城市和农村,篇幅大和篇幅小,地方报和部队报,中央局党报和区党委或地委党报等区别),读者的政治水平和实际要求也有差异,因此在选择稿件时应该主要根据当地的实际情况和需要出发,而不必为总社所分的等级所束缚。总社所标记的甲乙类别,只可作为一种选择稿件时的参考。有些稿件虽系甲类,但不是有全国的政治重要性和紧急性的稿件,在某些地方甚至因为情况悬殊立即发表还会引起反作用者,可以不登或稍缓再登。有些稿件虽然作乙类,但切合当地实际的需要,很有教育意义或指导意义者,则仍应该采用,而且可以把他刊于显著地位。也有些一般性的新闻文稿,因为受某种实际情况或条件限制,不能全文刊载,

---

① 《中央人民政府新闻总署关于统一新华通讯社组织和工作的决定》,载中国社会科学院新闻研究所:《中国共产党新闻工作文件汇编(中)(1950—1956)》,新华出版社1980年版,第66—69页。

> 还可加以节删或改写。但经节删或改写发表的稿件,就不要用新华社名义,而可以用本报讯字样或在本报讯的报头之下,写明是根据新华社消息,以标明这稿件是经报社自己改写的。①

这一规定对各地使用新华社稿件进行了初步规范,亦即各地在使用新华社通稿时,可以按照实际需要,不受总社对于稿件等级分类的限制。同时,也可以节删或改写新华社稿件,但必须标明“据新华社消息”。

1950年1月,中央人民政府新闻总署再次下发文件,进一步明确规定了报纸采用新华社稿件的基本办法:

> 一、各报对新华通讯社电讯得按照情况斟酌取舍,但采用时一律不得增改。
>
> 二、各报(特别是通俗报和小型报)因篇幅限制和读者需要不同,对新华社电讯中之普通新闻稿,可以节删,或改写为更通俗的文字,但节删后,不应再用新华社电讯名义,而应改用“本报讯”,并加“据新华社×日电讯”字样。如因节删或改写而发生错误,应由节删或改写之报刊自行负责,并须更正。
>
> 三、一般大报对新华社所发表的各种有特别重要的稿件,如政府公告,外交文书,社论和重大的政治外交新闻等,不得节删。通俗报和小型报对于最重要的公告亦不得节删,但可附加通俗解释。对其他文件,在必须改写时,可以

① 《新华总社通报各地选择总社稿件时应注意之点》,载中国社会科学院新闻研究所:《中国共产党新闻工作文件汇编(上)(1921—1949)》,新华出版社1980年版,第365页。

改写,但改写后即不得用原有文告,或新华社电讯名义。①

与前一个相比,这个规定首先加入了一个明确的禁令,对于通稿,“不得增改”。同时,“节删和改写”如果发生错误,“文责自负”。此外,明确了不能节删的对象是“特别重要的稿件”。这些延续至今的规定,客观上为“新华体”长期“一体独大”提供了极其便利的条件。

(三)“新华体”的繁荣还与宣传社会主义建设成就的需要密切相关

新中国成立十七年间,社会主义建设取得巨大成就,新华社的宣传报道发挥了巨大作用。其时“新华体”的基本写法往往习惯采用“具体的对比”手法,藉此显示新旧社会的差异,凸显新社会的优越性。行文上,导语多采用“概述式”或“直叙式”,结构则大多采用漏斗式结构,亦即“倒金字塔+正金字塔”的结构,《长江大桥车水马龙》《“梁山伯”结婚了》《上海严寒》等都是这一时期的典范之作。

跨进了社会主义的门槛	评析
新华社上海20日电　上海市所有的街道广播器、收音机在今天下午1时,传出了上海市全部资本主义工商业申请公私合营获得批准的消息,	标题言简意赅,揭示新闻价值。 导语第一句话直陈其事,交代核心事实——“上海公私合营获得批准”,既展示了“新闻眼”,又提供了新闻要素。之后,记者用充满画面感的

① 《中央人民政府新闻总署关于报纸采用新华社电讯的规定》,载中国社会科学院新闻研究所:《中国共产党新闻工作文件汇编(中)(1950—1956)》,新华出版社1980年版,第31页。

续 表

顿时,全市欢呼雷动,锣鼓喧天,人们都拿出早已准备好的鞭炮燃放起来。全市十多万工商业户立即都换上了冠有“公私合营”的新招牌,全市所有商店新装的霓虹灯和各种彩灯都大放光明。	白描手法,以外在的场景来衬托上海市民的兴奋与喜悦之情。
上海,这个世界著名的大都市,从此进入了社会主义社会。全市60万私营企业的职工现在成了企业的主人,十多万户资本主义工商业者跨进了社会主义的门槛。	第二段第一句承接导语,揭示主题。第二句话则进一步陈述事实,继而开启下文。
下午四时,上海市资本主义工商业公私合营大会刚结束,2 000多个工商界代表,戴着大红花,由上海市工商业联合会负责人盛丕华、荣毅仁、胡厥文率领,到上海市党政领导机关、人民团体和驻沪部队领导机关报喜。报喜队乘着45辆结着彩球、挂着毛主席画像和“囍”字的汽车,驰过了市区的主要街道,两旁刚刚挂上了公私合营招牌的商店的职工都放起鞭炮来。	从第三段开始,消息按照“时序式”结构推进。
数不清的报喜队出动了,其中有工商界组成的,职工组	第四段以记者的观察为切入点,描述了报喜队的基本情况,同时,辅之

续　表

成的,工商界家属组成的,他们穿着节日的盛装,高举着毛主席的像和“囍”幛,并且,配着腰鼓、乐队、龙灯和彩车。全市纵横总长 1 300 多公里的大小街道上,红旗、彩旗、彩灯一望无际。“庆祝上海市已经进入社会主义社会”的横幅挂在十多层高的大厦上,横跨在马路的上空。所有的商店都张灯结彩,用“囍”幛、彩花装饰了橱窗。	以相关细节,继续展示喜庆中的上海。
在报喜队的锣鼓声中,长阳路信丰铁工厂一扇封闭了许多年的大门,今天重新打开了。这个工厂在解放前生意一直不好,资本家认为大门开的方向不利,就把它封闭了。解放以后,工厂生产发展了,资本家再也不怪大门,今天下午他亲手打开了大门,表示要走社会主义的道路。	第五段使用了第一处“具体的对比”,选择“一家工厂重新打开一扇封闭了多年的大门”这一细节,生动地说明了解放后的生意比解放前要好得多,从而显示社会主义制度的优越性。
汉口路两家都叫文魁斋的糖果店门前,都挂起了公私合营的新招牌。这两家糖果店在旧社会里为了竞争,不仅店名一样,连商品橱窗、广告都一样,两家资方相互争吵、	第六段使用了第二处“具体的对比”,选择两家挂了公私合营新招牌的糖果店为例,叙述了他们在旧社会是恶性竞争的冤家,进入新社会后却变成了携手互助的友商,再度展现社会主义社会的新风尚。

续 表

骂架,足足做了40年的冤家,今天两家资方互相道喜,结束了40年的仇恨,还共同出资去进货料。 入夜,报喜队的鼓声还在街上隆隆地响着,千万支彩灯、霓虹灯在这个刚进入社会主义社会的大城市上空形成一片喜庆的红光。上海从此在人们的眼里更显得年轻而可爱。 (《新民晚报》,1956-01-21)	结尾以彩灯、霓虹灯在上海上空形成的喜庆红光作为"意象",以评论性话语做结,预示上海获得"新生"。

这篇报道体现了社会主义建设时期"新华体"动态消息的基本写法,记者本身带有真挚的情感,强调情景交融,夹叙夹议,以小见大,运用事实进行"具体的对比",从而印证社会主义制度的优越性。这种方法也适合"综合消息"。相比而言,《上海工业每分钟创造的价值》(1957)则显得更加"专业"。

上海工业每分钟创造的价值

据新华社上海22日电 今天,记者在上海统计部门发现了一连串的数字,这些数字经过演算以后,有趣地说明了当前上海工业每一分钟所创造的价值,比第一个五年计划以前要多得多。

在同样的一分钟时间里,1952年上海只能炼出一百三十多公斤钢,现在已经达到九百五十多公斤;1952年只能织出一公尺多精纺毛织品,现在已经达到十三公尺;1952年只能做出五十三双胶鞋,现在已经达到一百二十六双。

上海现在每一小时能够出产三十二辆自行车、十四吨多纸,每一小时出产的轮胎能够装备三辆六轮大卡车。而在1952年每一小时只能出产三辆半自行车、八吨多纸,每一小时出产的轮胎装备一辆半大卡车还不够。

上海现在只要一天时间出产的青霉素,就比1952年全年的产量还要多出许多。几年以前,上海还主要是修理船只和收音机,现在每隔四分多钟就有一架收音机做好,每隔四天就有一艘新船可以参加航行。

全市第一个五年计划期间累计的工业总产值可以达到五百亿元,今年比1952年增长84%。五年来,平均每一分钟的工业总产值是一万九千多元。

上海工业几年来为国家积累了大量的资金。单是国营工业部分,在过去四年中,平均每一年的上缴利润就可以给国家建设一个第一汽车制造厂;而国家给上海工业的全部基本建设投资,过去的四年加起来还不够建一个第一汽车。

(《人民日报》,1957-06-23)

这是一篇典型的“成就报道”。记者没有平铺直叙,而是选择了一个巧妙的角度,将繁琐的工业统计数据进行了重新演算,分别纳入1952年和1957年的“一分钟”“四分钟”“一小时”“一天”“四天”“五年”之中进行对比。“在同样的一分钟时间里,1952年上海只能炼出一百三十多公斤钢,现在已经达到九百五十多公斤;1952年只能织出一公尺多精纺毛织品,现在已经达到十三公尺;1952年只能做出五十三双胶鞋,现在已经达到一百二十六双。"整篇报道按照总-分结构展开,主体每一段都运用"具体的对比",用数据对比,用事实说话,生动形象地展示了社会主义新中国的建设新成就。这也体现出其时"新华体"综合报道的基本特征,完全符合吴冷西在新华社第一次全国社务会议上对"综合报道"所做的界定:

> 要充分注意概括与具体相结合。新闻的概括是必要的,为的是使读者了解概貌,知道某一事件在全局中占什么地位,不为繁琐的现象所蒙蔽;同时,具体实例与形象也不可缺,目的在说明问题,加深读者的印象。二者必须有机结合,然后能使新闻有血有肉,有声有色。
>
> 要充分注意内容尖锐和形式含蓄相结合,充分利用颠扑不破的事实来说明问题,令人折服而无懈可击,使新闻真正是新闻而不象社论。
>
> 要充分注意思想的明晰和逻辑的严密,做到中心突出,条理分明,层次有序。
>
> 要充分注意文字的简洁谨严与生动活泼相结合。
>
> 要充分注意辞藻丰富和文法完整。①

"新华体"对综合报道的定位与要求,影响深远,其核心写法依然活跃在新时代的各级党媒之中。例如,《新华每日电讯》2023 年 3 月 19 日刊发《脉动上海,"秒懂"中国》就采用"综合报道"的基本写法。该报道聚焦新时代中国的高质量发展,开篇即阐明报道角度和意义——"上海的脉动折射着中国的脉搏。

---

① 《吴冷西同志在新华社第一次全国社务会议上的报告——把新华社的报道工作提高一步》,载中国社会科学院新闻研究所:《中国共产党新闻工作文件汇编(中)(1950—1956)》,新华出版社 1980 年版,第 127—128 页。

每一秒钟，上海会发生怎样的脉动？而这样的脉动，能否让你'秒懂'中国？"主体由三部分组成，"一秒钟的'含金量'""一秒钟的'活力值'""一秒钟的'热度表'"，通过对上海"一秒钟"的换算展现新闻主题。总体写法上，每一部分开头都以"一秒钟"来总领，之后再具体展开叙述。限于篇幅，以下，我们仅分析报道的第二部分。

一秒钟的"活力值"

穿城而过的地铁是城市"活力值"的标志。在上海，工作日早晚高峰平均每秒有约 340 人搭乘地铁，非高峰时段平均每秒也有约 100 人搭乘地铁。

被视为城市"第二空间"的上海地铁，已经不是简单的交通工具，而是增强经济活力、展现城市文化的重要载体。目前，上海地铁运营线路达 20 条，全网络运营里程 831 公里，网络规模领跑全球。上海地铁正在用上海速度和上海质量为城市发展注入生机与活力。

生机与活力同样来自于绿色和低碳。2023 年，上海计划新建各类绿地 1 000 公顷以上，相当于平均每秒钟新增 0.317 平方米。

用好"边角料"建"口袋公园"，见缝插绿；外环线上，环城绿带内外分别连接楔形绿地和生态间隔带，向环城公园带跃升；进一步扩展公共生态空间，用绿道网络通江达海……经过几十年发展，上海人均公园绿地面积从"一双鞋"跨越式增加到"一间房"，超过了东京、大阪等都市。

"十四五"末，上海将实现出门 5 到 10 分钟有绿，骑车 15 分钟有景，车行 30 分钟有大型公园，给市民游客带来

“生态绿洲处处有,公园城市任你游”的体验。

生机与活力不仅来自于线下流动,还来自于线上“奔跑”。“奔跑”的是数据,便利的是民生。

在上海,“让企业和群众办事像网购一样简单”不是一句口号。线上材料系统预填、AI预审、自动调取证照,联通长三角多城底层数据……随着改革持续推进,“随申办”App不仅越来越智能,而且越来越有温度。数据显示,截至2022年底,上海“一网通办”平台接入政府服务事项3 600个,已归集电子证照合计1.87亿张,总服务人次超过567.9亿,累计办件超3.07亿件。

据统计,平均每秒钟,上海“随申办”App服务200人次,“随申办”App月活跃用户数突破2 000万。

这一部分主要从出行、绿地、便民服务三个方面表现上海的“活力值”。第一段即统计了上海早晚高峰和非高峰时段每秒搭乘地铁的人数。第二段引入上海地铁建设的具体成就。第三段以前一段末尾的“生机和活力”勾连“绿色与低碳”,实现过渡,并对上海2023年计划新建各类绿地的总数进行了“平均每秒钟”的换算。第四段和第五段具体展示上海绿地建设的成就。第六段将前面两个方面总结为“线下”,并再次以“生机和活力”勾连“线上”,完成过渡的同时,引出数据背后的“民生”议题。第七段交代“一网通办”的总体统计数据。最后一段则再度对“随申办”的数据进行“平均每秒钟”的换算。总体看,这部分采用了“总-分”结构,写法上类似“新闻述评”,对数据的呈现与解读紧密结合,以“生机和活力”作为诠释本部分主题“活力值”的关键词,由此连接三方面的内容,并运用评论性话语完成过渡。事实上,报道的第一和第三部分也基本按照这样的结构方式和话语体式展开。从中,我们亦能看到《上海工业每分钟创造的价值》一文的“影子”。

四、改革开放以来:“新华体”的变革与调适

“文革”十年,作为“宣传范式”标志的“新华体”也遭到重创,逐渐出现“口号化”“公式化”“脸谱化”等不良倾向。1978年中共十一届三中全会以后,中国进入改革开放历史时期,第三次新闻改革随之开启,新闻界首先从新闻写作入手切入改革,而此时被诟病为“事实与观点不分”“新闻与评论不分”的“新华体”,自然首当其冲。1979年,穆青在一次谈话中指出:“新闻报道是离人们很遥远的东西。所谓新闻报道,跟党政工作经验交流文章的内容差不多,往往是观点加例子,事实和评论不分。这也难怪人们不关心时事,实在是新闻机构的生产能力太低下、新闻意识太缺乏了。”①1980年,甚至有研究者将“新华体”的问题总结为“新八股”——“开‘中药铺’,是我们新闻写作上的一个毛病。许多消息的叙述方法,都是一、二、三、四地列出一张账单,成为一种新八股。”②

1982年,穆青再次提出“新闻写作可以增加散文形式”的主张。同年,新华社记者郭玲春撰写的消息《金山追悼会在京举行》,率先打破了“新华体”的僵化模式,“散文式新闻”遂成为整个新闻改革的突破口。1983年,穆青提出“学会写视觉化新闻”

---

① 《要为人民吐丝——穆青同志在河南分社记者会议上的讲话(记录稿)》,新华社《新闻业务》(活页版),1979年6月25日,转引自李春:《当代中国传媒史(1978—2010)(上)》,漓江出版社2014年版,第88页。

② 言弓:《大家动手让“中药铺”关张——简评若干稿件中一种新八股》,载新华社新闻研究所:《新闻作品评析(一)》,新华出版社1985年版,第86页。

的主张,号召记者学会“运用形象思维展现新闻”。① 无论是“散文式新闻”,还是“视觉化新闻”,其出发点都不是要全盘否定“新华体”,目的只是为了让新闻更生动、更形象、更具可读性,其实质是“宣传范式”对于“文学范式”的借鉴与融汇。基于大量成功的实践,学术界对“新华体”的认识也从全盘否定转向辩证与理性,“‘新华体’也不是死板的代名词,它也有简洁、准确、完整的优点”②。

90年代以后,新闻改革向纵深发展,“新华体”又表现出诸多不适应时代的问题——“官方媒体的通病是没有引语,没有人物的面孔,没有消息来源以及没有内容。官方新闻媒体还有很多固定模式、陈词滥调、形容词、渲染性的语言、过多的政治术语和过多的述评性语言。……官方媒体还有过多的会议和成就报道,而绝大多数这样的报道都是无效新闻。结果媒体失去了传播的功能,因为没有人愿意读这样的新闻。”③创办《东方时空》的原中央电视台副总编孙玉胜就曾对电视版“新华体”的特征与问题进行过形象的描述:“‘新华体’是我国新闻媒体在那个特殊年代打磨出来的一种通用的新闻写作体式”,这种体式表现在电视媒体上即是一种“模式化的文体”——“‘拽大词’‘高八度’‘排比句’串缀起来的新闻稿,成为事件‘重大’的一个典型标志。”④

---

① 穆青:《穆青论新闻》,新华出版社2003年版,第240—245页。

② 翟尔超:《关于新闻散文式的讨论情况综述》,载中国社会科学院新闻研究所:《中国新闻年鉴1985》,中国新闻出版社1985年版,第76页。

③ 转引自林晖:《历史的探索》,武汉大学出版社2009年版,第202—203页。

④ 孙玉胜:《十年:从改变电视的语态开始》,生活·读书·新知三联书店2003年版,第46页。

1997 年 7 月 1 日，新华社关于"香港回归"的报道《别了，不列颠尼亚》，就属于"新华体"的创新之作：主题重大，报道基调庄重，概述式导语总括全文，"这是英国撤离香港的最后的时刻"则为整篇报道奠定基调。第二段是一个"支持性段落"，既承接导语，又开启下文。接下来的主体部分按照时间顺序展开，通过记者的现场目击，着力描述了四个场景：港督府告别仪式、添马舰东广场告别仪式、中英香港交接仪式、查尔斯王子和彭定康登上"不列颠尼亚"号离开香港。其中，巧妙穿插了多段新闻背景，诸如"面色凝重""带有皇家标记的黑色'劳斯莱斯'""巨幅紫荆花图案"等细节的刻画丝丝入扣，尤其是结尾部分"大英帝国从海上来，又从海上去"，语带双关，画龙点睛，达到了首尾呼应的效果。

2000 年左右，"新闻文体专业范式"逐渐形构，"新华体"开始借鉴"专业范式"，征用客观报道手法，探索运用专业的方式进行"宣传"。请看——

全国人大高票通过物权法 公产私产获得平等保护 今年十月一日起施行	评析
新华社北京 3 月 16 日电　十届全国人大五次会议 16 日上午高票通过物权法。对公有财产和私有财产给予平等保护，最终在这部法律中得以明确。	概述式导语直接揭示新闻主题。第一句话交代"全国人大高票通过物权法"这一核心新闻事实，第二句话则阐明了物权法的现实意义与法理价值。

续 表

法律在第一编第一章中规定:国家实行社会主义市场经济制度,保障一切市场主体的平等法律地位和发展权利;国家、集体、私人的物权和其他权利人的物权受法律保护,任何单位和个人不得侵犯。	第二段开门见山,引用物权法的核心规定,进一步呼应导语设定的新闻主题。
“没有平等保护,就没有共同发展。切实保护公民的私有财产,既是宪法的规定和党的主张,也是人民群众的普遍愿望和迫切要求。”中国人民大学法学院教授杨立新说。	第三段运用专家的直接引语对物权法第一编第一章的规定进行专业解释和意义确认。
2002 年 11 月,党的十六大提出,要“完善保护私人财产的法律制度”。2004 年 3 月,十届全国人大二次会议通过的宪法修正案中,写入了“公民的合法的私有财产不受侵犯”的内容。	第四段引入两处新闻背景,交代物权法起草之前的政治依据和法律准备。
但到底应该以保护私有财产为主,还是以保护公有财产为主,一直是制定物权法过程中争议的焦点。有人认为,国家和其他民事主体不是平等的,对他们的财产不能平等保护;也有人认为,物权法是私法,首先应保护私人财产,	第五段从新闻背景中寻找物权法制定过程中的争议焦点,亦即本篇报道的主题。同时,使用间接引语,客观呈现历史上的诸多争议,为引入下文专家的意义解读做出铺垫。

续 表

按照先私人、再集体、后国家的顺序给予保护。	
“坚持社会主义基本经济制度与对不同物权主体给予平等保护是有机统一的。没有前者,就会背离我国经济制度的性质;没有后者,就违背了市场经济原则,反过来损害社会主义基本经济制度。”中国社会科学院法学所研究员孙宪忠表示。	第六段引用第二位专家的直接引语,回应争议,也阐释“物权法对公有财产和私有财产给予平等保护”的法理意义。
出席闭幕大会的2 889名代表中的2 799人投下赞成票。10时10分,全国人大常委会委员长吴邦国宣布物权法获得通过,会场响起热烈的掌声。	第七段没有使用任何过渡,运用“断裂行文法”,直接转到全国人大的会场。用精确的时间、具体的数据,呼应导语中“高票通过物权法”这一事实。
全国人大代表、中国政法大学校长徐显明说:“物权法是对我国改革开放以来诸多既有制度的确认,有利于让人们尽享改革发展的成果,进一步激发人们创造财富的积极性。”	第八段通过第三位专家“出场”,对物权法获得通过的意义和价值进行深度解析。
改革开放后,我国经济迅速发展,人民群众普遍要求切实保护他们通过辛勤劳动积累的合法的私有财产。1993年,物权法的起草工作正式开始。	第九段是新闻背景,目的是对上一段专家的引语进行补充和说明,并交代了起草物权法的时间原点。

续 表

随后,这部法律草案历经九届全国人大常委会、十届全国人大及其常委会八次审议,创造了我国立法史上单部法律草案的审议次数之最。其间,全国人大常委会还通过向社会全文公布草案,举行座谈会、论证会等方式,广泛听取各方面的意见,并据此进行了多次修改。	第十段是按时间顺序排布的新闻背景,意在展现物权法起草的具体过程。
除平等保护公私财产外,物权法还加大了对公有财产的保护力度,并回答了农村土地承包经营权、宅基地使用权是否可以抵押、转让,住宅建设用地使用权期满如何续期,征地拆迁如何补偿,小区车位、车库如何确定归属等民众关心的问题。 物权法共 5 编 247 条,将于 2007 年 10 月 1 日起施行。 **(《人民日报》,2007-03-16)**	最后两段的行文再度发生跳跃,从新闻背景直接转到对物权法具体内容、条款数目以及施行时间等信息的客观陈述上,进一步拓展了报道的信息量。

这篇报道没有止于信息告知,而是试图解释物权法颁布的意义。全文一共 12 段 971 个字:导语 1 段,直接引语 3 段,新闻背景 4 段,物权法相关内容介绍 3 段,会场内容 1 段。整篇报道运用叙述的表达方式,概述式导语交代物权法通过后,随即直陈

该法的法理价值。报道结构逐层深入,“断裂行文法”的使用强化了报道内在的逻辑,记者巧妙地将新闻事实、新闻背景、专家言说与会场情境紧密勾连,在现场、背景与解读中不断辗转腾挪,既客观地再现了事实,又深入地解读出物权法颁布的社会意义与法理价值。此处,“新华体”在“宣传范式”和“专业范式”之间基本达至平衡。由此可见,“专业范式”中的“深度模式”并非篇幅上长篇大论,更不是记者直接发表观点,而是在遵从客观性原则的基础上,运用信息的组合,在有限的篇幅中最大限度地挖掘出报道的深度。

2010年以来,伴随微博、微信等社交媒介的崛起,视频化、社交化、碎片化等逐渐成为新媒介的新闻呈现方式和话语体式:“全媒体不断发展,出现了全程媒体、全息媒体、全员媒体、全效媒体,信息无处不在、无所不及、无人不用,导致舆论生态、媒体格局、传播方式发生深刻变化,新闻舆论工作面临新的挑战。”①有鉴于此,“新华体”在坚守“宣传范式”本质属性的同时,亦开始在叙事方式、文体结构与话语体式等维度不断进行着转型与变革。2015年3月1日,新华社开通“新华社”微信公众号。2017年6月21日,该公众号发布消息《刚刚,沙特王储被废了》,迅速引发巨大反响,“微信推出十分钟后点击量即突破10万,发布仅36个小时便收获了800万点击量,转发量近50万。微信粉丝第一天增长46万,三天保守估计有70万左右的增粉量……”②

① 习近平:《加快推动媒体融合发展》,载《论党的宣传思想工作》,中央文献出版社2020年版,第354页。

② 转引自赵新乐:《“刚刚体”爆款微信带来这些启示》,《中国新闻出版广电报》,2017年11月29日。

刚刚,沙特王储被废了

沙特国王萨勒曼21日宣布,废除王储穆罕默德·本·纳伊夫,另立穆罕默德·本·萨勒曼为新任王储。

这条由新华社微信公号发布的“爆款文章”,尽管出现了错别字(“废除”应为“废黜”),但并未影响其成为2017年度的“现象级”产品。表面看是因为它一改“新华体”的传统叙述方式,究其实质,则是这种表达背后包孕了一套与社交媒体相匹配的新的“传播语法”,即下沉却不鄙俗的“传播姿态”,轻松幽默、娓娓道来的“传播腔调”。如果用传统“新华体”呈现,其标题大体应该是“快讯:沙特王储被废”。之所以不用“快讯”而使用“刚刚”,该是因为“新媒体在很大程度上是一种口语化的传播,‘刚刚’更自然、直接,也有某种贴近感,更有助于新媒体的传播”①。由此,我们亦能感受到“新华体”在社交媒介时代的新变化。

2016年2月19日,习近平总书记在党的新闻舆论工作座谈会上,明确提出,新闻舆论工作者“要转作风改文风,俯下身、沉下心,察实情、说实话、动真情,努力推出有思想、有温度、有品质的作品。”②由此,“有思想、有温度、有品质”遂成为新的历史时期“新华体”改革的方向。目前,我们可以观测到动向有二:其一是重大主题故事化呈现;其二是消息体裁特稿化。例如,2020年5月29日新华社客户端发布的这篇图文报道——

---

① 张志安、陶建杰:《中国应用新闻传播十大创新案例(第五辑)》,南方日报出版社2022年版,第141页。

② 《习近平在党的新闻舆论工作座谈会上强调 坚持正确方向创新方法手段提高新闻舆论传播力引导力》,《人民日报》,2016年2月20日。

一个破损的“生日”蛋糕

新华社拉萨5月29日电　27日下午5点多,当格桑朗杰拎着筛子大的蛋糕,略带骄傲地走下越野车,几名老师围了上来。大家简单一商量,认为虽然距儿童节还有几天时间,还是趁蛋糕新鲜,当晚就给孩子们过“生日”,给他们一个惊喜。

格桑朗杰是西藏山南市隆子县玉麦乡小学的校长。在这个仅有56户人家、191名户籍人口的边境乡,全校仅有25个孩子,其中20名还是学前儿童。眼看“六一”国际儿童节就要到了,来这所刚投用半年多学校的老师打算给学生们过一个集体生日。玉麦乡没有蛋糕店,10名教职员工自掏腰包凑了750元,在隆子县订制了一个18寸的大蛋糕,趁校长开车去县城开会带了回来。

准备工作秘密进行。在学校一楼的学前儿童活动室,下午一放学,老师们就摆桌椅、吹气球,并在电视屏幕上打出祝福语。紧接着打开蛋糕的包装,大家一下子傻眼了。只见蛋糕和奶油塌向一边,有的部位还出现破损,根本看不出三层蛋糕的正常模样。格桑朗杰急得直跺脚:“哎呀,我一路上慢得不能再慢了,没想到还是把蛋糕颠坏了!”

位于中印边境的玉麦乡距离隆子县县城200公里,山路崎岖,要翻过3座海拔4 000余米的山口。由于地处偏僻,2018年之前,玉麦乡只有9户人家、32口人,被称为“中国人口最少乡”。在国家兴边富民政策吸引下,玉麦乡这两年陆续搬来47户人家,共计159人,这里也建起了首座小学。

从县城到乡里,开车一趟下来,正常速度需要4小时至5小时。格桑朗杰将蛋糕放在副驾驶座位上,一路上小心翼翼地缓慢行驶,开了足足8个多小时。

“玉麦偏远,许多孩子长这么大没有去过一次县城,吃蛋糕过生日的场景只在电视里见过。”格桑朗杰说,这是不少孩子第一次吃生日蛋糕,不应该是个“残次品”,于是,老师们戴上手套,取来刀叉和餐盘,给蛋糕做起“整形手术”。

在这个组建不久的小学,从隆子县派来的10名教职员工,尽心尽职呵护每个孩子。学前老师康珠仓决每天照顾孩子脱衣、穿衣、睡午觉,一点儿都不嫌麻烦,她说:“只有这样,孩子们才睡得香。”小学只有两个班,一年级2人、二年级3人,古桑老师采取快乐教学法,坐到学生中间教授藏语、汉语、数学、科学等课程。有两个孩子学习困难,她经常免费补课。

家门口的学校让孩子们享受到了便利。一年级学生旦增罗布的妈妈告诉记者,以前孩子上学要去30公里外的扎日乡小学,骑摩托车走盘山道得3个多小时,还时常面临山顶落石的危险,7岁的孩子只得住校,碰到冬季大雪封路,过周末待在学校里孤单得直哭。“来到新学校后,上下学只需步行5分钟,学校还免费提供一日三餐。”

经过40多分钟的努力,破损的蛋糕终于修好了。

晚上8点,孩子们走进活动室,看到大蛋糕,兴奋地叫了起来。戴上生日帽,唱起生日歌,孩子们开心地吃着蛋糕。

“虽然地处祖国最偏远的地方,但我们要让孩子们获得的爱,一点儿不会少!”格桑朗杰说。

(新华社客户端,2020-05-29)

这篇报道运用悬念式标题,构建了一条简单的故事线:在“六一”国际儿童节到来之际,一群老师打算为偏远地区的藏族学生过一个集体生日→校长驱车8个小时,到县城买来生日蛋糕→一路颠簸,蛋糕破损→老师们经过40分钟的努力,修复好蛋糕,为孩子们过了一个开心的生日→结尾用藏族校长的话点明主题——“虽然地处祖国最偏远的地方,但我们要让孩子们获得的爱,一点儿不会少!”

表面看,这篇报道讲述的是教师热爱学生这样一个有温度的感人故事,但其背后却含蕴了一个带有政治性、思想性的重大主题,亦即国家“兴边富民”政策给偏远地区带来的巨大改变:人口增多,教育条件大大改善,以前孩子上学“要去30公里外的扎日乡小学,骑摩托车走盘山道得3个多小时,还时常面临山顶落石的危险,7岁的孩子只得住校,碰到冬季大雪封路,过周末待在学校里孤单得直哭”。与之对比,学生们来到新学校后,“上下学只需步行5分钟,学校还免费提供一日三餐”。报道选择了特稿的呈现方式,情节设置合理,人物语言真实形象生动。新闻背景与直接引语的灵活穿插,细节与场景描摹的强化,都超越传统“新华体”的结构特征与话语体式,显示出“有品质”新闻报道的基本素质。

第三章
互动与交融:“文学范式”的文体创变

在中国新闻文体发展的历程中,“文学”始终是一个如影随形的“存在”。樊凡教授在《中西新闻比较论》中就曾形象地指出,“中国近代报纸一经诞生,其文体就落在古典文学的襁褓之中”①。五四运动前后,新闻逐渐与文学相分离,独立的新闻文体得以生成。但是,新闻与文学的“纠缠”却从未中断,诚如李良荣教授指出的那样:“中国报纸文体从始至终是在扬弃中国古典文学的过程中发展起来的。中国古典文学既束缚过报纸文体的产生,又给报纸文体无限丰富的营养。”②我国台湾学者臧国仁与蔡琰两位教授甚至断言:“排除虚构部分,新闻报道仍以其特有的文学体裁记录着社会情事、诠释着事件意义、讲述着人生经验,兼也传递了文化共识。”③有鉴于此,本章关注的核心问题是:文学因素在当代新闻文体实践中如何被调用与凸显,“新

① 樊凡:《中西新闻比较论》,武汉出版社 1994 年版,第 202—203 页。

② 李良荣:《中国报纸文体发展概要》,福建人民出版社 2002 年版,第 145 页。

③ 臧国仁、蔡琰:《叙事传播:故事/人文观点》,台湾五南图书出版股份有限公司 2017 年版,第 92 页。

闻文体文学范式”如何在新闻与文学的互动与博弈中得以“完型”。

第一节　作为文学的新闻:路径选择与模式再造

按照文学理论的理路,文学区别于非文学的显著特征主要表现在四个方面:“第一,文学的语言富有独特表现力……第二,文学总是要呈现审美形象的世界,这种审美形象具有想象、虚构和情感等特性……第三,文学传达完整的意义,本身构成一个整体;第四,文学蕴含着似乎特殊而无限的意味。”[①]由是观之,新闻与文学在语言表述、情感表达、叙事方式、意义呈现等方面都具有极大的关联性。朱光潜先生曾将文学作品分为“言情”“说理”“叙事”和“绘态”四种。老报人赵超构先生则直言:“新闻写作除了必须遵守新闻报道的特殊规格之外,也不能脱离情、理、事、态四个方面。”[②]换言之,文学对于新闻文体的渗透与影响是全方位的。当然,由于文学范围广博,流派与技法众多,我们很难像“宣传范式”和“专业范式”那样,清晰地归纳出“文学范式”的基本特征与方法,只能从文学因素介入新闻文体的方式与路径维度来探寻“文学范式”的内涵。

① 童庆炳:《文学理论教程(修订二版)》,高等教育出版社2004年版,第55—56页。

② 赵超构:《赵超构文集(第六卷)》,文汇出版社1999年版,第562—563页。

一、方法征用:“新闻文体文学范式”的呈现路径

显然,新闻与文学有着不可逾越的鸿沟,“文学作为虚构文本,可以‘合法’地把读者带到事发现场,让读者‘亲眼目睹’。而新闻报道却必须回答:‘谁在看?’‘这是谁看见的?’或者,‘这是谁说的’”①。因此,新闻文体的一般性原则要求记者追求真实、全面、客观、公正,采用叙述的方式直陈其事,但是这并不排除新闻征用文学的各种修辞手法、表达方式的可能性和可行性。从这个意义上说,“新闻写作是文学体裁应无疑义,也可说是文学的特殊类型或文本”②。中国文化传统讲究文以载道,加之新闻报道的宣传功能和可读性诉求等因素,中国记者常常会运用文学的创作手法(尤其是描写、抒情、议论等表达方式)介入新闻叙事,以强化传播效果、增强新闻作品的感染力和表现力。樊凡先生就曾对此做过深入的阐释——“反观中国的新闻叙事,则是讲究抒情的,事实被作为载体,载着意义,也载着情感,强调抒情性细节。……中国的记者总是情感充沛,尽管感情受到客观事实的压抑,但它总能够通过事件、人物以及记者本身顽强地表现出来,因而中国新闻作品的抒情意味要多一些,记者们常常为新闻事件所感动,强调‘记者感动了,读者才会感动’。”③此外,文学作品尤其是叙事散文、小说中对于人物与事件的刻画、场景的渲染、矛盾冲突的构建、情节的推进、语言的锤炼等方法,

---

① 马少华:《新闻报道要有自己的叙事规范》,《新闻与写作》,2013 年第 12 期。

② 转引自臧国仁、蔡琰:《叙事传播:故事/人文观点》,台湾五南图书出版股份有限公司 2017 年版,第 92 页。

③ 樊凡:《中西新闻比较论》,武汉出版社 1994 年版,第 26—27 页。

都对新闻文体产生了巨大影响。当这些方法构成了某一新闻作品的核心方法时,我们即可以将这一作品归入新闻文体的“文学范式”范畴之内。譬如下面这篇报道——

欢迎“孕妇”来,不舞彩旗; 喜送“母子”去,不敲锣鼓 这段青藏铁路又成“无人区” 请过路吧 亲爱的藏羚羊	评析
	采用复合式标题形式,引题直接运用文学中常见的拟人和对仗两种修辞手法,充满表现力。
昨晚,约有500只藏羚羊带着刚满月的儿女们,通过可可西里青藏铁路建设工地,向黄河源头的扎陵湖、鄂陵湖迁徙。	直叙式导语交代核心事实,同时,“带着刚满月的儿女们”的表述,则再次调用了拟人手法。
为不惊扰这些可爱的精灵,可可西里至五道梁一线,铁路夜间停止施工,拔走彩旗,灯光休眠,机器熄火;作为高原生命线的青藏公路,过往车辆在夜间停驶3个小时。这里又呈现一种远古洪荒的宁静,只有高原的夜风为这群母子结成的队伍送行。	第二段直接陈述事实,将藏羚羊比喻为“可爱的精灵”,“停止”“拔走”“休眠”“熄火”“停驶”一系列的动作描写,细致展示了人们为藏羚羊迁徙所采取的种种措施。最后一句采用拟人手法,表现藏羚羊在安全的环境和宁静的气氛之中进行迁徙,突出人类的善意与动物保护意识。
潜伏下来的观察哨称:跨越铁路线,母藏羚羊若无其事,像跨过自己家的门坎一样;小羊羔紧依着母羊,流露出一种莫名其妙的惊喜。	第三段使用拟人和比喻的修辞,借助“观察哨”的间接引语,用白描的手法,显示了藏羚羊迁徙时的安详状态,从而呼应上文,突出新闻主题。
每年6至8月,藏羚羊集结成群,长途跋涉,前往可可	第四段为新闻背景,交代了藏羚羊迁徙产崽的相关知识,暗示保护它

续 表

西里腹地的卓乃湖、太阳湖一带产崽,去完成一年一度的延续种群的历史使命。小羔羊满月后,再由母羊呵护着返回原栖息地。	们安全迁徙的意义。
今年6月20日前后,两万多只雌性藏羚羊北上产崽,铁路夜间停止施工10天,为它们开辟通道。一个多月里,两万只小羔羊诞生在那块神秘的"天然产床"上。估计,从8月4日到8月15日,将有4万只大小藏羚羊跨过铁路安然回迁。	第五段为新闻背景,客观陈述铁路夜间停工为藏羚羊迁徙开辟通道的事实,同时,用数据说话,展示这一做法的实际效果。"天然产床"使用了比喻修辞,"安然回迁"运用了拟人手法,使报道更加形象生动。
藏羚羊是国家一级保护动物,有"羊绒之王"之称,因此,也带来杀身之祸。近10多年,偷猎者大量涌入,每年有上万只藏羚羊遭到捕杀。1994年,保护区工委书记索南达杰,为保护藏羚羊,在太阳湖与18名偷猎者搏斗壮烈牺牲。	第六段为新闻背景,提供了三个信息:(1)藏羚羊的价值;(2)近10多年来藏羚羊被大量捕杀;(3)索南达杰为保护藏羚羊牺牲。以此来映衬新闻主题,并为下文展开铺垫。
青藏铁路开工后,环保理念渗透到建设者的血脉之中,青藏高原成为他们心目中的环保圣地。他们精心爱护每寸绿草,善待每一种动物。一	第七段以"青藏铁路开工后"作为过渡,记者运用"跳笔","精心"与"善待"流露出记者的主观情感,并将报道视点聚焦到铁路建设者的环保理念与行为。"圣地"运用了比喻修辞

续 表

年来,他们将五只失去母爱的小藏羚羊送到自然保护区机关,可爱的小宝贝得到妥善的保护。在他们的精神昭示下,没有一只藏羚羊在捕杀的枪声里倒下。	手法,同时,提供的两处数据也展示了当地环境保护的成绩。
这块拥有野生动物230多种,国家重点保护的一、二级动物有20多种的土地,正在恢复野生动物天堂的动人景象。	第八段承上启下,既交代了青藏高原的背景情况,也开启下文,总领最后两段。
可可西里自然保护区党委书记才嘎说,铁路建设的一年间,藏羚羊增添了两万多只,到铁路建成之日,将由现在的7万只增至15万只。	第九段使用权威信源的间接引语,用数据说话,从侧面彰显修建铁路的同时,也妥善地保护了藏羚羊,呼应上文“正在恢复野生动物天堂的动人景象”。
据悉:青藏铁路在设计中专门设立了动物通道。铁路建成后,不影响野生动物正常生活和自由迁徙。 (《中国铁道建筑报》,2002-08-17)	结尾承接上文,提供新的事实,进一步凸显报道的主题。

本篇属于典型的正面报道范畴,如果按照传统写法,记者往往会选择采访铁路建设部门领导、当地党政领导等,并以此展现人们为保护藏羚羊所采取的种种措施和取得的优异成绩。这样的报道势必不够形象,难以生动。本篇报道的最大特色即在于,记者以藏羚羊为主体,截取藏羚羊迁徙这一场景,大量运用文学

化表达,综合调用了比喻、拟人、对仗三种修辞手法,这种新闻的视觉化呈现也切实增强了报道的可读性。同时,本篇报道依然恪守新闻文体的基本规范:提供了多段新闻背景凸显新闻事实的意义,客观陈述具体事实和数据,适度地流露记者情感,呈现出新闻文体中“文学范式”独特的传播效果。可见,新闻对于文学手法的“调用”,是在坚持新闻文体规范基础上的一种主动的“挪用”与“借鉴”。诚如有学者指出的那样,新闻与文学之间的张力实质构成了新闻报道活动机制的“互补结构”,藉此可以增强新闻对于现实生活的表现力和认识深度——

> 新闻向文学吸取和借鉴,引进某些作家智慧和文学表现方法,目的是为了加强和丰富新闻报道活动感知生活、认识生活和表现生活的能力,提高新闻报道的水平,而不是要使新闻向文学靠拢,或者要使新闻“文学化”。出于这种需要,新闻向文学吸取和借鉴,是有条件的、有限度的,是在遵循新闻报道的基本规律的前提下进行的……新闻是在保持对生活事实的报道必须绝对真实的前提下,吸取文学对生活具体、精细、生动描绘的特长和方法,因而文学的特长和方法是在舍弃了想象和虚构成分进入互补结构中的;新闻是在保持对生活的新情况、新事物必须迅速及时报道的前提下,吸取和借鉴文学对社会人生精细探索和反映的特长和方法,因而文学的特长和方法是在发挥对生活中新事物的敏感,舍弃了从容描述过时了的生活的历史探索成分进入这个互补结构中的。①

---

① 吴肇荣:《中国现代作家型记者》,武汉大学出版社1987年版,第16—17页。

二、“杂交文体”:新闻与文学的交融与互动

“文学范式”另一个显著特征则体现在新闻与文学文体“熔于一炉”所形成的“杂交文体”之中。诸如散文式新闻、特写、报告文学、大特写、非虚构写作等,这些杂交文体兼具新闻与文学的特点,取长补短,力求在新闻文体的框架内,以文学的方式超越新闻文体的某些局限,继而达到更具表现力的传播效果,展现新闻的审美意蕴。以特写为例,其作为杂交文体的优势就在于此。2014 年版的《新闻传播学大辞典》对特写的特征做了如是描述:“以描写为主要表现手段,对能反映人和事本质、特点的某个细节或片段,作形象化的‘放大’和‘再现’处理的一种新闻体裁。既不同于一般的新闻报道,也不同于文学作品,而是二者的融合,即在保证事实真实的基础上,尽可能采用文学的表现手法。能使新闻事实成为可视形象,能给读者以强烈的情感刺激与艺术享受。”①换言之,特写是对新闻场景、片段的一种“再现”,其手段往往是文学化的,“文学作品和其他文种的一个重大区别就在于细节描写,在一定意义上说,没有细节就不成为文学作品。新闻特写就吸收了文学的细节描写的优点。”②由此可见,特写的特质就是通过这种形象化聚焦,凸显新闻的表现力和传播效果。例如下面这篇获得 1982 年中国好新闻评选一等奖的新闻特写——

① 童兵、陈绚:《新闻传播学大辞典》,中国大百科全书出版社 2014 年版,第 311 页。

② 李良荣:《中国报纸文体发展概要》,福建人民出版社 2002 年版,第 65—66 页。

“飞天” 凌空 ——跳水姑娘吕伟夺魁记	评析
她站在10米高台的前沿,沉静自若,风度优雅。白云似在她的头顶飘浮,飞鸟掠过她的身旁。这是达卡多拉游泳场的8 000名观众一齐翘首而望,屏声敛息的一刹那。	导语直接以场景描写切入,两个形容词展现了吕伟的自信,“白云”“飞鸟”的描写,更多映衬她所处位置之高。最后一句交代地点、场馆规模和观众表情,显示比赛的扣人心弦。
轻舒双臂,向上高举,只见吕伟轻轻一蹬,就向空中飞去。有一瞬间,她那修长美妙的身体犹如被空气托住了,衬着蓝天白云,酷似郭煌壁画中凌空翔舞的“飞天”。	第二段首句细致描绘了运动员的四个动作。第二句则运用了夸张和比喻两种修辞,“飞天”的意象的引入,生动地展现了主人公动作的轻灵与优美。
紧接着,是向前翻腾一周半,同时伴随着旋风般的空中转体三周,动作疾如流星,又潇洒自如,一秒七的时间对她似乎特别慷慨,让她从容不迫地展示身体优美的线条:从前伸的手指,一直延续到绷直的足尖。	第三段使用了两处比喻呈现了运动员在空中的动作凌厉与自如,“似乎特别慷慨”则暗含了记者观感,最后一句显示了记者观察的细致入微。
还没等观众从眼花缭乱中反应过来,她已经又展开身体,笔直得象轻盈的箭,“哧”地插进碧波之中,几股白色的气泡拥抱了这位自天而降的“仙女”,四面水花悄然不惊。	第四段再次运用两处比喻,“轻盈的箭”表现她动作的标准与迅疾,“仙女”既体现她动作的优雅,又呼应了“飞天”的意象。“水花悄然不惊”是一种拟人的修辞,反衬吕伟的专业。

续　表

“妙！妙极了!”站在我们旁边的一名外国记者跳了起来,这时,整个游泳场都沸腾了,如梦初醒的观众用震耳欲聋的掌声和欢呼声,来向他们喜爱的运动员表达澎湃的激情。 吕伟精彩的表演,将游泳场的气氛推向了高潮。她的这个动作五一三六,从裁判手里得到了九点五分。 这位年方十六的中国姑娘,赢得了金牌。 她的娇小苗条的女伴、十七岁的周继红,以接近的分数赢得了银牌。 当一个印度观众了解到这两个姑娘是中国跳水集训队中最年轻的新秀时,惊讶不已。他说:“了不起,你们中国的人才太多了!” (《光明日报》,1982-11-25)	第五段通过一个直接引语、一个“跳”的动作、一处夸张的修辞,完成了场景的转换,将“镜头”由运动员转向观众。“如梦初醒”是一种比喻,“震耳欲聋”则是一种夸张,都凸显了观众被吕伟标准、优美动作所折服。 第六段用“精彩的表演”来定义吕伟的比赛,同样是记者的一种评价。后一句则陈述事实,以事实来佐证记者的观点。 倒数二、三段提供了两个新闻事实,前者承接上文,后者自然过渡。二者共同引出最后一段,用印度观众充满赞美的直接引语收束全文。

这篇只有500多字的新闻特写,主要基于记者的现场观察,描述了运动员吕伟在跳水比赛中从站立、起跳、空中翻腾到入水的全过程,报道犹如电影的分镜头,移步换景,记者不断变换观测点,以吸引读者的关注,让人如临其境、如见其人。一方面,诸

如比喻、夸张、拟人等文学修辞手法的多处调用,形容词、副词以及成语等文学表达的多处使用,加之记者观感的不断外显,都显示了文学文体的基本特征:“带有文学性的表达,其语言是新的,不落窠臼的,而且是更加准确、栩栩如生的,甚至带有审美层面的效果。”[①]另一方面,信源与直接引语的使用、新闻事实的客观陈述,又显示了新闻文体的基本写法。可以说,本篇特写比较充分地诠释了“文学范式”视域下杂交文体的特质与优势,也正是因为在写作方面的出色表现,这篇特写被收入“人教版”八年级上册语文课本,成为中学语文教学的一篇“范文”。

三、从“散文模式”到“故事模式”:“文学范式”的模式再造

(一)“散文模式”

散文具有广义和狭义之分。广义的散文既包括诗歌以外的一切文学作品。狭义的散文即文学意义上的散文,是指与诗歌、小说、戏剧等并列的一种文学样式,包括抒情散文、叙事散文、杂文和游记等。文学散文是一种“题材广泛、结构灵活,注重抒写真实感受、境遇的文学体裁”[②]。新闻之所以能与散文结缘,既有历史原因,也由于两种文体具有内在的关联因素。一方面,散文历史上就与新闻、报刊有着不解之缘。陈平原先生就曾指出:“二十世纪中国的散文,绝大部分首先作为报刊文章而流通,而后才结集出版。这种生产方式,不能不影响其文章的体式与风格。时评、杂感、通讯、游记等不用说,就连空灵潇洒的小品也不例外。”[③]换言之,当代

---

① 南方周末:《南方周末写作课》,中信出版社 2021 年版,第 157 页。

② 童庆炳:《文学理论教程(修订二版)》,高等教育出版社 2004 年版,第 202 页。

③ 陈平原:《中国散文小说史》,上海人民出版社 2004 年版,第 193 页。

散文的题材与写法几乎都"落定"在报刊之中，体现了散文与新闻文体存在内在的关联性。另一方面，对新闻文体实践而言，散文的诸多文体特征具有广阔的借鉴意义。"比起其他的文学体裁，散文是最自由的。题材、主题、形式、写法、规模等等，几乎没有什么限制。"可以说，散文在内涵和外延上有着丰富多样的突出特点："为散文作者提供了挥洒自如、独立创造的最广阔的艺术天地。同时，它的开阔、自由、灵便也为散文作者反映社会生活和人的思维方式创造了最大的可能性。"①基于此，"文学范式"的"散文模式"主要表现为新闻文体从结构到写法对于散文的借鉴与改造，并形成了两种基本形式。

第一，在新闻报道中借鉴散文自由而不拘一格的笔法，抒写景物和抒发记者的真实感受，以增强新闻的表现力。例如，1982 年 3 月 15 日，知名记者范敬宜在《辽宁日报》发表的新闻名篇《两家子公社干部开始睡上安稳觉　夜无电话声　早无堵门人》，其结尾就采用了这种散文笔法。

> 四日深夜，记者步出敞开的公社大门，遥望沐浴在银白色月光下的远近村庄，显得分外安谧，不禁遐想联翩，成诗一首：
>
> 劫后灾痕何处寻？
>
> 月光如水照新村，
>
> 只因仓廪渐丰实，
>
> 夜半不闻犬吠声。

这篇报道主要通过记者观察，展现了新时期农村实行包干到户责任制后，社会风气明显好转的新图景："形式主义现象大

---

① 袁勇麟：《当代汉语散文流变论》，上海三联书店 2002 年版，第 20 页。

大减少,民事纠纷和家庭纠纷越来越少。”整体事实叙述完毕,记者随即转入对村庄景色的白描,“遥望沐浴在银白色月光下的远近村庄”,接着由景及情,情景交融,自然代入的个人感受“分外安谧”,也促发了个人诗兴,创作一首诗收束全篇,借诗言志,表达出记者当时当刻的真情实感。如果说报道的前半段体现出记者见微知著的新闻发现力,那么,后半段散文笔法的介入,则在增强新闻可读性的同时,也大大升华了新闻主题,契合了当时政治宣传的需要。有鉴于此,1982 年 3 月 21 日《人民日报》在其二版全文转载了这篇报道。

第二,借鉴散文“形散而神不散”的结构特征,以生动活泼的结构方式突破新闻文体传统结构规则,尤其是为了因应“程式化”“模式化”“公式化”的新闻文体弊端,“其组织材料、展开材料的方法,多在主题神韵之统帅下,有如情之所至、文之所需、势之所趋的‘行云流水’,不拘一格”[①],从而丰富了新闻报道的样态和表现形式。例如下面这篇获得了 1984 年全国好新闻评选一等奖的作品——

北京人争赏香山红叶	评析
中国新闻社北京 10 月 25 日电 尽管香山这座山林公园距离北京将近 60 华里(编者注:30 公里),交通并不方便,但是当习习金风将它的层林尽染之后,连日来几十万游人涌向这里,一睹香山红叶为快。	概述式导语,开门见山,交代几十万人之所以涌向香山,是为了赏香山红叶。“习习金风将它层林尽染”这一充满诗意的表达,为读者呈现了一帧具有视觉美感的画面。

① 张慧仁:《现代新闻写作学》,四川人民出版社 2001 年版,第 289 页。

续　表

香山公园在本月21日(礼拜天)出现100 328人登山观赏红叶的盛况。据公园管理处有关人士介绍,这是有史以来第一次日游园量突破10万大关。香炉峰的吊椅式游览索道这一天接待了它自1982年运营以来最多的乘客,直到晚上8点20分还在忙碌地把最后几批乘客送下山。……	第二段进一步提供了一组新闻事实:21日这一天,香山公园首次突破10万大关,香炉峰索道自1982年运营以来(此为新闻背景)接待乘客最多。
香山红叶种类很多,常见的有枫、柿、槭树等,但构成蔚然胜景的却是大面积的黄栌。这种树在中国原产河南、山东、四川等省,其叶呈现椭圆形,经霜后比枫叶更艳丽。香山黄栌传说是清朝乾隆年间移植来的,当初不过是一小片树林,日久天长逐渐繁衍成现在的近800亩黄栌树带。	第三段穿插了一段关于香山红叶种类、产地、特点和历史的知识背景,记者娓娓道来,切实地拓展了报道的信息量。
今年香山红叶比往年红得早,10月11日一夜小雨过后,南山的9.5万多株黄栌即开始染红。据园艺工人说,如果近期内没有大风或寒流,红叶胜景还可以持续一周左右。这几天,男女老少到香山秋游的势头丝毫未衰,每天平均	第四段前两句话介绍今年香山红叶的现状和趋势。第三句是对游人规模的叙述,第四句是对第三句的佐证。结尾处,“只见”“车铃声清脆”“奔去”客观呈现了记者的所见所闻,也为读者描摹了一幅动人的秋游图。

续 表

3万到4万人。首都汽车公司加开了六、七路专线游览巴士,各单位也纷纷出车拉客,仍然满足不了需要。最方便的交通工具要数脚踏车,只见郊区公路上,车铃声清脆,青年人骑着车向香山奔去。 **(中新社,1984-10-25)**	

本篇消息突破了倒金字塔结构,借鉴叙事散文的结构和笔法,新闻事实、记者见闻与新闻背景相得益彰,简洁的叙述辅之以明快的白描,充满画面感的文字表达,生动诠释了散文式风格新闻作品的基本特质——“不要误以为只有那装点风景画的文字才是散文式的,只要自如地抒发作者感怀、‘形散神不散’的文本都是散文化的。”①诚如这篇报道的记者、原中新社北京分社社长徐泓女士所阐释的那样:“你看到了香山红叶之后,肯定在你眼睛里会有一种色彩的感觉,会有一种意境的感觉,你写的时候,就自然会把这种色彩和意境,某种情绪的东西融进去,所以这个消息写的时候很舒服,肯定会脱开传统的笔法去写。”②

(二)“故事模式”

作家兼学者的王安忆曾充满洞见地阐释文学的任务:“现实世界因为缺乏形式,无法将潜在的意义呈现出来,而文学则可

① 王春泉:《武装的眼睛:现代新闻报道形式及写作》,安徽人民出版社2008年版,第301页。

② 徐泓:《在“游学”中成长》,载李彬、常江:《新闻人生——名记者清华演讲选》,清华大学出版社2009年版,第187页。

能赋予现实形式,这也就是文学的任务。"[①]"故事"正是文学创造的一个重要形式。"文学传统在新闻界根深蒂固,它鼓励记者撰写精彩的故事,而不是四平八稳的客观报道,要求文采飞扬、感人至深。"[②]"故事模式"显示的正是"文学范式"的基本旨趣。所谓故事是指"按实际时间、因果关系排列的事件"[③]。透过故事,我们得以认知外在于自我的世界,得以感知他人的情感与经验,得以建构对于自我的想象与定位。"人类的经验传承就是由故事开始的。我们成长的过程与故事相伴,我们的灵魂也是故事来参与塑造的,无论是虚构故事,还是非虚构故事。"[④]美国"揭丑"运动先驱、著名调查记者林肯·斯蒂芬斯就曾建议记者:"获得尽量完整的新闻并人性化地报道它,这样读者会在这个家伙的故事中看到他自己。"[⑤]一言以蔽之,故事串联了自我、他人与社会。新闻与故事的内在关联性在实践中一直都存在,但真正作为学术问题进入新闻界,始于 20 世纪 80 年代末期。其时,西方新闻学领域提出"新闻即故事"(News as storytelling)的观点,并由此展开激烈的学术讨论。1988 年,人类学家柏德(Bird)和达丹尼(Dardenne)将新闻领域与历史、人类学相互比较之后,发现三者都需面临"真实"(reality)为何以及如何适当地表述这些"真实"的问题,由此他们得出结论:"新闻之功能除客观地报道真相之外,更也在结合分散四处且彼此

---

① 王安忆:《小说课堂》,商务印书馆 2012 年版,第 128 页。

② [美] 迈克尔·舒德森:《发掘新闻:美国报业的社会史》,陈昌凤等译,北京大学出版社 2009 年版,第 170 页。

③ 申丹:《叙述学与小说文体学研究》,北京大学出版社 1998 年版,第 14 页。

④ 南方周末:《南方周末写作课》,中信出版社 2021 年版,第 190 页。

⑤ [美] 约翰·C. 哈索克:《美国文学新闻史:一种现代叙事形式的兴起》,李梅译,复旦大学出版社 2019 年版,第 74 页。

无所连结之社会事件,进而产生如前述‘神话’或‘民间轶事’般的仪式作用,甚至具有文化、教育、传播功能而能协助社会大众判断文化价值内涵之好与坏、对与错、美与丑,而此些相关议题即是叙事研究最常关注之对象。”①从这个意义上说,所谓“故事模式”就是指记者将新闻事件按照一定的逻辑和顺序组织起来,并运用讲故事的方式予以呈现的过程和结果。它导源并根植于“文学范式”,并在“宣传范式”和“专业范式”中不断“旅行”。藉此,“故事”成为勾连三大文体“范式”的一个重要因素和关键概念,“故事模式”遂共生于三大文体“范式”之中,这同时也构成了当代中国新闻文体发展进程中的一个显著特点。

文学“范式”中的“故事模式”着意于文学意义上的“再现”,强调运用一切适宜的文学表现技巧来叙事写人、呈现新闻,大体受到三方面影响:

第一,中国民间文学尤其是叙事文学、传记文学的传统。中国文学传统中的叙事文学、传记文学传统源自《左传》与《史记》,诚如章学诚先生所言“记事出于左氏,记人原于史迁”②。“新闻文体文学范式”中的“故事模式”则深受这些文学传统的影响。从文体学视域出发:“文学传统对文体的影响比时代、民族、阶级因素对文体的影响更直接、更明显”,并且“作为一种遗传般的基因已深深地积淀于作家的心中”。③ 例如,就“叙事传

① 转引自臧国仁、蔡琰:《叙事传播:故事/人文观点》,台湾五南图书出版股份有限公司2017年版,第7—8页。

② 陈平原:《中国散文小说史》,上海人民出版社2004年版,第35页。

③ 童庆炳:《文体与文体的创造》,云南人民出版社1994年版,第193—195页。

统”而言,“叙事作品的对象是事件——人物行为及其后果——这一点是古今叙事作品的共同特征”,因此叙事文学、传记文学的“故事模式”使用的都是“叙述语体”,亦即其语言体式的叙事性。①

第二,20 世纪 40 年代中共领导的解放区“故事式通讯”的传统。根据李良荣先生考证:“解放区报纸上的通讯采取故事形式。大多数集中写一个新闻事件,有头有尾,有情节,有人物活动,在情节展开过程中表现人物。”②因此,虽然这种“故事模式”的出发点和归宿点都更多指向“宣传范式”,但其讲故事的方式与技巧却基本借鉴于“文学范式”。

总体看,新中国成立初期的报告文学即显示出对上述两个传统的继承与发展。

第三,20 世纪 60 年代兴起于美国的“新新闻主义”潮流。与传统新闻写作相比,“新新闻主义”的核心是用小说的笔法写新闻,其写作技巧主要包含五个方面:(1)加强景物描写,常常十分细腻逼真地描摹新闻事件发生的环境;(2)加强人物对话的成分,有意识地、不加删节加工地使用“原汁原味”的人物语言,并以这种丰富的(不惮流于粗俗的)语言刻画人物性格;(3)打破把事实和观点分开的陈规,以饱含作者主观情感的笔触叙事写人;(4)借用意识流小说常用的写作技巧“内心独白”,用来表现人物隐秘的心理过程,揭示人物行为的深层动因;(5)独创了新闻体裁中的“合成人物”,即萃取各类人的特点,

① 童庆炳:《文体与文体的创造》,云南人民出版社 1994 年版,第 134—135 页。

② 李良荣:《中国报纸文体发展概要》,福建人民出版社 2002 年版,第 112—113 页。

"合成"一个并不实有其人的虚构人物,使这一人物具有更大的社会概括力。①

显然,"新新闻主义"实质是运用文学(尤其是小说)的技法,高扬人的主体性旗帜,突破以客观性理念为核心的新闻文体"范式"。当然,"新新闻主义"对于新闻传统近乎全盘否定,尤其在实践中对于新闻真实性的背离,导致其仅仅持续了十年即告终结。"新新闻学在反传统、反权威时选择了极端的方式,在很多地方都显得单薄、脆弱,一旦反击的力量横扫而来,新新闻学便不堪一击地退缩到历史的角落里,从此一蹶不振。"②但是,"新新闻主义"对于"故事"的青睐,对于文学表现手法的灵活运用,都对新闻文体产生了深远影响。"所谓的'新新闻'或其批评者所称的'准新闻'与主要的新闻机构平行发展,并与时代的影响结合在一起,仅仅微妙而逐步地影响后者。"③1978 年普利策新闻奖设置的"特稿写作奖"(Feature Writing)就是对"新新闻主义"合理成分的继承与开拓,这也符合文体学的基本理路:"一种文类作为固定形式复合体的消亡并不等于所有形式要素的消亡,文类是多种形式特征的集合系统,文类的消亡只是这个系统质的消解而不是形式要素的消失;相反,形式要素常常被转移到另外的文类中参与了新文类的文体建构。"④20 世纪 80 年代以后,我国新闻界相继出现的大特写、新闻特稿以及非虚构写

---

① 王雄:《论"新新闻学"与"新闻文学"》,《南京大学学报(哲学·人文科学·社会科学版)》,2000 年第 4 期。

② 芮必峰:《论新新闻学》,《潍坊学院学报》,2002 年第 1 期。

③ [美]莫里斯·迪克斯坦:《伊甸园之门:六十年代的美国文化》,方晓光译,译林出版社 2007 年版,第 141 页。

④ 陶东风:《文体演变及其文化意味》,云南人民出版社 1994 年版,第 83 页。

作基本也都受到这一思潮的影响。例如,1997 年,《北京青年报·青年周末》“人在旅途”版开设的“口述实录”栏目,以采访报道当代人情感故事为主要内容,刊登了大量都市故事,一纸风行十余年。[①] 在 2019—2022 年的新冠肺炎疫情期间,“口述实录体新闻”再次被《人民日报》《中国青年报》、财新传媒、澎湃新闻等专业媒体以及一大批社交媒体所征用,大量刊发普通公众的口述“故事”,为处于疫情中的人们提供了情绪宣泄和情感共鸣的渠道。

“宣传范式”使用“故事模式”的首要前提是为政治宣传服务,胡乔木对此曾有明确论述,他要求“用夹叙夹议的办法把故事、议论结合起来”:

> 用夹叙夹议的写法,是我们的一条道路,是一个很重要的问题。……要写出生动的文章,主要是把故事、议论结合起来。说故事,又要提纲挈领地提出原则问题。不是把原则问题暗含里面,而是明确地提出来。写得好,这样也不会枯燥。评论也要有故事。要有故事、有俏皮话、有议论,把这些融化在一起,议论风生,使人看不出豆腐里面有骨头。当然,这样做起来是不容易的。[②]

按照胡乔木的说法,新闻传媒的任务不是讲故事,因为故事只是为了实现新闻传媒根本任务的一种手段。“讲故事”的目

---

① 该栏目记者安顿后来将这些报道结集,出版了“当代中国人情感口述实录”系列畅销书,包括:《绝对隐私》《回家》《情证今生》《相逢陌生人》《绝无禁忌》《悲欢情缘》《原色》等。

② 胡乔木:《对人民日报工作的意见》,《胡乔木传》编写组:《胡乔木谈新闻出版(修订本)》,人民出版社 2015 年版,第 147 页。

的是为了吸引读者(宣传对象),当然,关键要对故事进行解读和评论,藉此读者才能接受宣传的内容。譬如这篇获得1986年全国好新闻一等奖的报道——

好啊!诚实永存

一位年轻的女售货员昨天来到本报,要求登一则广告,寻找她接待过的一位外国顾客。因她在卖给他酸奶时,少找了钱。

她叫张建华,二十六岁,是北京市东单大街祥泰义食品店的售货员。十一月三日,她错把一张五十元外汇券当成了五元。

“那位顾客看上去是欧美留学生。星期一下午六点左右,他来买酸奶。走后没多久,我就发现钱找错了。”小张说。

“我马上追出去找他,但他已经不见了。我一连两个晚上没睡好,担心我的过失会带来很坏的影响。最后,我决定在《中国日报》上登广告找人。”小张说。

“当时还有许多其他顾客,而且这也是我头一回见到外汇券。”她解释说。

虽然她每月的工资只有五十一元(约合13.8美元),但对于高于她工资两倍的广告费,这位妇女似乎并没有被吓倒。

广告部工作人员问她为什么不找她自己的单位报销广告费。她说:“因为这是我自己的过错。”

《中国日报》给她的广告(见本报今天第八版)以特殊优惠。商店领导得知此事后,决定给她经济补助。

(《中国日报》,1986-11-08)

这篇报道即运用“讲故事”的方式,向读者传递了社会主义道德的新风尚。标题直接点明主旨,正文言简意赅,只有397个字,被分为八段,其中四段运用了直接引语,第六段以对比方式呈现其行为的价值,结尾则客观陈述事实,既表扬了《中国日报》和姑娘的单位,也强调了主人公行为的社会价值得到了大家认同,由此凸显这种精神的时代共性和社会风气。基于这样的设置,故事圆满地实现了既定的“宣传价值”。

按照叙事学的划分,故事中一般会有两类事件:第一类事件的作用是推动故事情节的发展,第二类事件的作用是塑造生动的形象。[①] 以此类比,《好啊! 诚实永存》即属于第二类,而获得第29届中国新闻奖三等奖的通讯《没有风挡玻璃的飞行——川航3U8633航班紧急备降记》[②]则偏重于第一类。这篇报道运用了细节、场景、引语等“故事模式”的常用方式,全景式再现了“川航3U8633航班紧急备降”这一新闻事件的全过程。报道第一部分仅用五段文字即开启了一段惊心动魄的故事——

“砰”一声　驾驶舱右边玻璃碎了

5月14日,川航3U8633航班在执行重庆—拉萨飞行任务时,于6时26分,由重庆江北机场起飞。西南空管部门的信息记录显示,6时42分,该机进入成都区域,管制员雷达识别并建立双向通信,当时飞机的飞行高度为9 800米。

① 童庆炳:《文学理论教程(修订二版)》,高等教育出版社2004年版,第244页。

② 郝蒙:《没有风挡玻璃的飞行——川航3U8633航班紧急备降记》,《中国民航报》,2018年5月18日。

> 北京时间7时08分,“砰”的一声,坐在驾驶舱左侧的责任机长刘传健和副驾驶徐瑞辰同时发现驾驶舱右边玻璃碎了。这时候,驾驶舱的仪表盘上开始闪烁着各种各样的预警信息。
>
> 刘传健来不及与徐瑞辰沟通,抓起话筒向地面管制部门发出“风挡裂了,我们决定备降成都”的信息。同时,刘传健弯曲右手食指,给徐瑞辰做了一个“7”的手势,意思是让他发出一个A7700遇险的信号。话音未落,一秒钟不到,驾驶舱的玻璃就被全部吸出窗外。
>
> 破碎的玻璃向外四散,徐瑞辰不幸被玻璃碎片划伤面部和手。因为舱内外的压力差,系紧了安全带的徐瑞辰的半个身体依然被吸出舱外。这时,外面的风瞬间灌入驾驶舱,控制着自动驾驶的FCU(飞行控制组件)面板也被吹翻,导致许多飞行仪表不能正常使用,整架飞机开始剧烈抖动,情况十分危急。
>
> 刘传健用左手努力握着操纵杆,尽力维持飞机的姿态,右手别扭地去拿位于左侧的氧气面罩。那一瞬间,他觉得全世界都安静了,感觉不到寒冷,听不见风声,来不及意识到缺氧窒息,就好像世界都静止了。刘传健被一种压力推着,整个人靠在座位上。

这五段文字生动再现事故现场的声音、动作等诸多细节,行文逻辑严密,画面感极强。第二段中“‘砰’的一声”“驾驶舱右边玻璃碎了”“仪表盘上开始闪烁着各种各样的预警信息”,第三段中“话音未落,一秒钟不到,驾驶舱的玻璃就被全部吸出窗外”,第四段中“破碎的玻璃向外四散,徐瑞辰不幸被玻璃碎片划伤面部和手”“徐瑞辰的半个身体依然被吸出舱外”“外面的风瞬间灌入驾驶舱”“面板也被吹翻”“整架飞机开始剧烈抖动”,第五段中“全世界都安静了”“好像世界都静止了”……这些表达动静结合,扣人心弦,给人以强烈的紧张感与现场感,由此也对后续机组成功迫降的新闻核心事实形成铺垫,从而突出了新闻主题:弘扬平凡岗位上劳动者的高超的技术水平、职业素养和非凡的英雄精神。基于此,2019 年,以这一新闻事件为原型改编的电影《中国机长》也作为国庆 70 周年的献礼影片在全国公映。可见,“宣传范式”征用的“故事模式”,更多是将其视为一种实现宣传目标的有效手段。因为在“宣传范式”的视域中,“用什么样的方式(视角)报道新闻是一种态度,选择什么样的故事做报道,背后是观念。……优秀的新闻作品的追求不仅是真实事件的震撼,还有事实之后思想力的震撼,追求思想的力量”①。

“专业范式”也常常调用“故事模式”的理念与方法。“新闻不但报道社会事件的真相,也如一般说故事形式在文本中安排事件之人物角色、情节时序、轻重缓急等,甚至仿用村上春树的小说写作语言,而常将纯净新闻‘写得像言情小说一样的美’。”②那么,“故事模式”何以能够存在于“专业范式”之中?舒德森指出,“故事模式”蕴含的是这样一种新闻的叙事观——“将新闻看作集体意义的生产过程的一部分,而非信息传输的过程。它强调新闻过程的社会特征,而非机械

① 费伟伟:《人民日报记者说:好稿是怎样“修炼”成的》,人民日报出版社 2018 年版,第 83—84 页。

② 臧国仁、蔡琰:《叙事传播:故事/人文观点》,台湾五南图书出版股份有限公司 2017 年版,第 93 页。

特征。”①因此,立足于新闻职业维度,“故事模式”的成因即在于:

> 记者的工作要产生意义。仅仅作为事实的清单(即使是历时序列的清单),还不能构成一则故事或新闻故事。作者必须从事实的清单或历时序列出发,建构出一个故事,使读者或观众不仅看到事实的总和,而且要辨识出事实之间的关系。要做到这一点,必须把新闻报道视为一种特定类型的新闻故事,包括简洁的报道或是特写,体育故事或是政治故事,人情味新闻或是突发性新闻。无论含蓄或清晰,作者要学会将事实裁剪成一种具有内在意义的形式。②

简言之,“专业范式”视域中的“故事模式”实质上属于人类文化的重要组成部分,它契合了传播的“仪式观”,强调通过讲故事的方式,呈现新闻事实的意义,凝聚社会共识。诚如《三联生活周刊》主编李鸿谷所言:“讲故事,最重要的技术就是,你要把一个宏观的东西变成一个微观的东西去考察,把一个灾害变成一个个人命运。”③

“专业范式”中的“故事模式”最为常见的文体样态即是源自西方新闻界的“特稿”。由于翻译的问题,长期以来,我国新闻界将“特写”(close-up)与“特稿”(feature)混用,其实从新闻文体层面看,二者区别明显:前者是新闻与文学的杂交文体,旨在用文学笔法描绘新闻的一个片段、场景或人物活动;后者则是

---

① [美]迈克尔·舒德森:《新闻社会学》,徐桂权译,华夏出版社2010年版,第230页。

② 同上书,第213页。

③ 张志安:《记者如何专业:深度报道精英的职业意识与报道策略》,南方日报出版社2007年版,第248页。

一种新闻体裁,西方新闻界将“纯新闻”(straight news)以外的所有新闻文体形式统称为“特稿”,我国新闻界偏向于将特稿视为一种用故事方式呈现新闻的文体。《中国青年报·冰点周刊》创刊主编李大同曾在一次访谈中详细阐释了特稿的文体特征:“一般的新闻写作目的很单纯,就是告知,但特稿给人的不仅是告知,它要审美,要引起你的情感波动,要有阅读上的快感和情绪上的共鸣。因此,特稿的写作要求很高。要让读者看完整版,必须紧紧抓住他。”①2007年,《南方周末》特稿版面广告语则是对特稿特质做出的最好诠释——“追寻文字的美,呈现复杂的真”。② 此后,“故事模式”在中国特稿实践中成为常态。譬如,记录2008年“5·12汶川地震”的那篇著名特稿《回家》③。《中国青年报》记者林天宏在赶往震区的途中,看到一对中年夫妇背着在地震中罹难的儿子的尸体“回家”,通过后续采访,记者讲述了这个感人至深的普通人的故事。稿子发出后,读者反馈强烈,“冰点”当时的负责人对此稿的评价也广为流传,亦即“再广大的悲伤也比不上一个最具体的悲伤”,击中读者内心的正是普通人真实故事背后不普通的生命际遇。

2012年7月21日,北京遭遇特大暴雨。《南都周刊》刊发的特稿《广渠门桥致命3小时》④亦采用了“故事模式”。这篇报道通过普通人丁志健遇难的故事,穿插目击者、救援者的不同声

① 张志安:《记者如何专业:深度报道精英的职业意识与报道策略》,南方日报出版社2007年版,第33页。

② 杨瑞春、张捷:《南方周末特稿手册》,南方日报出版社2012年版,第291页。

③ 林天宏:《回家》,《中国青年报》,2008年5月28日。

④ 徐卓君、李岩、秦筱、蒲思恒:《广渠门桥致命3小时》,《南都周刊》,2012年第29期。

音，突出求救、救援等诸多细节，聚焦“失效的预警”与“瘫痪的排水系统”等现实因素，真实细致地再现了一场自然灾害如何演化为普通人灾难的全过程，使读者在唏嘘主人公命运的同时，更慨叹“时代的每一粒尘埃落到个人身上都是一座大山”，这就是真实故事的力量。其开头三段选择了类似小说的笔法——

站在北京广渠门桥西的人行天桥上向东眺去，你先看到一个大大的下坡，接着，再来一个大大的上坡，一直延伸到天际线的尽头。

V 字形的路面上车流如织，行人在里面跃跃欲试，想抢着红灯过街。路面干爽，司机们按着喇叭，避让着行人，急匆匆冲下坡，急匆匆冲上坡，仿佛 7 月 21 日不曾来过。

当日，在一场被官方称为“北京 61 年来的最大暴雨”中，34 岁的丁志健驶入了市中心的广渠门桥，在 3 米深的积水中被困 3 个小时后，不幸遇难。

2020 年，知名记者安小庆采写的《葬花词、打胶机与情书》则是运用“故事模式”写就的一篇充满温情的特稿——

这是一个几乎称得上完美同时又充满耦合的故事。这又是一个不可复制的故事。它击中了变幻时刻所有人群的心绪和时代的情绪。或许故事只可能发生在这里——发生在吴桂春、东莞图书馆和世界工厂的落脚城市之上。它只能从开放、包容、务实、温暖的物候和土壤中长出，只能在依旧鼓呼和实践公共价值观的行业里被看见。①

① 安小庆：《葬花词、打胶机与情书》，《人物》，2020 年 7 月 20 日。

这些优秀特稿实践表明:新闻价值的判断、公共利益的坚守、故事化的呈现、人文关怀的含蕴以及文采的考究,不仅构成了“专业范式”视域中“故事模式”的基本特质,也显示出新闻文体“专业范式”与“文学范式”之间的互动与交融。

第二节　“散文式新闻”:新闻向文学的“求援”

返观当代新闻文体史,你会发现一个颇有意味的现象:每每新闻遭遇现实困境、发展瓶颈之时,总是会调用文学资源“为我所用”,原本厕身于新闻文体“基因”的“文学”素质与外在于新闻文体的文学因素(理念与方法)被有机勾连,“新闻文体文学范式”遂得以产生。“散文式新闻”则生动地诠释了这一现象。

一、“散文式新闻”:从探索性实践到最终命名的确立

作为与诗歌、小说、戏剧并列的四大文类,散文与新闻文体的渊源深远。文学学者袁勇麟教授就曾指出:“在中国大陆,新时期之前的散文创作,主要继承40年代解放区以记叙为主的纪实性散文和古典散文,前者导致新中国成立初期‘通讯’‘报告’‘特写’盛极一时,后者则促成60年代初期‘诗化散文’的创作热潮。”[1]新闻学者樊凡教授也曾撰文指出:“新闻的母体原是古代散文,大概由于‘遗传基因’的作用,当代散文的文化个性,包括题材广泛、灵活自由、亲切率真、朴实优美、自然深刻、情景交融、

① 袁勇麟:《当代汉语散文流变论》前言,上海三联书店2002年版,第4页。

文理合一等等,对新闻有着很大的吸引力,并不断滋养着新闻的园地。”①作为一种杂交文体,“散文式新闻”并不是一个严谨的学术概念,其“命名”经由从名记者文体实践到最终于新闻职业共同体内达成相对共识的过程,体现了新闻文体对于散文的借鉴与吸纳。

新中国成立初期,由于从革命战争中走出来的党的新闻工作者大多缺乏基本的新闻学知识,多是从实践中不断学习、总结,在继承根据地时代党报的优良传统基础上予以创新。这一时期的新闻工作者大多是1938年参加革命,故被称为“三八式”老记者。诚如《人民日报》前总编辑李庄在其回忆录中展示的那样:“我这类干部当时多是爱好文艺、追求进步的青年,并非新闻‘科班’出身,大概因为文字大体清通,被分配到新闻单位搞工作,完全是摸索着做起来。”②因此,当时很多新闻作品虽然略显稚嫩,甚至不够“专业”,但容纳了多样化的新闻写作方式,其中很多新闻就是按散文模式来写的。尽管其时没有“散文式新闻”的提法,但借助散文等文学笔法写新闻成为“宣传范式”形构过程中的一种“过渡性文体”。我们在第一章分析过的李庄的《“中国人从此站立起来了”——中国人民政协第一届会议特写》(1949年9月22日)、杨刚的《给上海人的一封信——毛主席和我们在一起》(1949年10月6日)等都是其中的典范。应该看到,其时,“专业范式”尚未形成,从革命战争走过来的记者们并无太多新闻专业的意识和新闻写作的基础知识,加之大多记者是文学青

① 樊凡:《新闻散文化的内在动因》,《武汉大学学报(社会科学版)》,1991年第4期。

② 李庄:《李庄文集·散文论文编(下)》,人民日报出版社、宁夏人民出版社2004年版,第64页。

年出身,因此,借鉴散文、转向文学,便成为顺理成章的事。

1956年,“宣传范式”在全国范围内的形构完成,逐渐呈现出“一体独大”的态势,诸如公式化、僵化、缺乏可读性等弊端与问题也日益显露。于是,新闻界开始向文学“求援”,“散文式新闻”遂成为“宣传范式”框架下新闻文体的一种“调适性文体”。请看下面这篇报道——

长江狂风巨浪 大桥车水马龙	评析
	对比式标题,凸显新闻主题。
新华社武汉10月16日电 武汉长江大桥正式通车后的第二天,长江上遇到8级狂风,江面白浪滔滔,武汉市悬起了“风大浪急轮渡停航”的公告牌。但是,长江大桥却接待了南来北往的火车、汽车和络绎不绝的人群。	导语运用白描手法,在展现长江风大浪急以及长江大桥繁忙景象的同时,运用对比,呼应标题,进一步突出主题。
今天的长江江面上,再也不是唐代诗人李白所说的“白浪如山那可渡,狂风愁煞峭帆人”的那番情景了。	第二段引用李白诗句,仅14个字就勾勒出昔日情境,继而展示今昔对比。
从15日晚6时到今晚6时,长江大桥已经通过了11列客车、货车和专车。按照原计划,长江大桥要到10月20日以后才开始通过货运列车。但是今天,长江上的狂风巨浪吹断了连接京汉和粤汉铁路的火车轮渡的缆索,轮渡	第三段在呈现新闻事实的同时,依然采用对比手法,凸显长江大桥的功能与意义。

续 表

码头上马力最强的轮渡——“北京号”,也不能控制自己的航行方向,轮渡不得不在中午停航了。这样,今天下午南来北往的两列货运列车,就破例地提前从长江大桥驶过。这两列货车,给武汉市的一些工厂送来了北方的钢板、南方的枕木,并把南方的大米送到了北方。	
今天,长江大桥公路桥面上,流水般地通过了各种大小车辆,许多车上载着元钢、木材、石油、粮食等货物。据有关管理人员说,武汉地区每天有好几百辆汽车过长江;每逢刮起5级风,或者下大雪大雾,轮渡就要停航,汽车不得不停在那里等着。但是今天,所有的汽车都从长江大桥上飞驰过去了。	第四段第一句使用白描手法,再次强调长江大桥的强大“运力”。第二句使用间接引语,提供新闻背景,与第三句的现实情况形成对比,从而再度凸显主题。
武汉市公共汽车公司新开辟的贯通武汉三镇的线路,从今天破晓开始,以每4分钟一班车的密度,接送上下班的工人、干部和市民。过去要坐轮渡和木船过江的武汉人,今天都从长江大桥上平安地走过。 **(新华社,1957-10-16)**	结尾部分第一句提供新的数据和事实,第二句依然运用对比手法,彰显报道主旨,突出宣传目的。

这是一篇典型的“成就报道”,记者一改直陈其事的传统写法,采用散文式的笔法:多处运用白描手法,既有对长江风大浪急的描写,也有对长江大桥具体运力、功能的展示。本篇报道最显著的特征是采用“具体的对比”手法,从标题、导语到主体,每个部分都选择具体层面进行对比,记者虽未直抒胸臆,但通过事实与背景的对比,凸显了报道主题。可以看到,这种融合了散文特征的新闻文体,已初步展示出其合理性与适用性。

穆青率先看到了这种“调适性文体”的意义,并公开予以肯定和支持。1963 年 1 月,他在《尝试用散文笔法写新闻》一文中首先提出两个问题:“为什么新闻就非受一定的格式束缚不可呢?为什么散文可以有个人的风格,而新闻就只能按照死板的公式去套呢?”围绕这两个问题,他进一步指出,我们的新闻写作可以“充分吸取散文写作中那种自由、活泼、生动、优美、精练的表现手法”。[①] 虽然穆青没有使用“散文式新闻”的提法,但这是新闻界第一次对“用散文笔法写新闻”的明确表述与强调,也是借鉴散文写法帮助新闻写作“脱困”观念的首次阐发。遗憾的是,1966 年“文革”爆发,新闻退回到政治一元化的夹缝中,继而沦为政治的工具,失却了新闻文体的独立性与创新力,文学本身也蜕变成“斗争文学”,“散文式新闻”的尝试旋即中断。

1978 年第三次新闻改革大幕开启,新闻界首先从新闻写作技法、新闻文风等层面切入改革,拨乱反正,成效显著,并逐渐寻找到新闻文体的一些规律性认知,明确认识到“新闻才是报纸的根本”,于是,“写新闻,写好新闻,写短新闻”成为当时新闻改

① 穆青:《尝试用散文笔法写新闻》,载穆青:《穆青论新闻》,新华出版社 2003 年版,第 81—82 页。

革的潮流。1981年，习仲勋提出新闻写作“真、短、快、活、强”的五字方针，其中“活”涉及新闻的呈现方式和文采，给予新闻界相当大的启发与创新动力，此后越来越多的记者开始关注新闻的表现力，尝试写法上的突破。例如下面这篇报道——

大理蝴蝶泉今年出现蝴蝶盛会

本报讯 冷清多年的云南大理的蝴蝶泉，今年出人意料地出现了五彩缤纷的蝶群。农历4月15日，白族一年一度的蝴蝶会，又以名副其实的场面，出现在五万多游客面前。

这几年来，大理连续风调雨顺，气候适宜，这是蝴蝶反减为增的一个重要因素。蝴蝶会前半月，蝴蝶泉畔就开始有蝴蝶来潮。正会这天，古老苍劲的蝶树，花团争艳，芳香诱人，彩蝶闻香而来。大蝶呈白黑色，巴掌般大，小蝶是金黄色，铜钱般大，多达百种。栖树时，簇拥成团，十分奇观。此外，神魔山上、蝴蝶箐边不断有双双对对的彩蝶飞翔。

据蝴蝶泉修缮委员会介绍，今年蝶多的原因还有两条：一是近几年来园林绿化搞得好；一是采取了蝶树落叶不准打捞等保护措施，为蝴蝶增殖创造了条件。

(《人民日报》，1981-06-16)

这篇报道就属于典型的散文写法。导语第一句话运用对比手法，聚焦新闻价值；第二句话则交代了新闻的基本要素。第二段即运用白描的笔法描述了“蝴蝶会”当天的景色。记者通过观察，对蝶树、不同蝴蝶的样貌、颜色、气味等都做了细致描摹，比喻修辞等形象化表达的运用，凸显了现场感和审美意蕴。结尾选择权威信源，借助间接引语，揭示了蝴蝶盛会的形成原因，也点明了报道主旨,呈现出良好的宣传价值。整体看,本篇报道大大超越了其时一般宣传性新闻的写法。尽管这种写法在当时尚属于凤毛麟角,但“星星之火,可以燎原”,亦能展现其时新闻界的实践走向与改革动向。

由于积重难返,僵化的观念、拙劣的文风、蹩脚的写法,始终都是困扰新闻界的历史痼疾。举步维艰之下,穆青关注到了当时新闻界出现的零星探索性实践,再次将眼光转向散文,向文学“求援”。1982 年 1 月,他明确提出“新闻要向‘散文式方向’转向”的观点。与 60 年代相比,这一次他更加坚定,阐释也更加清晰。[①] 穆青将“散文式方向”聚焦为两个层面。其一,新闻的形式与结构。“我们的新闻报道的形式和结构也可以增加自由活跃的散文形式,改变那种沉重的死板的形式,而代之以清新明快的写法。只有在这方面有所创造有所突破,才能真正对八股式的新闻做点改革。”其二,新闻的语言表达。“我们能不能提出这样一个口号,就是新闻报道要注意文采。也就是说,我们的新闻报道不仅内容是健康的,积极的,向上的,而且语言文字、表现形式也是新颖的,也是美的。”[②]这些恰恰是散文的文体优势所在:形式多样、结构灵活,讲究文采。在穆青的倡导下,新闻界开始了“散文式新闻”的大规模文体实践。

1982 年 7 月,新华社记者郭玲春发表的消息《金山追悼会在京举行》,从文体实践层面为新闻界灌注了一股“散文式新闻”的“清流”。该篇报道首先在形式上就与传统同类报道显著

① 参阅刘勇:《中国报纸新闻文体嬗变(1978—2008)》,中国人民大学出版社 2016 年版,第 143—147 页。

② 穆青:《新闻改革——“向生活的深度和广度进军”》,载穆青:《穆青论新闻》,新华出版社 2003 年版,第 191—193 页。

不同,篇幅大为缩短,段落明显增多,只有900多字,却分了9个段落。多段落、短段落、短句子使报道的传播效果大为凸显。其导语更是特色鲜明——

> 鲜花、翠柏丛中,安放着中国共产党党员金山同志的遗像。千余名群众今天默默走进首都剧场,悼念这位人民的艺术家。

特写式导语“先声夺人”,突破了传统追悼会的惯常写法,“鲜花”“翠柏丛中”“默默”等表述将追悼会现场描摹得细致入微。主体第一段即引用挽联——“雷电、钢铁、风暴、夜歌,传出九窍丹心,晚春蚕老丝难尽;党业、民功、讲坛、艺苑,染成三千白发,孺子牛亡汗未消”,由此勾连出后文对金山一生经历与贡献的生动再现。这篇获得1982年全国好新闻评选一等奖的报道,一改追悼会新闻的程式化写法,率先突破“新华体”的僵化模式,被新闻界公认为“散文式新闻”的典范之作。有研究者形容这篇稿子的反响,“好似平静的湖面突然落进一颗石子,激起层层涟漪”。当时不少新闻人投书新华社和《新闻业务》编辑部,“表达了欣喜感奋之情。有的赞扬稿件具有优美的艺术魅力,有的称它犹如一块镶嵌在报纸上的磁石,深深地吸引了读者,有的兴奋地说,一股清新的改革之风从字里行间扑面而来,不禁为之击节叫好”。此外,新闻同行们的基本看法“几乎是一致的”——“它的可贵之处在于创新,突破了追悼会消息千篇一律的老框框,而且写得有文采,在新闻写作改革方面迈出了可喜的一步”。[①]

---

① 张万象:《刻意求新 贵在独创》,载新华社新闻研究所:《新闻作品评析(一)》,新华出版社1985年版,第202页。

事实上,追悼会新闻的“散文式”呈现并非始于这篇报道。郭玲春在谈及《金山追悼会在京举行》一文的采写体会时就曾指出:“在一些几经筛选的新闻通讯集里,我们的前人留下精粹的文稿,它表明固定的文体未必是‘传统’,近年许多有识之士在这一领域里探求,一篇篇好新闻也向我们预示,划一的格式并非牢不可破。它鼓励着新闻界的晚辈也来学步。金山追悼会消息,就是一次粗浅的尝试。”[①]这表明,郭玲春也是在受到“前人”的影响后才开始散文式新闻的探索。早在1980年,中新社记者殷金娣撰写的《永别了,赵丹》就部分采用了散文式写法,全篇大量使用白描手法,例如:

> 在贝多芬《英雄》第三交响乐《葬礼曲》乐声中,赵丹夫人——著名电影演员、作家黄宗英手持一朵红玫瑰,沉静地肃立在赵丹遗体旁。……
>
> 赵丹的七名子女轮流把手中的鲜花覆盖在遗体上。女儿赵桔还给她父亲送上一个儿童玩具——一个会打鼓的小熊猫,祝她的父亲永远快乐。……
>
> 八宝山火葬场的几十名工人闻讯自动前来,他们身穿工作服,列队向这位人民艺术家告别。

这些细节化描写,有力地刻画了场景,渲染了气氛。两相比较,《永别了,赵丹》行文更简洁,结构更简单,而《金山追悼会在京举行》的文学性更强,结构更精巧。当然,这也表明:“散文式新闻”的文体实践在20世纪80年代初的中国新闻界已经逐渐“铺开”。

---

① 郭玲春:《郭玲春新闻作品选》,新华出版社1991年版,第219页。

1989年出版的《新新闻体写作》一书首次将“散文式新闻”作为一种新出现的新闻文体类型加以推介:“散文式新闻正是吸收了散文和新闻的优势及长处而形成的一种新新闻体。”①这表明,“散文式新闻”已经获得正式“命名”。1991年,《新华社中青年记者散文式新闻选萃》一书出版,新华社总编辑南振中在该书的“序”中指出:“今天,‘散文式新闻’以其一定的‘质’和一定的‘量’构成了一种独立的新闻文体。”②换言之,这本书的出版是“散文式新闻”这一“命名”获得新闻共同体相对共识的标志。

二、“新闻散文化”论争:缘起与过程

在“散文式新闻”的形构过程中,从“散文笔法写新闻”到“新闻要向散文式方向发展”,从“新闻散文化”再到“散文式新闻”,新闻学界与业界展开的“新闻散文化”论争也促发了“散文式新闻”的最终命名与边界确认。这场争鸣始于1985年,绵延十多年,讨论的焦点主要集中在三个问题上:散文式新闻的内涵是什么?新闻能不能散文化?(如果能,边界在哪?)新闻与文学的关系何在?

关于第一个问题,新华社60位中青年记者在《散文式新闻选萃》一书中对于“散文式新闻”的表述,大体囊括了国内新闻界的基本观点。试举几例:③

---

① 任稚犀、张雷《新新闻体写作》,北京日报出版社1989年版,第242页。

② 南振中:《序》,张持坚、蒋耀波、谢金虎:《新华社中青年记者散文式新闻选萃》,新华出版社1991年版,第5页。

③ 参见张持坚、蒋耀波、谢金虎:《新华社中青年记者散文式新闻选萃》,新华出版社1991年版,第26页,第32—33页,第79页,第216页,第281页。

(1) 结构如流水般自然流畅,不拘一格;情节完整、生动,步步推进;行文不事雕琢,尽量用形象语言,为读者勾勒出有声、有色的立体画面。

(2) 散文式新闻不必如诗、如画、如史、如传,但应兼具诗画史传的气韵神采。……散文式新闻是边缘文体的边缘文体,因此要求记者不仅是知识的杂家,还应将如下各家的气质特色集于一身:高屋建瓴如政治家,思想深邃如哲学家,感情丰富如音乐家,观察精细如艺术家,文笔优美如文学家。

(3) 写成的新闻是一幅画卷,不需题名,则可尽观其意;画中有诗,不必朦胧,喜怒哀乐跃然纸间。笔尖流出的皆是实事、新事、有意思的事。难的是形象性地概括出新闻眼,寻求以一当十的细节,剪辑组合满含意味。

(4) 散文式新闻文体是探索增加新闻可读性的积极尝试。摒弃“新华体”中的八股腔,删去沉闷的叙述和繁冗的铺陈,采用清新活泼的语言和较为松散、自由的结构,并尽可能使文章短下来。用眼睛写新闻,是散文式新闻的突出特征。摘取最重要的事实,更多地调动描写的手法,使新闻更加可亲、可信、可读。

不难看出,这些记者对于散文式新闻的表述虽然不尽相同,但总体内涵大体趋于一致。“散文式新闻”的提法针对的是新闻写作中出现的“八股化”倾向,其意在坚持新闻真实性的基础上,调动记者的情感,借鉴、吸纳散文的结构与写法,从而增强新闻的可读性与生动性。“所谓新闻散文式,首先要敢于在形式上突破新闻体裁的固定程式。要调动各种笔法写新闻,只要认为有利于表达新闻主题,在同一篇文章中可以使用各种新闻体裁。有的同志说得雅一些,叫做写‘边缘体裁’的新闻。”[1]那么,”散文式新闻”究竟该怎么写?四川大学张惠仁教授认为它是新闻题材与散文笔触的结合:

> 散文式新闻用的是散文笔触,写的却仍属新闻。我们在新闻写作中所提到的“散文笔触”,实际上有别于传统的散文笔触,是一种散文与新闻结合的笔触。它驾驭的题材,必须是新闻,并有新闻价值及时效价值,它必须写真、写实,“W”必须确凿而明白。但它的题前蓄势、起笔、运笔、起承转合、收束全文的方法,又必须借鉴散文之长处。用散文笔触写新闻时,要求不削足适履,而要新意倍出。力求克服“千文一面”的模式化。[2]

关于第二个问题,其时的讨论非常激烈,且呈现截然相反的态势,大体形成三派意见:

“支持派”认为,“新闻散文化”着意打破日趋八股化、公式化的“新华体”,是新闻业务改革的一个“突破口”。因此,“在各种新闻体裁当中,最需要‘化’的是消息,在消息当中最需要‘化’的又是非事件性的新闻”。[3] 那么,新闻该如何借鉴散文?学术界的共识大致包括五条:新闻要像散文那样讲究“立意”和“意境”,像散文那样加强形象的描写,像散文那样加强细节描

---

① 翟尔超:《关于新闻散文式的讨论情况综述》,载《中国新闻年鉴 1985》,中国新闻出版社 1985 年版,第 75 页。

② 张惠仁:《现代新闻写作学》,四川人民出版社 2001 年版,第 289 页。

③ 翟尔超:《关于新闻散文式的讨论情况综述》,载《中国新闻年鉴 1985》,中国新闻出版社 1985 年版,第 75 页。

写,像散文那样使用生动凝练的语言,新闻报道的领域要像散文那样广阔、丰富。①

“反对派”大多从新闻的职能、新闻的可读性以及从编辑的编稿需要三个层面,指出新闻不能散文化。② 梁衡先生从文体形态的差异上指出新闻散文化是一个“伪问题”,因为消息与散文是完全不同的两种文体形态,缺乏“化”的前提和依据——“新闻是用直白的风格突出客观的信息,文学是用含蓄的风格表达内心世界。所以新闻的典型文体——消息与文学的典型文体——散文,二者间有一道不可逾越的鸿沟,消息不可能散文化。”③有学者甚至直接质疑“散文式新闻”的提法:“我总是纳闷,我们为何不提倡新闻范畴的什么‘式’,偏偏要在文学的领域里找一个什么‘式’给自己套上一个锁链呢?”④

“统合派”则结合前两派的意见,既坚持新闻文体的独立性,又强调有条件地借鉴散文笔法。面对越来越泛化的新闻散文化现象,南振中先生做出了相对清醒的判断:“对于任何事情,都应辩证地思考,对散文式的新闻亦应如此。几年之前,当人们还不承认它的存在之时,我们通过理论上的探讨和新闻写作的实践,为这种新的新闻文体争得一席之地;如今,当人们高度评价这种新型的新闻文体之时,我们必须清醒地看到这种文体应用范围的局限性。应该说,有些新闻题材宜于采用散文式

---

① 参见刘保全:《新闻论争综述 16 题》,中国人民大学新闻学院(内部用书)2002 年,第 73—76 页。

② 同上书,第 77—80 页。

③ 梁衡:《新闻原理的思考》,人民出版社 1996 年版,第 140—144 页。

④ 薛国林:《论散文式新闻》,《暨南学报》(哲学社会科学版),1997 年第 3 期。

这种文体,有些新闻题材如果勉强采用这种文体来表现,就会‘弄巧成拙’。”①因此,所谓“散文化”也是有限度的,并非所有的新闻都能“散文化”,“新闻散文化”不是要用散文替代消息,“提倡写散文化新闻无非是为了让新闻少些八股味,更多样,更生动可感,更美。但若把所有的新闻都写成散文,是可笑的,正如要求所有散文都是新闻一样”②。

关于第三个问题,新闻界的观点大多从维护新闻文体独立性的维度出发来探讨新闻与文学的关系。名记者艾丰的观点最具代表性。他指出:“新闻可以向文学‘求援’,不可以向文学‘求救’。求援与求救不同。求援是建立在自信的基础上,把文学的营养拿来,加强自己。求救是在自卑的基础上,完全不信任自己,而要靠文学来养活自己。前者的努力方向是把新闻作品越写越像新闻;后者把新闻作品越写越像文学。——但那是行不通的。”③这就是说,在具体的文体实践中,必须遵循“新闻为体,文学为用”的原则,亦即在新闻文体的基本框架中可以借鉴文学方法——“与其提倡一种类似的散文的新闻,不如强调,不管在消息中、通讯中、言论中,只要是有生命力的散文笔法,又能够适合新闻要求的,都应更多地吸纳融汇进来,以丰富我们的新闻武库。”④

综上所述,通过绵延十多年的学术争鸣,新闻界基本厘清了

---

① 南振中:《序》,张持坚、蒋耀波、谢金虎:《新华社中青年记者散文式新闻选萃》,新华出版社1991年版,第5—6页。

② 张持坚、蒋耀波、谢金虎:《新华社中青年记者散文式新闻选萃》,新华出版社1991年版,第126页。

③ 艾丰:《新闻写作方法论》,人民日报出版社2010年版,第295页。

④ 张持坚、蒋耀波、谢金虎:《新华社中青年记者散文式新闻选萃》,新华出版社1991年版,第189—190页。

“散文式新闻”的基本内涵,进一步廓清了新闻与文学的联系与区别,形成比较一致的意见有二:“一是新闻的形式要多样化,要不拘一格;二是在内容的表现上,要借用各种文学手法,把新闻写得生动一些,活泼一些。”①

三、“散文式新闻”:意义再审视

“散文式新闻”从提出到最终命名,是当代中国新闻文体史上的一个重要“事件”。无论60年代的初次实践,还是80年代之后新闻界大规模的文体实践,以及关于“新闻散文化”的争鸣,对新闻文体的发展都具有不可小觑的意义。

第一,直面新闻写作的现实问题,促发新闻文体观念的变革。“散文式新闻”出现的最直接原因是为了应对新闻写作领域的现实问题和历史积弊:写法上的八股化、公式化,形式上的僵化,语言干瘪,缺乏文采等。散文笔法的“代入”是为了谋求新闻呈现的“生动”,也契合了20世纪80年代中国新闻界对于新闻可读性的追求。所谓“可读性”,其要求是“新闻中多用动词、少用形容词,多用短句和单句、少用长句,多分段,讲究节奏和平衡,多用富于人情味的词汇和描述细节等方式,能够增强新闻的可读性。概括为通俗易懂、饶有兴味、真切感人、喜闻乐见”②。这些技法要求恰恰与“散文式新闻”的文体旨趣不谋而合:新闻写作必须首先满足受众的需要,符合受众的审美需求,为受众所喜闻乐见。简言之,“散文式新闻”的倡导与实践实质

---

① 翟尔超:《关于新闻散文式的讨论情况综述》,载《中国新闻年鉴1985》,中国新闻出版社1985年版,第75页。

② 童兵、陈绚:《新闻传播学大辞典》,中国大百科全书出版社2014年版,第50—51页。

促发了新闻文体领域受众观念的崛起以及传媒功能的多元化转向,标志着“我国大众传播媒介开始从过去较为单一的‘政治教科书’的功能和角色扮演中(实质上是一种以大众媒介为外在形式的组织媒介)走了出来,开始根据社会发展的要求向履行多种功能、扮演多种角色的方向转型”。①

第二,形构新闻文体的“文学范式”,厘清了新闻与文学的关系,展示了文学因素对于新闻文体的意义与价值。一方面,“‘散文’与其说是一种独立的文类,不如说是除诗歌、小说、戏剧以外无限广阔因而也就难以定义的文学领域”②。有鉴于此,散文题材广泛多样,结构自由灵活,表达方式无所不包,语言优美自然,这些特点被新闻文体吸纳与借鉴之后,“散文式新闻”遂成为“文学范式”突破新闻僵化体式的主要文体样式。“散文式新闻是新闻的简练与散文的形象生动之间的交叉,是文学对新闻的渗透。”③这完全符合文体演化与创造的基本路径,亦即新文体的产生是对此前文体的“创造性转化”——“旧结构在被转化的过程中并不是彻底消失了,而是融入了新的结构之中。”因此,“为了确保一种文类的生命,最好的办法就是积极地转化其文体规范,替它注入新鲜血液”④。另一方面,新闻与文学之间的张力又通过“散文式新闻”的实践得以充分显露,新闻与文学的关系也通过“新闻散文化”的论争得以厘清。“文学创作中

① 喻国明:《传媒变革力——传媒转型的行动路线图》,南方日报出版社2009年版,第2页。

② 陈平原:《中国散文小说史》,上海人民出版社2004年版,第3页。

③ 张持坚、蒋耀波、谢金虎:《新华社中青年记者散文式新闻选萃》,新华出版社1991年版,第79页。

④ 陶东风:《文体演变及其文化意味》,云南人民出版社1994年版,第33—37页。

有许多手法可以借到新闻中来,但它始终是新闻的俘虏,而断不能导致新闻对文学的投诚。一切事物,特别是某种艺术,其生命力在于自己的个性。所有的借鉴都是以能最大限度地发挥个性为前提。”①由此,记者们也在明确了新闻文体实践基本规范的同时,找到了新闻借鉴文学的底线与边界。

第三,实现了新闻界的思想解放,开启了新闻文体创新的大门。“散文式新闻”在80年代的再度出现,实质是为中国新闻界的思想解放打开了一个重要“切口”,也开启了新时期记者新闻文体创新的大门。穆青在后来的一次谈话中,就明确提及了这一点——“我提出‘散文式’的新闻,对此有褒有贬,有不同看法,这可以讨论。新闻写作何必非要有固定模式不可?只要5个W交代全就行了,写作形式可以自由一点,要写得有感情。格式固定了,千篇一律,千人一面,就面目可憎了。在新闻写作方面要提倡创新,可以有不同的风格、特色。”②由此可见,穆青倡导“散文式新闻”的终极旨归是为了唤起新闻界的创新意识。思想解放的闸门一旦打开,新闻界创新迭起,“纪实文学”“视觉新闻”“立体交叉式新闻”“大特写”“新闻故事”等不同新闻文体形态层出不穷。1989年出版的《新新闻体写作》一书列举了改革开放第一个10年间出现的新新闻文体就多达22种。③“散文式新闻”则是这些“新新闻文体”出现的肇始。换言之,正是“散文式新闻”的提出与践行为新时期新闻文体的创新提供

---

① 梁衡:《新闻绿叶的脉络——一个评委的笔记》,新华出版社1995年版,第17页。

② 穆青:《重视新闻理论研究》,载穆青:《穆青论新闻》,新华出版社2003年版,第455页。

③ 参见任稚犀、张雷:《新新闻体写作》,北京日报出版社1989年版。

了思想契机与实践经验。对此,新闻学者黎明洁教授的评价最为中肯:

> 散文式新闻的根本意义其实并不在于为一种特定的新闻结构争得一席之地,而是在于使一些散落于“新华体”之外的“四不像”突然有了一个统一的居室,并从此有了与“新华体”叫板的本钱。因此可以说,散文式新闻的出现不仅是一次对报道模式单一化的成功革命,而且开启了新闻结构创新的大门,影响深远。①

第三节 “对抗时间”的追求:“非虚构写作”的嬗变

作为新闻与生俱来的两个特征,“真实”与“新鲜”决定了新闻文体“速朽”的特性定位与价值归宿,所谓“明日黄花”“新闻只有一天生命”等描述的就是这个意思。于是,新闻文体的写作也常因“层次不高”而饱受歧视,“常有人以为,笔耕生涯中,以新闻为最末流”②。“非虚构写作”(nonfiction writing)③一方面赓续了新闻文体的文学传统——“文学传统在新闻界根深蒂固,它鼓励记者撰写精彩的故事,而不是四平八稳的客观报道,

---

① 黎明洁:《重审散文式新闻论争》,《学术论坛》,2004年第6期。

② 郭玲春:《郭玲春新闻作品选》,新华出版社1991年版,第224页。

③ 目前,我国学术界关于“非虚构写作”的界定大致分为三种,一种是“文体形态”,一种是“写作姿态”,一种是“文学潮流”。本书选择第一种,亦即非虚构是呈现新闻的一种结构方式和话语体式,报告文学、大特写、特稿、非虚构写作等都是其在不同阶段的称谓。

要求文采飞扬、感人至深。”①另一方面也展现了新闻文体希图借助文学的审美意蕴来“对抗时间”的追求——“速朽是新闻的宿命。某一个时刻沸反盈天的热点事件,转眼即会无声无息。‘非虚构写作’所做的努力,是想把新闻的生命周期延长。他们采取的努力,就是用文学的方法为新闻保鲜、抗衰,效果是明显的。”②基于此,作为一种交叉文体,“非虚构写作”清晰地呈现出新闻与文学的互动与博弈,因为它的特质只有两条:“真实和文学。”③尽管“非虚构写作”的正式命名相当晚近,但它作为一种文体实践,却早已有之。“中国独特而又深厚的史传传统,就是非虚构写作的传统。《史记》《汉书》《资治通鉴》等等,可谓是‘非虚构写作’的典范。也就是说,传统意义上的史传书写,虽无‘非虚构’之名,但有‘非虚构’之实。”④本节我们基于历时性维度,选择不同时期的非虚构文体形态加以考察。

一、1949 年前:中国报告文学的实践简史

作为边缘文体,报告文学是“迅速、及时、形象地表现现实生活中具有典型意义的真人真事,是新闻性与文学性统一的独特文体。新闻是其内容,文学是其形式”⑤。这是中国新闻学界较为一致的认识。但是,另一方面,报告文学作为文体的独特

① [美]迈克尔·舒德森:《发掘新闻》,陈昌凤等译,北京大学出版社 2009 年版,第 170 页。

② 张涛甫:《非虚构写作:对抗速朽》,《新闻记者》,2018 年第 9 期。

③ 王佳莹:《李海鹏:职业操作规范下的非虚构写作》,《北京青年报》,2014 年 9 月 19 日。

④ 张涛甫:《非虚构写作:对抗速朽》,《新闻记者》,2018 年第 9 期。

⑤ 童兵、陈绚:《新闻传播学大辞典》,中国大百科全书出版社 2014 年版,第 311 页。

性,却并没有得到足够的重视。“作为一种新的文体,它既不同于新闻也有别于文学。比之新闻,它能自由地使用文学手段诸如联想、抒情、议论等,增强作品的可读性;较之文学,它是真实的而非凭想象创作的,非虚构的真实性是其存在的基点。”①按照一般文学史的考证,报告文学诞生于18世纪末,形成于19世纪末20世纪初,中国则是在五四运动后逐步发展起来的。“作为自觉的文体选择,中国报告文学不仅接受了20世纪早期域外思想的影响,而且特别受到了五四运动的有力推动,并最终在‘左联’时期形成规模化创作浪潮。”②20世纪二三十年代,尤其在1930年“左联”成立后,我国报告文学形成了第一次高潮。瞿秋白的《饿乡纪程》(1922)与《赤都心史》(1924)、夏衍的《包身工》(1936)、邹韬奋的《萍踪寄语》(1936)、范长江的《中国的西北角》(1937)等均成为具有时代标志性的作品。对此,1937年,茅盾先生曾撰文分析过其时报告文学兴盛的原因:“报告文学是我们这匆忙而多变化的时代所产生的特性的文学式样。……读者大众急不可耐地要求知道生活在昨天所起的变化,作家迫切地要将社会上最新发生的现象(而这是差不多天天有的)解剖给读者大众看,刊物有敏锐的时代感——这都是‘报告’所由产生而且风靡的根因”。③ 简言之,报告文学在中国的第一次高潮,实质是文学因应时代与社会需求变化的一种方法

① 陈岳芬:《新闻传播精品导读·报告文学与深度报道》,复旦大学出版社2008年版,第9页。

② 龚举善:《报告文学现代转型研究》,中国社会科学出版社2012年版,第1页。

③ 茅盾:《关于“报告文学”》,载周国华、陈进波:《报告文学论集》,新华出版社1985年版,第6页。

论转向,由此也实现了文学与新闻互动的初次尝试。

抗日战争与解放战争时期,报告文学再次被征用,成为中国共产党领导下的新闻宣传工作中最有效力的形式,当时的新闻通讯(尤其是人物通讯)大多采用报告文学的形式。1942年5月10日,解放军总政治部下发的《关于为供给〈解放日报〉稿件的指示》就明确规定了通讯的内容和形式——“通讯应采取报告文学的体裁,要有实际而新鲜的内容,多取具体材料,少加分析,不要说空话。”[①]因此,这一时期解放区通讯的一大特点就是用报告文学的形式报道先进典型,其实质是“宣传范式”与“文学范式”交互融合的新闻文体形态,这也构成了中共党报新闻宣传工作的一个重要传统。

1942年5月23日,毛泽东发表了影响深远的《在延安文艺座谈会上的讲话》(以下简称《讲话》),号召“中国的革命的文学家艺术家,有出息的文学家艺术家,必须到群众中去,必须长期地无条件地全心全意地到工农兵群众中去,到火热的斗争中去,到唯一的最广大最丰富的源泉中去,观察、体验、研究、分析一切人,一切阶级,一切群众,一切生动的生活形式和斗争形式,一切文学和艺术的原始材料,然后才有可能进入创作过程”[②]。毛泽东的《讲话》一方面促进了报告文学在根据地的繁荣,尤其是为50年代作家调用“报告文学”宣传“抗美援朝”埋下了伏笔。另一方面也形构了中国共产党新闻宣传工作

---

① 《总政治部关于为供给〈解放日报〉稿件的指示》,载中国社会科学院新闻研究所:《中国共产党新闻工作文件汇编(上)(1921—1949)》,新华出版社1980年版,第130页。

② 《在延安文艺座谈会上的讲话(结论)》,载中共中央文献研究室、新华通讯社:《毛泽东新闻工作文选》,新华出版社2014年版,第122页。

的两个重要传统:其一是新闻工作者、作家与文艺工作者的新闻实践与创作活动的源泉和动力都是群众生活与革命实践。21世纪以来,无论是“三贴近”原则的践行,还是“走转改”活动的开展,抑或是“以人民为中心”工作原则的倡导,其背后遵循的逻辑都导源于此。其二是“宣传范式”对于“文学范式”的征用与改造。“强调以政治立场看待现实社会,将描写人物的命运,纳入了对政治斗争的图解的框架中,成为某种政治含义的符号。”①

这一时期报告文学的代表作包括:丁玲的《陕北风光》、欧阳山的《活在新社会里》、何其芳的《我歌唱延安》、刘白羽的《八路军七将领》、陈荒煤的《一个农民的道路》、杨朔的《铁骑兵》、穆青的《雁翎队》、戴邦的《射击英雄魏来国》、解清的《西瓜兄弟》等。这些作品融合了“文学范式”与“宣传范式”的文体优势,主题大多以歌颂解放区的新生活、宣传先进典型人物为主,感情真挚,写法质朴,注重故事性。这些特点也长期影响着中华人民共和国成立后的多个历史时期报告文学的文体实践。

二、1949年至20世纪60年代中期:新中国报告文学第一个高峰的生成

从1949年到60年代中期,新中国报告文学迎来了第一个发展高峰。这主要包含四个原因:

第一,新中国成立初期,由于广大新闻工作者一时难以适应

---

① 黄科安:《延安文学研究——建构新的意识形态与话语体系》,文化艺术出版社2009年版,第42页。

城市办报的变化,“不写新闻、少写新闻、不会写新闻”是当时新闻界的历史积弊。“记者不写或少写新闻,是山区农村交通、通讯不便,人们的时间观念普遍淡薄,除了战争、生产、教育三件大事之外的事情一般不报道等习惯造成。……我们注意的重点是‘地方工作’,而后者是不受时间限制的。”[①]于是,沿用于解放区办报的基本经验就成为当时最稳妥也是最实用的做法。有鉴于此,以《人民日报》、新华社为代表的主流媒体遂选择通讯、报告文学这些运用得最为得心应手的体裁作为当时新闻宣传的主要文体形态。

第二,这一时期报告文学作者队伍已具备相当的规模。“20年代执笔草创的文坛前辈,30年代雄踞文坛的宿将,40年代在战火中锻炼成长的文艺战士和新闻记者,以及50年代崭露头角的后起之秀,汇聚成一支声势浩大的报告文学作家队伍。”[②]这批作者成为新中国报告文学创作的“生力军”,共同参与并推动了新中国报告文学第一个高峰的形成。

第三,抗美援朝的宣传需要。1950年6月25日,朝鲜战争爆发,由于战时环境、交通传输等现实条件的限制,消息难以及时传播,新闻通讯与报告文学遂成为当时被广泛运用的体裁形式。1952年11月,胡乔木致信邓拓、胡绩伟等人,就改进《人民日报》主办的《抗美援朝》专刊提出具体意见:“可以约请一些作家写朝鲜战场、朝鲜后方、战俘营英雄人物的有历史价值的实录

---

① 李庄:《李庄文集·回忆录编(上)》,人民日报出版社、宁夏人民出版社2004年版,第476页。

② 赵遐秋:《中国现代报告文学史》,中国人民大学出版社1987年版,第387页。

(可以连载一部分,但必须是写得好的)。”[①]此后,大批记者、作家入朝参与战争报道,短短两三年中,《人民日报》等全国报刊发表了数以千计的通讯报告作品,《不朽的杨根思英雄排》《伟大的战士邱少云》《祖国的好儿子黄继光》《不朽的国际主义战士》《朝鲜在战火中前进》《战友的爱》《板门店纪事》《信念》《生活在英雄们之间》等成为脍炙人口的历史名篇。这些作品影响深远,突出宣传了志愿军将士的英雄形象,极大鼓舞了战时的中朝人民。其中的精华被收入《朝鲜通讯报告选》(3 集,共 109 篇)。这些被冠以“新闻通讯”的作品,在突出新闻文体特征的同时,很多作品“还吸收报告文学的表现方法,文字生动活泼,情节刻画引人,很有感染力”[②]。其中最为著名的作品非《谁是最可爱的人》莫属。该文由《人民日报》战地特约记者、作家魏巍采写,于 1951 年 4 月 11 日刊登在《人民日报》头版。请看这篇作品的前三段——

> 在朝鲜的每一天,我都被一些东西感动着,我的思想感情的潮水,在放纵奔流着。它使我想把一切东西,都告诉给我祖国的朋友们。但我最急于告诉你们的,是我思想感情的一段重要经历,这就是,我越来越深刻地感觉到谁是我们最可爱的人!
>
> 谁是我们最可爱的人呢?我们的部队、我们的战士,我感觉他们是最可爱的人。

---

① 《胡乔木传》编写组:《胡乔木谈新闻出版(修订本)》,人民出版社 2015 年版,第 115 页。

② 参见方汉奇:《中国新闻事业通史(第三卷)》,中国人民大学出版社 1999 年版,第 68—73 页。

也许有的人在心里隐隐约约地说:你说的就是那些“兵”吗?他们看来是很平凡、很简单的哩。既看不出他们有什么高明的知识,又看不出他们有丰盛细致的感情。可是,我要说,这是由于你跟我们的战士接触太少,因此,你没有能够了解到:他们的品质是那样的纯洁和高尚,他们的意志是那样的坚韧和刚强,他们的气质是那样的淳朴和谦逊,他们的胸怀是那样的美丽和宽广!

开篇三段既展现出作家充沛的情感,也点明了全文的主旨。第三段最后一句话则连用8个形容词,展示了志愿军战士的可爱之处。这种直抒胸臆的写法,后来一度成为新中国“歌颂式报告文学”的通用写法。主体部分有点有面,点面结合,聚焦三个案例加以描写——“最壮烈的战斗——松骨峰战斗”中的烈士群体、救助朝鲜平民的战士马玉祥以及对一位没有提供姓名的战士的采访。作者在文中真实记录了这些志愿军战士的故事,生动表现了新中国“最可爱的人”的光辉形象。本文的一个显著特点就在于过渡巧妙,文字简洁。例如,作者仅用一句话就完成了从战斗描写到烈士群像的展示。“假如需要立纪念碑的话,让我把带火扑敌及用刺刀和敌拼死在一起的烈士们的名字记下吧。”此外,故事之间的过渡也都可圈可点。以下是第一个故事完结后的过渡——

朋友们,当你听到这段英雄事迹的时候,你的感想如何呢?你不觉得我们的战士是可爱的吗?你不以我们的祖国有着这样的英雄而自豪吗?

我们的战士,对敌人这样狠,而对朝鲜人民却是那样的仁义,充满国际主义的深厚热情。

第一段承接上文。“朋友们”的称谓,拉近了作者与读者之间的距离,问句则启发读者思考。此后的三个反问句,以第二人称起笔,以排比句式组合,既增强了文章的气势,又迂回提出了作者的观点。接下来的一段,则运用对比手法,开启下文。第二个故事向第三个故事过渡时,作者使用的也是这种方法。

此外,文章结尾部分对主题的升华也别具匠心——

亲爱的朋友们,当你坐上早晨第一列电车走向工厂的时候,当你扛上犁耙走向田野的时候,当你喝完一杯豆浆,提着书包走向学校的时候,当你安安静静坐到办公桌前计划这一天工作的时候,当你向孩子嘴里塞着苹果的时候,当你和爱人悠闲散步的时候,朋友,你是否意识到你是在幸福之中呢?你也许很惊讶地看我:“这是很平常的呀!”可是,从朝鲜归来的人,会知道你正生活在幸福中。请你们意识到这是一种幸福吧,因为只有你意识到这一点,你才能更深刻了解我们的战士在朝鲜奋不顾身的原因。朋友!你已经知道了爱我们的祖国,爱我们的领袖,请再深深地爱我们的战士吧,他们确实是我们最可爱的人!

整段话首先运用排比手法,将视角从战火纷飞下的朝鲜转到和平安宁中的国内,二者形成强烈对比的同时,更启发“生活在幸福中的你”反思何以能够享受这种平凡的幸福,继而呼吁人们“深深地爱我们的战士”,因为“他们是最可爱的人”,既首尾呼应,点明主旨,又深化了报道主题。2001 年,范敬宜先生在清华大学第一个新闻学本科班开班仪式上的演讲中,就引用了上述段落,并直言自己的新闻人生就是受到该文的影响:“我1951年从上海圣约翰大学毕业。那时候对我影响最深的是魏巍的《谁是最可爱的人》。‘亲爱的朋友们……他们确实是我们最可爱的人!’每当我读到这儿,总是热血沸腾,我要做魏巍,我要去白山黑水。于是我舍弃了去华东师大当助教的机会,对家里撒谎说我要去北京工作,然后就坐上火车直奔东北,成了《东北日报》(后改名《辽宁日报》)的记者。”①

今天再读《谁是最可爱的人》,我们能够体味的除了渗透于作品中的浓厚的时代印记,更应该看到这篇文章的历史价值,它呈现并讴歌了时代英雄,产生了巨大的正面宣传和政治动员的作用,成为定格一个时代的经典。更为重要的是,其文体学意义在于,奠定了中国“歌颂式报告文学”的基本写法,对通讯写作的影响也极其深远,尤其是新闻性取材、文学化呈现的方法,为后来许多报告文学、新闻通讯所采纳。例如,1956年,新华社记者集体采写的通讯《当你们熟睡的时候》,从其开篇我们就能找到《谁是最可爱的人》结尾写法的“踪迹”——

> 亲爱的读者,你知道吗?当你们熟睡的时候,全国有多少人为了你们幸福的生活和明天的工作,在通宵紧张地劳动着。看吧!下面就是在十八日夜里北京很多夜间工作着的人们。

第四,国内建设的宣传需要。1956年“三大改造”完成,标

① 李彬、常江:《新闻人生——名记者清华演讲选》,清华大学出版社2009年版,第2页。

志着中国正式进入社会主义建设时期。这一时期成就斐然,为报告文学创作提供了“现实土壤”,一大批歌颂建设成就、宣传先进典型的经典作品应时而生,其中的代表作包括邓拓的《访“葡萄常”》(1956)、徐迟的《天堑变通途——记武汉长江大桥的“合龙”》(1957)、刘白羽的《万炮震金门——福建前线速写之一》(1958)、王石与房树民的《为了六十一个阶级弟兄》(1960)、黄宗英与张久荣的《特别的姑娘》(1963)、黄钢的《拉萨早上八点钟》(1965)等。这些作品特色鲜明,集中展示了新中国的建设成就和新人新风,突出文学写法,情感真挚,常常直抒胸臆,正面讴歌,体现了“宣传范式”对于“文学范式”的直接借鉴与融会贯通。有学者将这一时期报告文学的基调与特征概括为“三大主义”——“取材上的建设主义、人物上的英雄主义、主题上的‘歌德主义’,弹奏出复兴时代波澜壮阔的建设交响乐。”①

1963年3月,《人民日报》编辑部和中国作家协会邀请30多位作家、记者座谈,专门探讨报告文学的性质、定位、特征等问题。与会代表从为报告文学“正名”开始,将“特写”“速写”“文艺通讯”“文艺性调查报告”等统一到报告文学范畴之下。同时,明确了报告文学的四大特征:

> 1. 写真人真事或以真人真事为基础;2. 迅速反映当前现实斗争,反映时代精神,具有强烈的战斗性和鼓舞作用;3. 主要从正面歌颂先进人物、先进事迹;4. 用文学语言、文

---

① 龚举善:《报告文学现代转型研究》,中国社会科学出版社2012年版,第20页。

学构思来进行写作,与一般新闻通讯有别。①

这次座谈会的意义深远,不仅厘清了报告文学的文体内涵、范畴与特征,而且用“文学性”将“报告文学”与“新闻通讯”区分开来,实质规定了文学面向的“非虚构写作”的基本特质,也从一个侧面强调了新闻文体的独特性。遗憾的是,“文革”十年,新闻界、文艺界遭受灭顶之灾,报告文学中充斥着对虚假典型的虚假宣传。真实的底线一旦被突破,报告文学也就失却了存在的合法性,由此进入了一个表面繁荣、实质衰退的历史时期。

三、70 年代末至 80 年代:从报告文学第二个高峰的形构到深度报道的崛起

进入新时期以后,“文革”积习一度抑制了新闻界的活力与创造力,记者的文体实践从观念到写法都严重落后于时代。其时,报告文学代替新闻担负起了记录历史、探寻真相的职责。卢跃刚就曾在一次访谈中指出:“那个时候,新闻、真相、事实严重不足,需要通过报告文学来弥补。”②这股热潮肇始于徐迟的《地质之光》(1977)和《哥德巴赫猜想》(1978)、刘宾雁的《人妖之间》(1979)和《一个人和他的影子》(1980)等。其中,徐迟的《哥德巴赫猜想》最大的历史功绩在于突破了题材禁区,是“文革”后第一次将知识分子作为正面歌颂对象的作品。此外,其

① 参见袁鹰等:《报告文学座谈纪要(节录)》,载周国华、陈进波:《报告文学论集》,新华出版社 1985 年版,第 13—29 页。

② 张志安:《有悲悯之心,但以专业为标准:〈中国青年报〉“冰点”原副主编卢跃刚访谈》,《新闻大学》,2007 年第 4 期。

诗化的语言、深入人物内心的描写、生动的人物形象刻画等,都影响了整整一代的新闻记者和作家。知名新闻人钱钢在回忆当年这些“报告文学”名篇对自己乃至记者群体的影响时,曾做过如是描述:

> 和同龄人一样,我也天蒙蒙亮到书店排队抢购过文学名著,恶补解禁书籍。谁也忘不了《哥德巴赫猜想》发表,许多报纸用几个版,全文转载徐迟的这篇报告文学。一代新记者,谈起刘宾雁、理由、黄宗英的作品,如数家珍。我们飞快接受那些全新的又是最基本的理念:说真话,不说假话;说人话,不说鬼话;人道主义;以“5个W”为标志的新闻真实性原则;还有最重要的,“改革”。[1]

此后,钱钢的《唐山大地震》(1986)、涵逸的《中国的“小皇帝”》(1986)、刘心武的《5.19长镜头》(1987)、麦天枢的《西部在移民》(1988)、胡平与张胜友的《世界大串联》(1988)、谢德辉的《钱,疯狂的困兽》(1988)等都成为反思历史、观照现实、启迪民智的经典名篇。这些作品深受“新写实小说”以及“伤痕文学”的影响,不仅敢于揭露时弊,直面社会问题,更能够震撼人心,引发全社会的大讨论。写法方面,这些作品则超越了50年代兴起的政治维度取材、“一人一事”、讴歌式写作方式,强调“全景式”“问题式”“故事式”的多元写法。名记者樊云芳与丁炳昌在《新闻文体大趋势》一书中曾对此做过深入评点:

---

① 钱钢:《〈唐山大地震〉和那个十年》,《财经》,2009年第15期。

> 《唐山大地震》《中国大串联》《5.19长镜头》《中国的“小皇帝”》等这批“大全景”式的报告文学在内容上,突破了“政治斗争”这一“平面”。把笔触伸向了社会生活的各个领域和人的心灵世界的深层,在深入开掘盘根错节的矛盾冲突的基础上,提出了重大而深刻的社会问题;在表现形式上,突破了基本情节直线发展的传统模式,而代之以多维的、放射状的、网络型的新型模式,从而得以比较充分地展示改革开放过程中,各种力量、各种因素、各种观念互相撞击、彼此渗透的复杂情况,这些作品以其观察和剖析社会生活的敏锐和深刻,以其表现社会生活的大胆和新颖,以其恢弘的容量和五彩缤纷的色彩令读者耳目一新。①

这一时期的报告文学建构了“非虚构写作”的基本内涵,亦即“文学新闻化”和“新闻文学化”。“文学新闻化”明确强调“非虚构”特质,将“田野调查性、新闻性和文献性”作为报告文学的“重要元素”,强化“写实态”,藉此再现“不能被艺术家们所想象出来的事实”。② 例如,《唐山大地震》就是采用了这种“非虚构”写法,作者通过对地震幸存者、救援者、地震工作者等持续十年的采访,客观呈现了地震前的奇异自然现象、地震发生时的实况以及震后的惨烈景象,从而展现了不同生命个体的命运与际遇。对此,作者钱钢自己的评价也印证了上述观点——

> 以灾难为核心,而不是以救灾为核心,这样的写法,在

① 樊云芳、丁炳昌:《新闻文体大趋势》,华夏出版社1989年版,第179—180页。

② 王晖:《时代文体与文体时代——近30年中国写实文学观察》,人民出版社2010年版,第125页。

> 当年是突破。作品按照新闻的规范,记述了大量确凿的事实……其实,这只是回到事实的本来面目,报道了在十年前就该报道的东西。然而,这么做,在1986年已足以使《唐山大地震》引起轰动。报告文学家理由说:“这是冰冻新闻的解冻效应”。①

“新闻文学化”则力图摒弃传统新闻写作中“假大空”“八股化”“概念化”等弊端,借用文学化手法,强化作品的可读性与表现力。对此,两位知名记者的观点颇具代表性。卢跃刚阐释自己在80年代转向报告文学的原因时,指出:“因为见证了大量中国的现实,但不能都通过新闻的形式报道出来,报道不出来就要开辟第二战场,报告文学是我开辟的第二战场,是对新闻的二度开发。”②在新闻与文学之间“游走”的马役军也表达了类似的观点:“记者生涯28年,当新闻样式不能表达某种感悟时,便开始选择与新闻相近的文学样式进行创作。”③

新时期报告文学的这一定位与特质迅速激发了新闻界的觉醒,其直接后果是“反哺”了80年代深度报道的形构,激发了新闻记者的专业“文体意识”。卢跃刚就曾盛赞报告文学的历史价值——“从上个世纪70年代末开始、80年代、90年代,特别是80年代,由作家和记者组成的报告文学创作队伍之宏大,作品影响力之大,都是新闻作品难以匹敌的。”④此后,“坚守‘真实而

① 钱钢:《〈唐山大地震〉和那个十年》,《财经》,2009年第15期。

② 转引自张志安:《记者如何专业:深度报道精英的职业意识与报道策略》,南方日报出版社2007年版,第3页。

③ 马役军:《新闻打个文学的盹儿(上)》,作家出版社2010年版,第2页。

④ 卢跃刚:《调查记者的法律保护意识》,转引自白红义:《以新闻为业:当代中国调查记者的职业意识研究》,上海交通大学出版社2013年版,第10页。

非虚构’内涵,强化新闻文本的文学审美”逐渐成为新闻界的共识。据李大同后来回忆:“这种情况给我们这一代记者刺激很厉害,我们研究了报告文学的名篇,究竟好在哪?然后我们开始确立了新的写作‘范式’。”①这种新的“范式”,既包含新闻对于“非虚构”的强化与坚守,也涵括了新闻文本对于文学审美的追求与探寻。此后,中国记者们开始在报道中寻求将新闻与文学有机融合的新形式。80 年代中期以后,以张建伟、麦天枢等记者的文体实践为开端,一大批诸如《第五代》《定远县农村青年恋人“私奔”采访记》《中国改革的历史方位》《鲁布革冲击》、大兴安岭火灾的“三色”报道等兼具“思想性”“纪实性”“政论式”的深度报道横空出世。这些作品显示出当时新闻人在从“宣传腔”向真正新闻转化的过程中,对于新闻本质与表现形式的积极探索。其时的深度报道强调用“统摄性思维来把握事实,用结构化的方法来演绎事实”。其操作要点大体包括五个方面:

1. 补充历史性的事实。即“以今天的事态,核对昨天的背景,从而说出明日的意义来”。提供有关的历史背景资料,用来解释正在发生的新闻事实的来龙去脉,交代与它有关的事实之间的因果关系,有助于受众更清楚地认识事物的真相和本质,把握事态发展的基本走向。

2. 展示环境性的事实。即从横向联系的角度去考察和对比当前发生的新闻事实。

3. 提供简历性的事实。即为新闻中出现的人物提供

① 方芳、乔申颖:《名记者清华演讲录》,人民日报出版社 2003 年版,第 164 页。

必要的生活经历、性格特征以及趣闻佚事的简介，以增强人物的立体感。

4. 引用数据性的事实。数据往往是关于某类事物总体结构及状态的描述和抽象，为主要新闻事实加入相关的数据性的事实，有助于受众对有关事物的宏观的、总体的了解和把握。

5. 搜集反映性的事实。即有选择地报道外界对正在发生的新闻事实的议论、意见、态度或评价等等。①

与此同时，从内容选材、结构布局、写作技法乃至语言表达，这些作品往往都深受当时报告文学的影响，“就写作笔法，深度报道接近报告文学，但要比报告文学更有理性，目的不是文学化地报告事件，而是文学化地聚焦观点”②。不妨以《中国青年报》记者张建伟的《第五代》为例。这篇报道关注的问题关乎国家留学生政策的前景，记者选择的报道对象是“第五代留学生”，由“人”切入主题，所谓“见人见事”，这是对报告文学的一个重要借鉴。此外，报道中充满恢宏气势的笔触，形象化、细节化的描写，整体结构的搭建，故事化的写法等，都深刻显示出当时报告文学的影响。新闻背景的交代、直接引语与间接引语的交替使用、信源的交代、数据的提供，这些又凸显并固化了新闻文体“非虚构”的基本特质。

20世纪80年代非虚构写作的一个重要特征是：深度报道吸纳了报告文学的“非虚构”和“人文性”特质，又不断挣脱报告

① 喻国明：《媒介的市场定位——一个传播学者的实证研究》，北京广播学院出版社2000年版，第336页。

② 陈力丹：《深度报道“深”在哪儿?》，《新闻与写作》，2004年第4期。

文学的“束缚”,逐渐发展成为独立的新闻文体样态。报告文学中的“非虚构”成分原本就属于新闻的本质特征,深度报道予以保留并不断强化;报告文学中的“文学”特性,深度报道则保留了其人文性而扬弃了文学的想象、艺术的虚构、小说的技法等。“报告文学对文学手段的使用更自由,整体呈现出人物更多、故事性更强、背景更广阔,作家主体性更强烈的特点;深度报道则强调客观、公正、中立,文学性、抒情性相对较弱,记者有时甚至可以隐瞒自己的价值取向和情感倾向。”①报告文学与深度报道差异的背后既显示了两种文体的不同取向,其实质也凝结了新时期新闻人对于独立新闻文体专业性的捍卫。

四、80年代末至90年代:从“大特写”的兴起到“特稿”的第一次繁荣

20世纪80年代末,伴随市场经济的发展,“信息”成为公众选择新闻的基本诉求,传统的报告文学与深度报道都遭遇到了巨大危机。其时的报告文学存在两个弱点:“一是它不够真实客观,二是它的文学性是很差劲的文学性。”②而深度报道也逐渐落入“模式化”窠臼之中——“随便一个什么题材,不和‘体制’打个你死我活便决不收兵。最初,这种‘战斗’颇受青睐,但久而久之,老百姓终于读得不耐烦了。”③

1985年,一种全新的文体形态“大特写”率先由上海《生活

① 陈岳芬:《新闻传播精品导读·报告文学与深度报道》,复旦大学出版社2008年版,第93页。

② 李海鹏:《大地孤独闪光》,南方日报出版社2011年版,第2页。

③ 张建伟:《深呼吸——未曾公开的新闻内幕(下)》,经济日报出版社1998年版,第171页。

周刊》“命名”。1988年,《北京青年报》开始以“社会大特写”引起新闻界的关注。这种文体,强调文学性、故事性以及全景化,其受青睐的重要原因在于“周末版”的基本定位和竞争需要。如前所述,新时期第一家“周末版”是《中国青年报》在1981年创办的“星期刊”,并迅速被各大报纸所效仿。1992年,仅省、部级以上的报纸中,出“周末版”“星期刊”“月末版”的就有50多家。① “周末版”的初衷是为了弥补日报的不足,争取更多的读者。由于在时效性方面与日报存在差距,“周末版”不得不寻求报道的“第二落点”,亦即在日报报道后展开的“二次报道”。正是在这一背景下,“大特写”因时而生,它一般都会在新闻角度选择、信息扩充、内容延伸、写作技巧等方面下足功夫,继而形成了一种特有的对于新闻事件的写法,其基本特点大体包括以下三个方面:

第一,从题材看,“社会大特写”往往选择那些具有新闻价值又不是纯动态的事件性新闻,强化对意义的呈现,“突破了纯粹的事件性特征,又不纯粹是社会性的静态描写,而是努力在过程化描写中,揭示出新闻事件的社会意义”。

第二,文体界面的“社会大特写”,拒绝单一化形式,强调的是对于多种文体的借鉴与融合,它是在新闻分析、新闻综述、趋向性新闻等新兴文体基础上发展起来的“边缘性文体”。“在篇幅上,它是以上几种文体的扩张;在内容上,它又是一种深化。在写法上,则更强调文字的明易畅达和叙事的形象化。同时,它又是以抨击时弊为主旨的问题性报告文学的新闻化,而贯穿于

① 郑兴东:《新闻冲击波——北京青年报现象扫描》,中国人民大学出版社1994年版,第281页。

其中的思想核心,则是宏观的理性思考。”

第三,“社会大特写”写法较少受到传统新闻样式的限制,它“更强调夹叙夹议,叙事形象,写法通俗,有情节、有事件、有人物,可读性较强。因此,尽管它篇幅较长(一般在 4 000 字左右),人们往往能一气读完”①。

“大特写”一开始更似报告文学作品的“浓缩版”,逐渐形成软新闻、司法新闻、故事报道等不同样态。“最吸引读者的叙事形式不是小说,而是人们感兴趣的经过捉刀人加工的名人传记、新闻背景深度报道,或新闻故事。后者是一种‘新闻事实+虚构’的文体,其基本事件是新闻性的,但过程的描写、悬念的设计、心理的揭示则有虚构。”②90 年代中期以后,伴随晚报、都市报的崛起,“大特写”逐渐成为这类市民报纸的重要文体,并快速发展成为当时“非虚构写作”中最为活跃的文体形态。最初的“大特写”较好地秉持了“非虚构写作”的理念,在新闻与文学之间寻求平衡。但是,发展到后期,许多作品中充斥着惊悚的故事情节、煽情化的叙事方式、小说化的虚构手法等,有的报道甚至大肆描摹人物的心理活动以及夸张化的细节——“这类作品很疯狂,铺排起来没完没了,没影儿的事也可以写得纤毫毕现,只要里面有个人物红了眼圈,就一定夸张为嚎啕大哭。”③由于对文学手法的过度化使用,这类“大特写”的“非虚构”逐渐变成了“半虚构”,甚至“纯虚构”,真实性大打折扣,最终文学层面的

---

① 郑兴东:《新闻冲击波——北京青年报现象扫描》,中国人民大学出版社 1994 年版,第 144—145 页。

② 徐亮:《泛文学时代的文艺学》,《浙江大学学报(人文社会科学版)》,2002 年第 1 期。

③ 李海鹏:《大地孤独闪光》,南方日报出版社 2011 年版,第 2 页。

审美价值也荡然无存。

1995年1月3日，《中国青年报》创办“特稿专版”——“冰点”。所谓“冰点”，就是“关注那些被忽视、被遗忘，甚至被屏蔽的人与事。冰点，不是焦点或热点。然而，我们又是以最深的情怀去关注这些故事、以不‘冰’的方式把它们传递给读者，让阅读感受不‘冰’、让引发的思考不‘冰’。所以，冰点，讲的其实是有温度的故事。”①事实上，从第一篇报道《北京最后的粪桶》开始，“冰点特稿”就致力于突破传统新闻中“见事不见人”的弊端，强调“见事见人”，聚焦“普通人的生存状态和不普通命运”，关注那些被社会热点所遮蔽的“冰点”，力图用“新闻影响今天”。“冰点特稿”处处凸显了“非虚构写作”的基本特点：强调写实与人文情怀的有机结合，“记者以一个普通人所具有的同情心，基本使用‘白描’手段，客观、真切、栩栩如生地描述出采访对象的苦难和希望，极大地唤起了善良人群的共鸣”②。对于“冰点”在特稿文体上的探索，《南方周末》特稿版原主编杨瑞春予以了极高评价：“在改革开放之后的新闻界，进行自觉而严肃的探索的媒体大概只有《中国青年报》的‘冰点’和少数其他媒体。”③

“冰点”的成功，一方面迅速带来特稿的繁荣，晚报、都市报纷纷设立“特稿部”，由此带来新时期特稿的第一次繁荣。另一方面，“冰点”也初步奠定了特稿的行业标准。按照李大同的说

① 徐百柯：《冰点·特稿2012—2013》序言，中央编译出版社2014年版，第2页。

② 李大同：《冰点故事》，广西师范大学出版社2005年版，第71页。

③ 杨瑞春：《后记：对抗时间的写作》，载南香红：《野马的爱情》，南方日报出版社2011年版，第292页。

法,除了“要有好故事和丰富的细节”,特稿在具体操作上还需要有“适应读者阅读规律的手段”,文体特色主要包括:

> 首先,题材本身有重大关系,要有张力,要判断读者会不会感兴趣。题材的重要性大概占50%;然后,标题要吸引人,标题作用多大呢,要管500字。一个好标题,能让读者看500字;那么,开头这500字要写得好,产生“阅读惯性”,然后让读者读接下来的1 500字;阅读疲劳通常产生在1 500字左右,这时候,你得让读者喘口气,甚至在1 500字的结尾处埋下某种伏笔,再吸引读者读下去,直至读完。你可以看到,我们的特稿形式基本是不变的。[①]

这就是说,特稿最大的特色在于具有像小说一样的“可读性”,于是,“故事”就成为特稿的重要内容与呈现方式。事实上,“特稿”(Feature)是一个地道的“舶来品”。1978年,美国普利策新闻奖新增“特稿写作奖”(Feature Writing),特稿逐渐受到西方新闻界的重视。20世纪80年代后伴随该奖的译介,“特稿”作为一种新型文体形式传入我国,但国内新闻学术界一度将其等同于本土的“报告文学”“通讯”“特写”等文体形态,对其界定也众说纷纭。“特稿是用文学手法报道新闻事件或新闻人物的特殊文体。它与通讯有些类似,与人物特写和报告文学也有说不清、道不明的联系。”[②]从这个意义上说,特稿其实是介于“专业范式”与“文学范式”之间的新闻文体形态。对此,

① 张志安:《记者如何专业:深度报道精英的职业意识与报道策略》,南方日报出版社2007年版,第33页。

② 刘其中:《诤语良言:与青年记者谈新闻写作》,新华出版社2003年版,第311页。

我们将在第四章通过名记者李海鹏的个案来展现特稿的这一特性。

五、21世纪以来:从“南周特稿”的探索到“非虚构写作”的“命名”

2003年,名记者李海鹏撰写《举重冠军之死》,这篇被《南方周末》称为第一篇真正意义上的“特稿”,开启了该报“中国式特稿”的探索之旅。何为“中国式特稿”?杨瑞春总结其核心特征是基于了一种先进的“方法论”:“我们从一开始就摈弃了原来中国传统特稿报道还没完全摆脱报告文学的那种旧写法,用现代媒体的特稿理念指导我们的特稿创新,这个流派源于西方新新闻主义,在中国新闻机构中是绝对领先的。”[①]这段话不仅显示了“中国式特稿”对于新新闻主义理念与方法的借鉴,更彰显了21世纪特稿文体转型的“基点”。此后,《南方周末》成立“特稿部”,强调以“追求文字的美,呈现复杂的真”为基本定位,选题聚焦人物类、人群类、话题类、事件类题材,将“戏剧性高度集中”作为选题基本原则,突出“主题事件化,事件故事化,故事人物化,人物性格化”的特稿操作路径,形成了一批有影响力、且臻于成熟的特稿作品,例如李海鹏的《悲情航班MU5210》(2004)、南香红的《两个男人的20年“婚姻”》(2005)、关军的《一封27年等不来的感谢信》(2005)、曹筠武的《系统》(2007)、叶伟民的《山寨春晚变形记》(2009)等。对此,展江教授的评价颇有见地:“特稿文体折射出新闻价值理念获得普遍

① 南方周末:《南方周末写作课》,中信出版社2021年版,第188页。

认同,其原因在于,事件的叙述具有人的维度,有人情味;其次在于,文学化的新闻写作样式为读者喜闻乐见;最后在于,对时代的进步意义,经得起历史的检验。”①

与此同时,《中国青年报》《南方人物周刊》《人物》《新京报》《京华时报》《智族 GQ》《时尚先生 Esquire》杂志等一批传统媒体纷纷加入特稿生产行列,由此带来了特稿文体的再度繁荣。包丽敏的《无声的世界杯》(2006)、林天宏的《回家》(2008)、从玉华的《最倒霉的家庭》(2010)、赵涵漠的《永不抵达的列车》(2011)、王天挺的《北京零点后》(2012)、徐卓君、李岩等的《广渠门桥致命 3 小时》(2012)、魏玲的《东莞制造》(2014)等成为其中的代表作。这些作品题材与写法各不相同,有的擅长对真实细节的描摹,有的聚焦新闻人物的内心世界,追求历史时空中多维度、多关联的真实。总体看,这些特稿的内在机理却趋于一致,诚如名记者杨潇对优秀特稿标准的“界定”——“要厘清这个人的行动逻辑,去理解这个人的观念来源和所处的环境;要对细节具有敏感性,对细节要有所取舍;要讲好一个故事,故事是一个特稿的内核;最后,记者要在文本中显示出他对文章节奏感的控制力,在控制中表现出一种张力来。”②换言之,优秀特稿既真实客观地呈现社会现实和人物的实存状态,又追求叙述的畅达与生动,强调新闻框架内对文学手法的征用,很多作品直接借鉴小说的创作方法,综合运用第一人称叙述、人物和对话的发展、冲突与张力的构建、对事件场景的重现以及对语言表达的重

① 杨瑞春、张捷:《南方周末特稿手册》序一《新闻文体“范式”革命的引领者》,南方日报出版社 2012 年版,第 3 页。

② 张志安、刘虹岑:《转型与坚守:新媒体环境下深度报道从业者访谈录》,南方日报出版社 2015 年版,第 29 页。

视,通过集中戏剧性冲突来推进故事进程,努力寻求新闻实录与文学审美双重价值。这背后也彰显了记者新闻文体意识的自觉,“文学可以探索无疆界,新闻却不得不受制于职业准则。文字之美首先必须服务于文字之真。”①

2010年,《人民文学》杂志第2期首次推出“非虚构”栏目,编者在《留言》中开宗明义——“我们其实不能肯定地为‘非虚构’划出界限,我们只是强烈地认为,今天的文学不能局限于那个传统的文类秩序,文学性正在向四面八方蔓延,而文学本身也应容纳多姿多彩的书写活动,这其中潜藏着巨大的、新的可能性。”②由此可见,文学界对于“非虚构”的引入与倡导,实质是为了打破传统文类设定的业已固化的秩序,追求文学对于现实世界的切近解释与深度观照,寻求文学在现时代的多元可能性。此后,伴随梁鸿的《中国在梁庄》、慕容雪村的《中国,少了一味药》等非虚构文学作品的“一纸风行”;与此同时,一大批国外非虚构经典被译介引入国内(例如杜鲁门·卡波特的《冷血》、约翰·赫西的《广岛》、阿列克谢耶维奇的《二手时间》、彼得·海斯勒的《奇石——来自东西方的报道》《江城》《寻路中国——从乡村到工厂的自驾之旅》、理查德·普雷斯顿的《血疫——埃博拉的故事》、张彤禾的《打工女孩——从乡村到城市的变动中国》等);加之,2015年诺贝尔文学奖授予了白俄罗斯非虚构作家阿列克谢耶维奇,从而共同助推了非虚构写作潮流在国内文学界的勃兴。

---

① 杨瑞春、张捷:《南方周末特稿手册》,南方日报出版社2012年版,第291页。

② 《留言》,《人民文学》,2010年第2期。

作为一种介于新闻与文学之间的文体形态，非虚构（Non-fiction）是从美国引入的"舶来品"，又被称为"文学新闻"（Literary Journalism）、纪实新闻、叙事新闻、长新闻、特稿等，是"一种基于'事实'的文学创作活动，它借助虚拟对话的形式，采用讲故事的叙事方法反映真实的历史人物和事件。"其具体特征包括四个方面：第一，记录性。非虚构作品来自真实世界的"事实"记录。第二，详尽的研究。非虚构写作要通过观察、调查、采访和文献的验证来建立叙事的可信性。第三，场景。非虚构写作强调重建场景。第四，细致的写作。优美的语言是非虚构写作的文学特征。[①] 中国语境下的非虚构写作意涵更加丰富。知名作家莫言认为："非虚构写作介乎新闻通讯和小说之间。如果说新闻通讯是绘画，非虚构文学则更像雕塑，更加立体地展现了人物。"[②]名记者杜强将"文学性"作为衡量非虚构写作的尺度，他认为："非虚构写作，情感性的东西会多一些，作者的个人表达会多一点，然后会更加有意识地试验文学手法。"[③]名记者王天挺则从新闻与文学的共性特征出发，强调"不管是文学还是非虚构，在'打动人'这一点上是一致的"[④]。

对于正处在"危机-转型"中的国内新闻界而言，"非虚构写作"这个"命名"似乎为其转型提供了一个重要"抓手"。他们不

---

① 刘蒙之、张焕敏：《非虚构何以可能：中国优秀非虚构作家访谈录》，中国社会科学出版社2018年版，第2页。

② 陈寂：《中国首个"非虚构写作大奖"揭晓》，人民网，http://edu.people.com.cn/n/2013/0819/c1053-22616305.html，2013年8月19日。

③ 胡群芳：《杜强：非虚构作品，要有放到十年后还能看的潜力》，《南方传媒研究》，2019年第6期。

④ 刘蒙之、张焕敏：《非虚构何以可能：中国优秀非虚构作家访谈录》，中国社会科学出版社2018年版，第7页。

仅欣然接受,而且迅速成为积极的行动者与推介者。

一方面,新闻界通过创办非虚构栏目、搭建新媒体平台、举办写作大赛等形式,大力推广“非虚构写作”。2011 年,中国第一个创新人群故事传播平台“中国三明治(China30s)”成立,以“众包+专业策划编辑”方式生产“非虚构”作品。2014 年,《南方人物周刊》与《人物》杂志双双增设“非虚构”栏目。2015 年,网易新闻上线“人间”,立足“活在尘世,看见人间”,集中刊发原创的非虚构故事。同年,《南方人物周刊》《谷雨》《地平线》《人间》《时尚先生 Esquire》《单读》《正午》《智族 GQ》8 家媒体平台联合发起成立“非虚构创作联盟”。2017 年,李海鹏等创立“讲述最好的非虚构故事”的 ONE 实验室①;同年,“真实故事计划”启动第一届非虚构写作大赛,力图打通新媒体、出版、影视三大行业,实现非虚构写作的产业化。2018 年,澎湃新闻正式上线非虚构栏目“镜相”,林珊珊领衔的“故事硬核”工作室加盟腾讯谷雨。2019 年,澎湃新闻与复旦大学、今日头条联合举办“澎湃·镜相”非虚构写作大赛,旨在“培育优秀非虚构写作者,并长期孵化非虚构佳作”。

另一方面,新闻界也生产出一批非虚构佳作。2015—2016 年,《时尚先生 Esquire》连续刊发魏玲的《大兴安岭杀人事件》和杜强的《太平洋大逃杀亲历者自述》,微信号阅读量均达到 3 000 万+。《太平洋大逃杀亲历者自述》与《黑帮教父最后的敌人》(作者林珊珊)更是被影视公司分别以百万元买断版

① 该实验室成立半年后即宣告解散,引发新闻界的巨大讨论,后 ONE 实验室更名“故事硬核”,整体并入腾讯谷雨。参见李娟、刘勇:《变动时代新闻职业价值的消解与重构——基于 ONE 实验室解散的元新闻话语研究》,《新闻记者》,2018 年第 5 期。

权。2017年,《南方人物周刊》首席记者卫毅采写的《白银时代:一桩连环杀人案和一座城市的往事》,连续获得腾讯“年度非虚构写作大奖”和网易“非虚构文学奖”。2019年,杜强的非虚构作品《废物俱乐部:卧底、小偷和赌鬼》获得瑞士伯尔尼记者节首届“真实故事奖”(TRUE STORY AWARD)第三名。此外,袁凌的《血煤上的青苔》(2015)、魏玲的《入侵的消息已经被证实》(2016)、陈楚汉与杜修琪的《1986,生死漂流》(2016)、曾鸣的《“失败者”李晓峰》(2016)、钱杨的《了不起的茅侃侃》(2018)、李斐然的《李开复:最大化战争的幸存者》(2019)、程静之的《一个外卖员消失在上海暴雨中》(2019)、安小庆的《葬花词、打胶机与情书》(2020)、赖祐萱的《外卖骑手,困在系统里》(2020)、姚璐的《1236天了,章莹颖家人,还在寻找章莹颖》(2020)等也都是这个领域的优秀作品。这些非虚构作品“尝试了诸多突破传统新闻叙述的常规手法,强调细节,坚守故事性,用摇曳多变的叙述丰富新闻叙述的表现力”“敲开新闻的硬壳,还原新闻丰富的社会性和人性”①。

上述事实激活了人们对于非虚构写作的热情,记者、作家乃至普通公民纷纷进入该领域。作者的多元化、题材的广泛性、写法的多样化,预示了“非虚构写作”的“黄金时代”即将来临,但同时诸多问题也接踵而至。比如,对于“真实”底线的突破、对于事实核查的专业性缺乏、对文学性的过度追求等等。因此,应该看到,新闻与文学(尤其是虚构文学)所关注的“故事”存在本质的区别:“记者不能制造‘令人惊叹’的故事,但他们可以找出

① 张涛甫:《非虚构写作:对抗速朽》,《新闻记者》,2018年第9期。

这些故事。他们凭借敏锐的新闻嗅觉,追寻‘令人惊叹’的故事源头。他们以一种强化或突出效果的手法,巧妙地加工故事。但那就是他们所能做到的极限。”①

目前,非虚构写作的作者队伍正在从专业记者、作家拓展到普罗大众,写作领域也从新闻、文学拓宽到历史、社会学、心理学等。“新冠肺炎”疫情期间,舆论场中既有专业媒体职业记者采写的专业“特稿”“深度报道”等,也有普通人写的“日记体”“口述实录体”的“真实故事”,从中我们亦能观测到非虚构写作在这个时代的意义与价值——“对于心灵疗愈、连接他人,传播知识以及当下所流行的社群组织,都有不可替代的作用。”②

六、在新闻与文学之间:非虚构写作的演化逻辑

通过对当代中国“非虚构写作”嬗变轨迹的追寻与深描,我们大体可以得到两个基本结论:

第一,作为一种跨界文体,“非虚构写作”始终在新闻与文学之间寻求平衡,“所有出现在文章中的点都必须是真实的,真实的事件、真实的人、真实的现象。并且,这篇文章必须具有文学色彩。”③换言之,真实是非虚构写作的底线,在此基础上,任何文学技法都可以运用其中。还应该看到,新闻的母体是“文学”,新闻既要从文学中汲取养分,又要不断挣脱文学束缚,继而才能形成相对独立的文体形态,寻找到自身存在的合法性。

---

① [美]迈克尔·舒德森:《新闻社会学》,徐桂权译,华夏出版社2010年版,第217页。

② 李梓新:《非虚构写作指南》,中信出版集团2019年版,第2页。

③ 王佳莹:《李海鹏:职业操作规范下的非虚构写作》,《北京青年报》,2014年9月19日。

但是,新闻文体与生俱来的文学"痕迹",又常常显现在具体的新闻叙事之中,这主要表现在对文学理念、技巧的借鉴与调用,"小说的情节之曲折,戏剧的冲突之激烈,诗歌的动词诗眼之灵动……无所不可拿来一用,只要用得妥帖而又没有越过真实的边界"。①

第二,非虚构写作本身是新闻与文学交叉互动的结果,其背后凸显了文体变易的一条基础性"进路"——"两种或两种以上的不同文体之间的交叉、渗透,并进而产生一种新的文体。这种交叉、渗透实际上是多种结构规范之间的对话、交流、相互妥协和相互征服。"②当然,新闻文体的变迁往往是多种因素"合力"的结果。媒介技术的发展、社会生态环境的变动、公众诉求的移位、文体自洽性的作用等构成了新闻文体演化的重要因素。当代中国报告文学、大特写、特稿、非虚构写作的发展历程,显示的不仅是文体名称的变换,更是各种因素的综合作用,诚如知名记者、作家袁凌所指出的那样,"从文学的衰退、新闻的转型和社会独立写作的兴起,各种学科的交融,几个方面的因素合起来就出现了非虚构的东西。"③

---

① 南香红、陈丰:《特稿二辨》,《南方传媒研究》,2013 年第 6 期。

② 陶东风:《文体演变及其文化意味》,云南人民出版社 1994 年版,第 15—16 页。

③ 刘蒙之、张焕敏:《非虚构何以可能:中国优秀非虚构作家访谈录》,中国社会科学出版社 2018 年版,第 28 页。

第四章
形构与创新:“专业范式”的文体演变

“专业范式”的关键词是“专业”(profession)。那么,何为专业?美国知名社会学者默顿曾提出,与一般职业(occupation)相比,专业“可以被认为是根植于人类价值的三方面组合”——“首先,它具有试图获取系统化知识和专门技能的价值:求知(knowing)的价值。其次,专业具有获取训练有素的能力和技术技巧的价值:实用(doing)的价值。第三种价值包含在职业角色之中,并将知识与技能结合起来用于对他人提供专门的服务:援助(helping)的价值。”[①]施拉姆也指出:“专业者,是为完成某一种重要公众服务而存在的行业。”尽管大众传播业不是传统意义上的“专业”,但是,“像这一种以高度的公众服务观念为依归的行业,必须是一种专业;它的参加分子,必须是专业人员。”[②]这就是说,专业是职业发展的最高阶段,“意味着职业共

① [美]罗伯特·K.默顿:《社会研究与社会政策》,林聚任等译,生活·读书·新知三联书店2001年版,第131页。

② [美]Wilbur Suhramm:《大众传播的责任》,程之行译,(台湾)远流出版事业公司1992年版,第368—370页。

同体意识的形成并赢得社会的承认、法律的支持。”①“新闻文体专业范式”就是在新闻职业化进程中所形成的关涉新闻职业价值与专业定位的文体理念与操作规则。

第一节　“新闻文体专业范式”的当代路径与核心内涵

1949年以前,“专业范式”并未形成一个统一的理论体系,只是零星地存在于当时的报业实践之中。一方面,一部分民间报人办报的理论与实践已经呈现出“专业范式”的基本图景,例如,1926年复刊的新记《大公报》所践行的“四不方针”——“不党、不卖、不盲、不私”——所表达的正是对新闻职业化、独立性、专业化的追求。另一方面,国共两党的报刊宣传实践中也包含了许多对于新闻本体规律的认识。例如,1943年,担任中国共产党中央宣传部部长的陆定一在《我们对于新闻学的基本观点》②中,对于新闻本源、新闻真实、新闻五要素的论述,都涉及新闻文体的专业理念与基本规范。

一、“新闻文体专业范式”变迁的当代路径

新闻文体的“专业范式”在当代中国的形构是分阶段完

---

① 芮必峰:《政府、市场、媒体及其他:新闻生产中的力量博弈》,中国传媒大学出版社2018年版,第160页。

② 参见陆定一:《我们对于新闻学的基本观点》,《解放日报》1943年9月1日,载复旦大学新闻系新闻史教研室:《中国新闻史文集》,上海人民出版社1987年版,第264—272页。

成的。

1949 年,中华人民共和国成立以后,“宣传范式”的主导地位逐渐得以确立,新闻事业的宣传功能亦逐步取代新闻功能,“专业范式”渐次失去生存的基本土壤,及至“文革”时期,新闻文体陷入畸变。

1978 年以后,第三次新闻改革的大幕拉开,新闻实务(尤其新闻写作)变革首当其冲。80 年代初期,“信息”概念的引入产生了两个直接后果:其一是新闻文体的独特性与变革动力得以确认;其二是新闻业存在的合法性获得了专业基础。藉此,“传播信息,尊重事实”成为新闻工作的一个基本规律,构成了“新闻文体专业范式”的一个基本特质,并逐渐成为新闻工作者的专业共识以及社会公众对新闻界的角色期待。

20 世纪 80 年代中后期开始,“以今日的事态核对昨日的背景,从而说出明天的意义”的深度报道崛起。由此,关注新闻背后的信息,挖掘事实背后的真相,追求新闻的深度,成为“新闻文体专业范式”的另一个特质。

20 世纪 90 年代,伴随《南方周末》、《财经》杂志、中央电视台《新闻调查》等一批专业化新闻媒体(电视栏目)的崛起,调查性报道、解释性新闻等追求新闻真相的文体样态也随之勃兴。

21 世纪以来,日渐丰富的新闻实践助推了我国新闻从业者对于自身职业角色与话语空间的认知与想象,逐步促进了“新闻文体专业范式”基本特质的形构。

2008 年,新华社高级编辑熊蕾与美国艾奥瓦大学新闻传播学院教授朱迪·波罗鲍姆对 20 位中国新一代职业媒体人进行访谈后,得出一个重要结论是:“职业新闻人在觉醒。”因为他们普遍具备了新闻人的职业素养,亦即“用事实说话,而不是从概念出发。要平衡表达不同方面对同一事件的看法,而不是只表达一方面的意见。要尊重受访者,而不是无视他们的权利。是同受众站在同一水平线上,用他们喜闻乐见的方式讲故事,而不是居高临下地教育他们。”①

2012—2013 年,一项针对 2 109 位新闻从业者的调查表明,关于新闻媒体社会功能的评价,新闻从业者最认同的是“以事物本身的样子进行报道”“支持国家发展”“做一个置身事件之外的观察者”和“对新闻时事做出分析”。②

2016 年,一项针对中国网络新闻从业者的调查显示,网络新闻从业者的媒介角色认知中,“依据事实报道新近发生的事实”(均值 9.05)是最重要的传媒功能,其次是“迅速地为大众提供新的信息”(均值 8.98),第三是“对复杂的问题提供分析与解释”(均值 8.58)。本次结果与 3 年前的调查结果基本一致,“信息传播”和“分析解释”始终是网络新闻从业者心中最重要的传媒功能。③

上述三项实证研究表明,中国新闻从业者在职业理念、媒介功能认知等方面均展现出“新闻文体专业范式”的基本特质。诚如白红义教授在对当代中国调查记者的研究中所阐释的那样,“新一代的调查记者们已经越来越习惯于追求报道的客观、

---

① 熊蕾、[美] 朱迪·波罗鲍姆:《变脸:中国新一代职业媒体人口述实录》前言,新华出版社 2009 年版,第 3 页。

② 张志安、张京京、林功成:《新媒体环境下中国新闻从业者调查》,《当代传播》,2014 年第 3 期。

③ 周葆华、查建琨:《网络新闻从业者生存状况调查报告》,《新闻与写作》,2017 年第 3 期。

平衡、全面和公正。从技巧上他们比前辈们更加纯熟和老练;从文本上他们更加冷静克制。”①2013 年出版的《中国百年新闻经典·消息卷》就对“经典消息”的专业特质做了如是描述——“一是它所报道的应该是受众最希望或最应该知道的事情,即我们所常说的‘最有新闻价值’的事情;二是报道极其具体客观,传播者(记者、媒体)只是个‘报告人’,不可以‘根据自身好恶选择事实’;三是其文本形式极其‘干净’,这包括语言、行文、结构等。”②

二、客观性:“新闻文体专业范式”的核心理念

作为“新闻文体专业范式”的根本标志,客观性原则的意涵丰富。

一方面,客观性是作为认识论准则的新闻专业理念的核心。“新闻实践中各种从事‘边界工作’(区别新闻与言论、新闻与广告、新闻与娱乐等,划定新闻与包括新闻源在内的‘业外人士’之间的职权范畴等)的程序,‘事实性网络’(web of facticity)的建设,以及客观性的仪式性演示等,都是对客观性原则的制度化确认,是它在实践中虽不完备却必不可少的落实。”因此,“可以说没有事实,即没有所谓的新闻;作为文本的新闻是可验证(verifiable)事实的呈现;作为活动的新闻是观察、记录、查核、传递事实并建构意义的社会和文化实践。”③从这个意义上说,客

① 白红义:《以新闻为业:当代中国调查记者的职业意识研究》,上海交通大学出版社 2013 年版,第 107 页。

② 孙德宏:《中国百年新闻经典·消息卷》前言,人民出版社 2016 年版。

③ 潘忠党、陆晔:《走向公共:新闻专业主义再出发》,《国际新闻界》,2017 年第 10 期。

观性原则的核心是对事实的尊重。“新闻客观性的基础信念,是‘真相紧随在事实之内’(truth is imminent in the facts)。”[①]这一点恰恰是新闻文体存在的合法性基础。

另一方面,“专业范式”视野中的“客观”是指“凭藉所收集得到且能够观察而又能查证的种种事实,以试图了解事实的一种方式。”当媒体或新闻工作者声称他们“客观”时,他们或多或少都意味着下列诸项情形:

1. 他们在收集和呈现(报道)新闻成品时,概以事实为主;无偏私、也无党派立场;展现的是正确、真实(realism)的报道。

2. 对于新闻事件,他们除了只愿作为“公平的证人”的角色外不做他想;平衡、平均地处理一个论题的各方意见是不变的原则。

3. 新闻工作者不受自己成见或念头左右,也将个人态度或个人涉入(involvement),减至最少。

4. 他们的新闻工作不受个人情绪所影响,事实与意见分开处理。

5. 不在讯息中灌注个人意见或判断(judgement),但尽量提供所有主要的相关观点。

6. 所提供的资讯都属中立,而又非评论性;避免存有扭曲(slant)、仇怨(rancon)或者误导他人的目的。

7. 所提供的讯息是各项可查证讯息的总和。[②]

① 彭家发:《新闻客观性原理》,台湾三民书局1994年版,第73—74页。
② 同上书,第41页。

落实到新闻文体层面,客观性又被细分为具有操作性的报道规则:它要求记者在新闻报道中尽可能淡化(悬置)个人情感,保持中立的报道立场,避免直接发表意见,将事实与观点分离。为此,记者要首先按照最多的“事实材料”来组织报道,一般运用第三人称语气进行报道,行文中不仅要全面、完整地呈现新闻信息,还要力求平衡地报道各方的意见,尽可能提供具名新闻来源,交代新闻背景以观照新闻事实的价值与意义,运用直接引语明确标示出新闻当事人、目击者、权威人士等的观点,多用动词少用感情色彩浓厚的形容词和副词等等。请看下面这篇报道——

北京申奥成功

本报莫斯科7月13日急电 国际奥委会主席萨马兰奇今晚在此间向世界宣布,经国际奥委会第112次全会投票确定,2008年第29届奥林匹克运动会在北京举行。

北京赢得2008年奥运会主办权,是在1993年首次申办未果后,经过坚持不懈的努力获得成功的。此次投票,北京在5个申办2008年奥运会候选城市中脱颖而出。

(《人民日报》号外,2001-07-13)

这篇报道采用倒金字塔结构,单行题交代核心新闻事实,并点明主旨。直叙式导语开门见山,交代了时间、地点、人物和事件四个新闻要素。主体部分只有一段,但言简意赅,突出主题。前一句话提供新闻背景,衬托本次申奥成功的历史意义。后一句话补充新的材料,凸显本次申奥成功的难度。整篇报道中,记者秉持客观性原则,没有直接发表评论,只是通过新闻事实、新闻背景与新闻材料之间的组合,来展示北京申奥成功的意义与价值。

三、从“信息模式”到“深度模式”:“专业范式”文体模式的形构

(一)“信息模式”

大众传媒的第一功能就是传播信息,报道新闻。虽然都是传播信息,但“专业范式”与“宣传范式”中的“信息模式”却有所不同,前者是为了满足受众的信息需求,传播信息是其根本目的;后者则更多出于宣传的需要,传播信息则是实现宣传目标的手段之一。对此,早在1988年,名记者张建伟就在《从宣传到报道》一文中比较形象地呈现出了两种范式对于“信息模式”理解的差异:

> 信息有两类:读者“想知道”“应该知道”但“尚未知道”的为“狭义信息”,形成报道,为“独家新闻”。读者已知信息的某一方面,经记者的挖掘,使之或深化了背景,或转化了认知角度,或揭示出深层价值的,为“广义信息”。新闻报道的质量,由这两类信息的质和量所决定。所谓新闻报道,指的就是这样的信息报道。它们出现在大众传播中,被称为“提供信息”。
>
> 宣传也有两类:预先或在采访写作中为非信息的“事实”附着既定的(多半是官方认定的)“口径”,形成稿子,为“宣传稿”。起初的确是信息,也形成了报道,但第二次乃至第×次地不断地重复这一读者“已经知道”的“信息”,使“信息”不再具有信息的特性,只留下明显的“宣传意义”,

仍顽强地形成稿件,也是“宣传稿”。①

在具体操作中,“专业范式”的“信息模式”主要有两种呈现方式:一种是运用单一消息的形式,强调运用尽可能少的符号(篇幅)传播既定的信息量,所谓“言简意赅”。

钱塘江观潮最佳点东移

中新社杭州1986年3月16日电 “观潮不必挤八月,最佳地点已东移”。日前,在观赏钱塘江潮时有关专家这样对记者说。

浙江海宁县盐官镇由于地理因素的变化,现在已不是观潮的最佳地点,而该县丁桥乡八堡一带则取其位而代之。

八堡在盐官镇以东七八公里处,是钱塘江潮之东潮与南潮的汇合点。当潮涌来时,两潮叠加相撞,冲天而上,状似伞云,声如洪雷,极为壮观。而潮至盐官,时势已减弱,大逊于前。

专家们还认为,唯有8月18日是观潮最佳时间的说法也是不正确的。他们说,一年四季皆可观潮,每月的初一和十五前后都是观潮的最佳时间。

上述这篇消息的核心信息有两个,即钱塘江观潮的最佳时间和最佳地点都发生了改变。导语中明确交代这是专家的最新发现。主体按总分式结构展开,第二段旋即指明观潮的最佳地点已由“海宁县盐官镇”变为“丁桥乡八堡一带”。第三段用白描的手法展现观潮最佳地点在潮涌之时的壮观景象。第四段则

① 张建伟:《深呼吸——未曾公开的新闻内幕(下)》,经济日报出版社1998年版,第167页。

转向观潮时间这一信息点。记者通过澄清传统说法,交代观潮最佳时间。整篇消息短小精干,结构清晰,表述精练,仅用了254个字就传递了丰富的信息,暗合了新闻媒体的信息服务功能。

“信息模式”的另一种方式是围绕一个主体事件,运用多种形式,多维扩充信息的“质”与“量”,所谓“文约而事丰”。例如下面这篇报道——

九江段4号闸 附近决堤30米	评析
	单一式标题直接交代新闻核心事实。
本报江西九江8月7日16时5分电　今天13时左右,长江九江段4号闸与5号闸之间决堤30米左右。洪水滔滔,局面一时无法控制。现在,洪水正向九江市区蔓延。市区内满街都是人。靠近决堤口的市民被迫向楼房转移。	第一篇简讯的第一句话直陈其事,呈现主体新闻事实:“九江段4号闸附近决堤30米”,由此呼应标题。第二句话承上启下,后三句话则客观展现“决堤30米”的严重后果,奠定了全篇“紧张”的基调。
本报江西九江8月7日16时35分电　现在大水已漫到九瑞公路。据悉,决堤时,一些居民还在睡午觉。现在在堤坝上被洪水围困的抢险人员大约上千人。	第二篇第一句话叙述洪水蔓延的现状。第二句话作为背景,显示洪水来临时的民众状态。第三句话则用数据说话,客观呈现险情。
本报江西九江8月7日17时5分电　国家防汛总指挥部的有关专家正在查看缺口。专家们决定用装满煤炭的船沉底的办法堵缺口。	第三篇第一句话突出记者的现场观察,第二句话客观陈述国家防汛总指挥部专家们确定的抢险方案。

续 表

本报江西九江8月7日17时15分电 记者已赶到缺口处。汹涌的江水正从30米宽的缺口涌向市区。南京军区两个团正在国家防总、省防总有关专家的指挥下现场抢险。现在有一条100多米长的船无法靠近缺口,抢险队正在想办法。	第四篇第一句话“记者已赶到缺口处”凸显了报道的现场感,为后文“洪水涌向市区”的紧迫感奠定真实性基础。
本报江西九江8月7日17时40分电 专家们拟定了三套抢险方案:1、将低洼处的市民转移到安全地带。2、市区内的军队、民兵组成一道防洪线。3、全力以赴堵住缺口。 现在,一条大船装满煤,正由北向南岸靠近,准备堵缺口。	第五篇简略叙述三套抢险方案,言简意赅,却传播了民众最关心的信息,从而突出了新闻的增量。
本报江西九江8月7日22时5分电 截至记者21时撤离时,决堤口还没有堵上。一条装满煤炭的百米长的大船已横在距决堤口20米处,在其两侧,三条60米长的船已先后沉底。数千军民正在沉船附近向江里抛石料。水势稍有缓解。	第六篇是八篇中篇幅最长的简讯,但全文也只有250字。导语以“记者撤离时”为节点,交代其在决堤处目击的抢险过程和效果,提供了最新信息,结尾一句“水势稍有缓解”初步平复了读者“紧张”的情绪。
目前,留在决堤处抢险人	本段只有两句话却巧妙地转换了

续　表

员总计有 2 000 多人。防汛指挥部组织抢险人员正在市区的龙开河垒筑第二道防线。	场景,将读者的视角从决堤口转向市区。
据悉,市中心距决堤处的直线距离约 5 公里。市区内目前还未进水。记者赶回市区时看到,一些店铺还在营业。市民们的情绪较下午平稳了一些。	本段是记者赶回市区沿途所见所闻所感,一句“市区内目前还未进水”提供了市民最关心的信息。而“一些店铺还在营业”的事实也衬托出市民情绪平稳。
路上,出租车司机告诉记者,市政府已在电视上发出紧急通知,告诫市民,凡家住低于 24 米水位的住户,要迁到更高的楼上。	结尾处用出租车司机的间接引语,传播市政府的“紧急通知”,扩大了信息量。
本报江西九江 8 月 8 日零时 15 分电　记者刚刚与前线指挥人员通话:现在沉船部位上端水流有所减弱,但船下的漏洞水流仍然很急,缺口处洪水不见缓解。抗洪军民仍在连夜奋战。	第七篇以权威的消息来源提供了抢险最真实、最新的信息,再度烘托了“紧张”的基调,也突出了记者的“在场”。
本报江西九江 8 月 8 日零时 45 分电　记者刚刚得到消息,从昨天下午 4 点开始,万余名解放军战士正在龙开河连夜奋战,构筑一道 10 公里长、5 米宽的拦水坝,作为市区的最后防线。至发稿时止,仍有大批军车赶往此地。 **(《中国青年报》,1998-08-08)**	第八篇导语中的“刚刚”表明是截稿前的最新信息,继而通过四个数据显示了抢险的进展,也客观地呈现了解放军在抢险中的付出与努力。

这篇报道由八篇按照时间顺序排列的简讯构成。对于其时的中国新闻界而言,这种信息排布方式本身就是一种“新闻创新”。全文只有(不带电头)749个字。其中,第三篇电讯最短(41个字),第六篇电讯最长(250个字)。围绕“九江段4号闸附近决堤30米”这一主体事实,八篇简讯分别选取不同角度,结合记者的现场目击与多元采访,运用场景叙述和细节描写,聚焦决口现场、洪水险情、市民状态、政府应急措施、军民抢险进度等不同层面,多侧面、多维度扩展了新闻的信息量。整体来看,这篇报道篇幅虽短,却达到了“专业范式”中“信息模式”的基本追求:客观呈现,辞简意丰。记者没有发表任何议论,只是客观叙述自己的所见所闻,报道中没有过多形容词、副词的渲染,却专业地突出了洪水决堤时的危急情势与紧张的基调,客观地展现了当地民众状态与军队抢险的风貌。此外,该报道最为显著的特色在于:八篇简讯既各自独立,又浑然一体,整体上更像一篇时序式结构的消息。基于此,这篇报道先后获得了全国抗洪救灾报道一等奖和第九届中国新闻奖特别奖,由此也建构了21世纪“信息模式”的典范性呈现方式,为后续新闻文体实践提供了“范本”。例如,获得第14届中国新闻奖一等奖的消息《三峡大坝昨下闸蓄水》,其操作逻辑和具体写法几乎与《九江段4号闸附近决堤30米》如出一辙。

三峡大坝昨下闸蓄水 千古峡江顿失滔滔 高峡平湖初步显现	评析
记者剑文三峡梯调中心1日9时电 三峡总公司总经理陆佑楣刚刚在这里下达了三峡大坝下闸蓄水的命令。从这一刻开始,中华民族“高峡出平湖”的百年梦想渐渐变成现实。未来15天内,蓄水将达135米高程。 中心多媒体屏显示,此刻三峡坝前水位106.11米,上游来水量1.2万立方米/秒。	主标题直接陈述新闻核心事实,对比式副标题描述开闸蓄水的场景与结果。 第一篇简讯以蓄水首日切入新闻叙事,直叙式导语呈现主体新闻事实。第二句话以进行时语态,呼应标题。第三句话以将来时语态预测新闻走向。第二段再次聚焦“这一刻”,突出新闻事实的进展。
记者礼兵三峡大坝1日9时20分电 此刻,大坝第20号导流底孔弧形闸门在强力液压启闭机作用下紧紧闭合了,刚才还巨流喷涌的20号闸室外已波平浪静。 三峡大坝22个导流底孔只保留3个宣泄江流,流量控制在3 500—4 000立方米/秒,以保证葛洲坝电厂发电和下游通航。	第二篇以“此刻”开篇,由调度中心“转场”至大坝蓄水现场,记者细致描述第20号导流底孔蓄水后的场景和细节,进一步展现了新闻事实。第二段则进行了信息延伸,叙述了22个导流底孔的基本情况。
记者忠贤葛洲坝1日11时电 三峡大坝下闸蓄水两小时后,葛洲坝二江电厂中控室电脑屏幕显示:入库流量	第三篇地点转向葛洲坝,导语第一句话客观呈现蓄水两小时后的流量和水位变化。第二句话通过实名消息来源的间接引语,进一步提供延伸信

续 表

3 713 立方米/秒,葛洲坝坝上水位 66 米,坝下水位 39.4 米。值班员赵阳说,现在流量刚好达到发电最低要求,葛洲坝 21 台机组中有 10 台在运转发电。 1 小时前,二号船闸送走了驶向下游的 3 条机驳拖船。	息,亦即三峡蓄水后已实现运转发电。第二段在本条简讯中的作用类似新闻背景,实质暗含了对蓄水后水量和水位的展示。
记者周芳秭归港 1 日 11 时电 温驯的江水已经漫过港口的 6 级台阶,比上午 9 时涨了约 1 米。 “我亲眼看到江水一点一点爬上台阶。”茅坪居民熊宇平兴奋不已。她 5 岁的女儿却不高兴:“小蚂蚁跑得太慢,淹死了好多。”长江 5 号飞船经理张宏斌盼望水早点蓄到位:“到那时,风平浪静的江面会让旅客感觉更舒适、更安全。”	第四篇在全文中篇幅最长(共 130 字),与第三篇的时间一致,但地点转向秭归港。导语动态展现蓄水两小时后的水位上涨情况。第二段选择了 3 个信源的 2 段直接引语和 1 段间接引语,展示民众对三峡蓄水的急切心情,其中居民 5 岁女儿的话,增强了报道的人文性和趣味性。总体看,本篇简讯为新闻引入了“人”的气息,所谓“见事见人”。
记者志兵归州 1 日 14 时电 归州水位较上午 9 时上涨了 1.5 米。当靠江最近的副食店老板郑家运卖出今天第 4 包香烟时,江水终于淹没了原秭归县实验小学校址。 老归州城边的鸭子潭已与长江完全融为一体。江边看水的彭树森老人有些惋惜:	第五篇导语第一句话客观陈述蓄水五个小时后归州的水位上涨情况。第二句话通过对副食店老板的采访,以“卖出第 4 包香烟”的细节生动展现蓄水的场景。第二段以一位老人的直接引语,既显示出人们对老城的不舍,更隐喻当地人对三峡大坝建设所作出的巨大牺牲。

续　表

“再也看不到人们成群结队到潭中舀桃花鱼的景象了。”	
记者月波巴东港1日15时电　尽管江水在迅速上涨,但巴东港并未受多大影响,西上东下的客船不时停靠。巴东旧城遗址已淹没大半,江面宽了70多米。 对岸神农溪口已展宽至400多米,江水倒灌约10公里。约1小时前,县旅游部门成功炸除了溪中涨水后碍航的“神农石”。	第六篇突出蓄水六小时后巴东港的航运情况。导语第一句中的“西上东下的客船不时停靠”系记者的现场观察,第二句则暗示三峡蓄水对航运的意义。第二段第一句话展示另一地点蓄水的进展,第二句话实质是本篇简讯的新闻背景,为前一句话提供补充和说明性信息。
记者剑军巫山1日17时30分电　由宜昌开往重庆的“江山1号”客轮在长长的汽笛声中驶离巫山港时,港口通往县城的“人”字形路分叉部分已全部没入水底,巫山水位较上午涨了近两米。	第七篇将“‘江山1号’客轮驶离巫山港”与“港口通往县城的‘人’字形路分叉部分全部没入水底”同一时间点的两个不同细节进行比照,突出“巫山水位上涨了近两米”这一新闻事实。
记者立新奉节1日19时电　瞿塘江水已失去了往日的汹涌,只在江风吹拂下泛起涟漪。据航道部门测定,夔门水位已升至108米。 落日余晖下,有不少摄影爱好者在拍摄夔门摩崖题刻,风箱峡段也有不少游客在参观、留影。	第八篇导语第一句话以描写的手法,展现场景,暗含三峡蓄水给瞿塘江带来的益处,第二句话则进一步“用数据说话”。第二段叙述游客的行为,再度展现三峡蓄水这一重大事件中的“人”。

续 表

记者礼兵三峡大坝1日24时电 此时大坝中央控制室电脑屏幕显示:坝前水位108.89米,过去15个小时蓄水2.78米。值班人员说,首日蓄水达到预期。 截至记者发稿时,蓄水仍在进行中。 **(《湖北日报》,2003-06-02)**	第九篇回到三峡大坝,突出中央控制室屏幕上的基本数据,借用值班人员的间接引语对首日蓄水进行总结,首尾呼应,展现新闻主题。结尾“截至记者发稿时”显示报道的时效,“蓄水仍在进行中”展现新闻的进程,为后续报道提供铺垫。

这篇消息由九个电头的简讯组成,17个自然段一共1 024个字(不带电头),其中,第七篇和第九篇最短(69个字),第四篇最长(130个字)。报道聚焦蓄水首日(15个小时内)三峡区间8个代表性地点,基于记者的现场观察与采访,以电影镜头式的笔触,将事实、细节、场景、数据、引语等熔于一炉,九篇简讯多角度、多侧面展现三峡蓄水这一重大新闻事件,整篇报道形式新颖,文字简洁,信息量大,现场感强,彰显了21世纪“新闻文体专业范式”视域中“信息模式”的新形态。

(二)“深度模式”

事实很近,真相很远。“专业范式”基于受众的信息需求而不断调整,“深度模式”则是为了满足社会公众对于信息的深度诉求而创生的。所谓“深度模式”是指新闻报道致力于对信息的意义与价值进行多角度开掘,强调对新闻背后真相的深层次探寻。这种模式往往需要突破新闻的表层信息,通过追踪新闻事件的来龙去脉,分析其原因,预测其未来,从而对新闻事件进行深度解释。名记者卢跃刚认为所谓“深度”,“更多的是认识的深度。……认识是在内部的,信息是外在的,而信息是按照认识的深度而进行逻辑组合表达的”。①

在实际操作中,“深度模式”也存在两种方式:第一种多见于消息文体中,记者常常会通过寻找核心问题、访问权威专家、比对新闻背景、展示独家材料等形式来提升信息质量,挖掘新闻深度,从而使报道超越一般“信息模式”。按照知名电视人孙玉胜的观点,追求深度的最高境界即是“利用事实表达来达到理性的深度”,亦即“获得更多的事实,并建立事实存在的背景,从背景中去寻找新的事实关联和对事实的解释”②。例如下面这篇报道——

珠峰新高程测定:8 844.43 米 一九七五年公布的珠峰高程 数据 8 848.13 米停止使用	评析 复合式标题揭示“新闻眼”
本报北京 10 月 9 日讯 记者赵亚辉报道:经国务院批准,今天上午,国家测绘局受权公布了珠穆朗玛峰高程新数据:珠穆朗玛峰峰顶岩石面海拔高程为 8 844.43 米。从即日起,我国在行政管理、新闻传播、对外交流、公开出版	直叙式导语交代新闻的核心事实。

① 张志安:《有悲悯之心,但以专业为标准——〈中国青年报〉“冰点”原副主编卢跃刚访谈》,载《记者如何专业:深度报道精英的职业意识与报道策略》,南方日报出版社 2007 年版,第 18 页。

② 孙玉胜:《十年:从改变电视的语态开始》,生活 · 读书 · 新知三联书店 2005 年版,第 104 页。

续 表

的地图、教材及社会公众活动中使用新数据,1975 年公布的珠峰高程数据 8 848.13 米停止使用。	
国家测绘局同时公布了 2005 年珠穆朗玛峰高程测量有关参数:珠穆朗玛峰峰顶岩石面高程测量精度±0.21 米;峰顶冰雪深度 3.50 米。	第二段提供数据,进一步说明新闻核心事实的具体细节。
国家测绘局局长陈邦柱说,自今年 3 月起,我国测绘科技工作者继 1975 年之后第二次对珠穆朗玛峰展开了大规模的测量行动。5 月 22 日 11 时 08 分,登山测量队登上珠穆朗玛峰顶峰,竖立了测量觇标,成功获取了珠峰峰顶的测量数据。经过近两个月严密计算、论证和评审,我国测绘科技人员最终确定了珠峰的精确高程。	第三段借权威新闻来源之口,提供新闻背景,并对核心新闻事实进行补充性陈述。
中国科学院院士陈俊勇等专家表示,这次珠峰测高实现了多方面突破和创新:一、第一次大规模地采用 GPS 卫星大地测量技术,获得了高精度的基础数据;二、在峰顶交会测量中进行了激光测距,大	结尾采访权威专家,展示本次珠峰测高的突破与创新之处,同时提供更多信息,从而增加了报道的深度。

续　表

大提高了精度;三、对峰顶冰雪进行了较长时间的雷达探测,首次获得了比较准确的冰雪层的厚度数据;四、进行了大规模的重力测量,测量点超过600个,重力场计算过程中还使用了大量国际上最新的卫星、地形和地理资料;五、在珠峰大本营施放了探空气球,对珠峰高程数据进行了较为科学的气象修正。 (《人民日报》,2005-10-10)	

本篇报道体现了“信息模式”与“深度模式”的结合。一方面,记者通过提供大量一手信息,呈现了报道的新闻价值。另一方面,记者并没有止步于此,而是运用新闻背景进一步彰显新闻事实的价值,还通过后续采访,借权威专家之口,来解释本次测高的专业性与权威性,凸显其意义与价值,进而从根本上拓展了本篇报道的深度。

第二种方式是运用解释性新闻、精确新闻、述评新闻、调查性报道等报道形式,实现对新闻深度的开掘。我们不妨以调查性报道的名篇为例,来考察“新闻文体专业范式”的“深度模式”。

2003年2月23日,“新华视点”栏目刊发了新华社记者朱玉、张建平采写的报道《龙胆泻肝丸:清火良药还是“致病”根源?》,这是一篇典型的调查性报道:报道内容涉及公共利益,真相处于正在被遮蔽、被隐瞒的危险境地,报道全程由记者独立调查完成。

龙胆泻肝丸:清火良药还是“致病”根源?(节选)	评析
一封读者来信摆在记者的案头。 “我们是一群患尿毒症做透析治疗维持生命的病人。患尿毒症的病因是由于服用了北京同仁堂制药集团出品的‘泻火、去火’的中成药龙胆泻肝丸导致。 我们服用此药的来源,有的是从北京市级医院门诊开出,有的是从本单位卫生所开出,有的是从国营药店购买。服用时间长的一至两年,短的两、三个月,按医嘱及药品说明服用——万万没有想到的是:我们从此遭受了巨大的痛苦。”	对比式标题,聚焦质疑点,引出新闻主题。 开篇直接引述“读者来信”内容为“由头”,展现患者的痛苦,在增强报道真实性的基础上,引出调查的核心问题。
患者们投诉不断 记者首先找到了这封信的4位署名者之一张家瑞。 作家张家瑞的恶梦开始于2002年3月。…… 如上的经历还有另一位署名者马文祖…… 无论是张家瑞还是马文	第二部分通过对两位患者的采访,既客观呈现二人的患病过程,描述病人的痛苦,实质又是对“读者来信”内容所进行的“事实核查”。

续　表

祖,……诊断结果近似:……肾穿刺症理诊断为马兜铃酸肾病,致病原因指向一个共同的药物——龙胆泻肝丸。	
北京朝阳医院肾内科主任彭立人介绍说,她经手的病人中,在 20 多名尿毒症患者中,……其中的大部分人,有过服用龙胆泻肝丸的或长或短的服药史。 自 1998 年 10 月将第一例马兜铃酸肾病病人收入病房起,北京中日友好医院肾内科陈文大夫表示,已有一百多例此类患者入住,其中最多的就是服用龙胆泻肝丸导致的肾损害病人。 ……	两位医生的客观陈述,从临床医疗的维度,证实了龙胆泻肝丸是致病元凶,再次以专家视角,核实了“读者来信”的真实性。
龙胆泻肝丸是中成药,但许多中医都不知道服用后的副作用。北京崇文中医院的一位老中医,出身中医世家,因服用龙胆泻肝丸导致尿毒症,经过与彭立人主任交谈后,他才恍然大悟。据他回忆,行医的爷爷经常开出龙胆泻肝丸,供自己和家人“上火”时服用。最后,他的爷爷,及	通过一位中医一家三代患病的真实案例,揭开服用龙胆泻肝丸导致“尿毒症”的因果关联。

续　表

同样行医、也有服用龙胆泻肝丸习惯的父亲均死于尿毒症。 ……	
医生呼吁慎用此药 医生们认为,龙胆泻肝丸导致尿毒症的原因是,这种药中有一味名叫关木通,关木通含马兜铃酸。由彭立人主任提供给记者的一份名为“药物引起肾脏损害”的资料中,明确指出……这种被称为“不声不响的肾损害”,就是带给张家瑞等病人晴空霹雳的原因。彭立人主任形容因马兜铃酸导致肾病患者的病理情况是:“看一眼你永远不会忘,它被称为寡细胞性肾间质纤维化,像荒芜一片的荒漠。” ……	第三部分更进一步,从医生的角度提供了多维事实。第一段直接引用彭立人主任的话语,凸显说明马兜铃酸造成肾损害的严重程度。此处的直接引语也是对专业医学知识的一种“翻译”。
据了解,马兜铃酸造成的肾损害,医学上最初报道于1964年……1993年,比利时医学界发现马兜铃酸导致肾病,国外将其称为“中草药肾病”。1998年,南京军区总医院报告了关木通可引发慢性肾损害的病例,引起了医务界的警觉。几位专门从事肾内科研	本段以新闻背景的形式,交代了马兜铃酸造成肾损害的发现过程。同时,报道提供了三个新的事实:第一,明确“对龙胆泻肝丸等中成药含有的马兜铃酸可以造成肾损害”早已成为各大医院肾内科的常识;第二,马兜铃酸肾病已成为肾内科学术年会上的专题;第三,早有医学专家多次向有关部门反映龙胆泻肝丸导致尿毒症的问

续　表

究的大夫说,包括龙胆泻肝丸之类含马兜铃酸的中成药可以导致肾衰竭,各大医院的肾内科大夫尽人皆知。在肾内科的学术年会上,甚至出现了关于马兜铃酸肾病的专题,提请大家注意诊治。此外,中华医学会肾脏病分会主任委员谌贻璞教授等人,曾多次向有关部门反映龙胆泻肝丸导致尿毒症的问题,并不断呼吁健全中药的检验手段,以图更为科学地使用祖国传统医药。	题。由此,凸显龙胆泻肝丸致病已非个案,而是具有普遍性的问题。当然,这些信息也客观地反映出药品监管部门的失职。
为了不轻率地给一种或几种药物下结论,北京协和医院、中日友好医院、南京军区总医院等用龙胆泻肝丸的主要成份关木通,进行了动物实验。结果大鼠的药物反应与人相同:大剂量给药,大鼠出现急性肾损害症状;长期小剂量间断给药,导致慢性肾损害。	本段依然遵循事实的逻辑,调用权威医院的动物实验结果,再度证实“龙胆泻肝丸系致病根源”。
未见厂家告知患者 记者就患者服用龙胆泻肝丸导致尿毒症一事采访了国家药监局药品评价中心。姓李的主任答复说,……2002年7月,国家药监局已经	本段采访国家药监局药品评价中心,记者没有做任何评论,只是客观地叙述该中心采取了明显有问题的“措施”——仅向药企、医疗机构和各地药监局通报,独独没有向患者和社会大

续 表

通过“药品不良反应信息通报”,向有关企业、医疗机构和各地药监局等有关部门通报这个情况……	众公开。为后续报道《为什么没有人告诉我——龙胆泻肝丸致肾损害采访手记》埋下伏笔。
北京同仁堂股份有限公司制药厂品质保证部刘建国说,……同仁堂于2001年下半年向国家有关部门提出申请,要求用不含马兜铃酸成份的“木通”代替“关木通”。2002年11月20日,国家药典委员会正式批准这个申请,同仁堂已停止生产含有“关木通”成份的龙胆泻肝丸。 刘建国说,目前市场上可能还有一些老配方的龙胆泻肝丸销售。但是,如果患者严格按照药品的说明书、严格按照医嘱服药,不会出现损害肾脏的问题。记者随即调阅了资料,未发现同仁堂提请患者慎服龙胆泻肝丸及回收含马兜铃酸的龙胆泻肝丸的新闻或公告。	本部分用两段篇幅客观呈现了涉事药企同仁堂的态度。对于其工作人员的说法,记者不是用语言而是用行动进行了“证伪”——“记者随即调阅了资料,未发现同仁堂提请患者慎服龙胆泻肝丸及回收含马兜铃酸的龙胆泻肝丸的新闻或公告”恰恰承载了记者的质疑。
记者走入北京一家药房,发现货架上有两种产自不同厂家的龙胆泻肝丸。同仁堂生产的龙胆泻肝丸包装上印	最后两段依然没有任何评论性表达,只是客观呈现了四个事实:1. 从字面上看,同仁堂生产的龙胆泻肝丸未出现“木通”或“关木通”字眼;2. 另一

续 表

刷的药物成份中未出现木通或关木通字眼,承德一家厂家生产的龙胆泻肝丸药物成份上赫然在目:关木通。 据几家大医院反映,因服用龙胆泻肝丸而导致尿毒症被送入医院的患者还在不断出现,而且,这种悄然出现的慢性肾衰竭是不可逆的永久损害。 **(新华社,2003-02-23)**	家厂家生产的龙胆泻肝丸仍标有“关木通”;3. 因服用该药致病的患者还在不断出现;4. 这种病对人的损害是永久性、不可逆的。这四个事实暗含了记者对于药企不负责任、相关部门监管不到位的质疑。

本篇报道最大的特色在于“专业”,调查全面客观,文字朴实无华。全文近 3 000 字,分为四个部分,每个部分的小标题均不带任何感情色彩,只是客观地叙述事实:“一封读者来信摆在记者的案头”“患者们投诉不断”“医生呼吁慎用此药”“未见厂家告知患者”,而这些表述又是基于记者细致的采访与调查。

第一部分是“引子”,两段文字全部直接引自“读者来信”,直观地呈现患者的痛苦与无助,也引出报道调查的主题——龙胆泻肝丸究竟是清火良药还是“致病”根源?

第二部分通过采访“读者来信”的四位署名者中的两位,对新闻的主要信息进行事实核查,这是调查性报道的一个核心步骤。记者通过采访北京朝阳医院肾内科主任和北京中日友好医院肾内科大夫,核实了这两个医院的肾损害的病人与服用龙胆泻肝丸有关;为了佐证作为中成药的龙胆泻肝丸,其致病具有隐蔽性,不易被患者察觉,记者又采访北京崇文中医院的一位患病的老中医,其爷爷、父亲皆有服用龙胆泻肝丸的习惯,均死于尿毒症,从而在“龙胆泻肝丸”和“尿毒症”之间初步建立了因果关联。

第三部分来自记者对于医学界的调研。记者通过缜密的采访和细致的调查,广泛引用医生提供的相关资料、卫生部的专业报告、权威专家的直接引语、医学上的动物实验结果等,同时,大量使用新闻背景,客观呈现了“医生呼吁慎用龙胆泻肝丸”的原因。

第四部分客观展现了监管部门的措施和涉事药企的回应,结合记者查阅资料、亲入药房查验,用事实质疑药厂对于患者知情权的漠视,结尾则独具匠心,通过医院反馈的现状表明危险依然存在,暗含对患者的担忧,由此也引发了社会公众的深层次思考。

总体来看,本篇报道是“专业范式”中“深度模式”的典范:遵循事实的逻辑,力求全方位、多侧面地寻找证据,客观呈现事实,行文环环相扣,论证逐层深入,注重对细节的核实与挖掘,按照朱玉自己的表述是:“必须尽量全面、丰富地搜集证据,而且是效力比较高的证据——理智的报道,用法律的眼光去看待问题,理直气壮地和人家打仗……”①

应该指出的是,“深度模式”虽更多立足选题、立意、价值等维度,但其呈现方式并不排斥对“文学范式”的吸纳。例如,中央电视台《新闻调查》开创的“电视调查性文体”,聚焦“可感知

① 张志安:《记者如何专业:深度报道精英的职业意识与报道策略》,南方日报出版社2007年版,第59页。

的深度”,强调“用简单的结构来传递复杂的东西”。在其原制片人张洁看来,首先,《新闻调查》以“故事性”作为选题的首要考量因素,“有没有故事?跌宕起伏、一波三折的故事是一个45分钟容量的节目所必需的。”“故事是什么样的,决定着悬念有多大,观众有多关注。”其次,还要看编导是否善于处理片子的结构,“即你把所有的素材都拿回来后,怎样安排故事的结构,安排情节线。”另外,“记者的采访,记者的提问水准,记者的调查过程,都是使一个故事能够生动表述的要素。专业的编导、记者和摄录人员要善于去‘经营’这些东西,做得好了就可能成为经典”①。这表明,选择带有“故事性”的题材,借助故事化方式加以呈现,常常是提升报道深度和传播效果的有效途径。

第二节　“专业”诉求下报道方式的嬗变

当代“新闻文体专业范式”形成了两个显著的专业诉求:“客观”与“深度”,这不仅契合了上文论及的“信息模式”和“深度模式”的基本内涵,而且也源自社会公众对于专业新闻的基本要求。新闻报道方式即新闻文体的样态②,是指新闻事实和内容的载体,“是一个动态的发展过程,是与人类社会的实践和精神韵律紧密相联的形式”。③ 本节,我们着重探讨“专业范式”

① 张志安:《报道如何深入:关于深度报道的精英访谈及经典案例》,南方日报出版社2006年版,第11—19页。

② 新闻报道方式是学界较为统一的表述,本节我们沿用此说法。

③ 芮必峰、姜红:《新闻报道方式论》,安徽大学出版社2001年版,第29页。

中的"客观报道"与"深度报道"两种主要报道方式在当代中国的演化。

一、批判性拒斥—策略性运用—职业化实践:客观报道的路径转向

作为"新闻文体专业范式"的"专业典范",客观报道既是一种专业规范,又是一套专业化的操作技巧。据新闻史家考证,"客观报道"这个词语最早出现在20世纪初的美国。然而,这个概念从诞生之日起,就备受质疑,新闻学术界对其的评价也褒贬不一。经过不断讨论,学术界首先接纳的观点来自美国学者博耶(J. H. Boyer)。他在1981年访谈了50家报社编辑记者后,归纳出客观报道的六项要素:

> 平衡与公正地呈现一个议题中各方面的看法;
> 正确与真实的报道;
> 呈现所有主要的相关要点;
> 将事实与意见分开,但是将意见视为相关(relevant);
> 将记者本身的态度、意见或涉入的影响减至最低;
> 避免偏颇、怨恨以及迂回的言论。①

此后,这六项要素遂成为客观报道的核心技法,也被视为评判新闻报道专业与否的基本标准之一。与西方相似,客观报道在当代中国也历经了相对曲折的过程。

(一)1949—1989年:从"批判性拒斥"到"策略性运用"

在中国共产党早期党报理论的框架中,客观报道被视为资

① 彭家发:《新闻客观性原理》,台湾三民书局1994年版,第40页。

产阶级新闻观而加以批判。1946年,胡乔木在《人人要学会写新闻》一文中虽然要求无产阶级记者也要学会“用叙述事实来发表意见”,但是他仍将“客观报道”视为资产阶级记者的“狡猾”之处,“他们的狡猾,就是当他们偏袒一方面,攻击另一方面的时候,他们的面貌却是又‘公正’又‘冷静’。”①

1948年10月10日,中共华北局机关报《人民日报》刊发《全区人民团结斗争战胜各种灾害》,三分之二的篇幅是“零乱地列举各种灾情,构成了一幅黑暗的图画”。10月13日,中宣部发出对该报道批评的指示,认为这是一种典型的“客观主义”的表现,“忽视积极的鼓舞乃是我们的宣传工作中所不许可的客观主义倾向的一种表现。……这种客观主义倾向更严重地表现在对于灾荒原因的分析上。……我们以为,这只能从我们宣传工作中所存在的某种客观主义倾向来解释”②;11月8日,《人民日报》发表检讨文章《为“全区人民团结斗争战胜各种灾害”的检讨》,对“客观主义”的特征进行了较为系统的分析,“客观主义的特征是喜欢把一大堆各不相同的现象,加以罗列,拜倒于自发论之前,……只会坐在主流之旁对逆流浪花加以咀嚼和噪聒,……客观主义是没有党性的,……表现在思想方法上则是片面性的”。此后,“凡是客观地报道、没有标明编辑部态度而出现了问题的,一般都以客观主义概括之和批评之,成为一种批

---

① 《胡乔木传》编写组:《胡乔木谈新闻出版(修订版)》人民出版社2015年版,第27页。

② 《中宣部对〈人民日报〉发表〈全区人民团结斗争,战胜各种灾害〉新闻错误的指示》,载中国社会科学院新闻研究所:《中国共产党新闻工作文件汇编(上)(1921—1949)》,新华出版社1980年版,第203—204页。

评新闻报道的惯用说法”[①]。这表明,在中国共产党早期“党报理论”的视域中,“客观报道”即等同于“客观主义”,都是资产阶级新闻观的一部分,因此,新中国成立前的“宣传范式”对客观报道采取的是一种“批判性拒斥”的态度。

1949年,“专业范式”初露端倪,客观报道开始零星出现在对外报道中。1956年,刘少奇在对新华社工作第一次指示中,明确阐释了“客观”与“客观主义”的区别——“新华社要成为世界性的通讯社,新华社的新闻就必须是客观的、真实的、公正的、全面的,同时必须是有立场的。”这是因为,“我们的新闻报道不能超阶级,不能有客观主义;要有坚定的人民立场、阶级立场,要有马克思列宁主义观点和方法”。[②] 刘少奇在表述中,已明确将作为报道规范的“客观”与作为资产阶级的新闻观“客观主义”进行了区分,按此逻辑,“宣传范式”完全可以接纳作为规范的“客观”和作为报道方式的“客观报道”。但是,当“党报理论”在中国新闻界主导性地位确立并不断巩固之后,尤其是十年“文革”中,“宣传范式”成为新闻文体的核心甚至唯一范式时,客观报道从观念到技法遂逐渐隐匿不见。

20世纪70年代末开启的新闻改革从新闻写作切入,客观报道的踪迹则首先在“外事报道”中显现。1977年6月4日,英中了解协会主席、作家菲利克斯·格林同新华社记者谈话,对新华社对外新闻报道提出了批评和改进意见。格林认为,新华社

---

① 参见陈力丹:《马克思主义新闻学词典》,中国广播电视出版社2002年版,第86页。

② 刘少奇:《对新华社工作的第一次指示》,载中国社会科学院新闻研究所:《中国共产党新闻工作文件汇编(下)(1921—1949)》,新华出版社1980年版,第360—361页。

电讯读起来“篇篇差不多,缺乏新鲜思想;而且中国的对外报道八股调太重,没有说服力”。8 月 3 日,邓小平指示:“格林的意见很重要,无论宣传和文风等等方面,都值得注意。”[①]1978 年 10 月,新华社国际部向各驻外分社提出关于改进国际报道的四点要求:“1. 加强采访,逐渐增加第一手新闻;2. 分社首要任务是写好新闻报道,要努力发回成品,好的有分量的新闻应该署名;3. 扩大报道面,扩大驻在国的基本政治、军事、经济、外交情况的报道面;4. 定期写一些带有分析性的综合报道或评述新闻。”[②]于是,历史的积弊、宣传政策的调整、领导人的指示、报道的具体要求、新闻业政策的激励,共同推进了记者的文体创新。1979 年对也门政变报道的尝试,让新华社看到了突破的希望,国际部的一份报告认为,“一个事件发生后,先是客观的,再逐步做有倾向性的以至述评性的连续报道,是对复杂问题的一种可行的、适当的办法”。[③] 由此观之,国际新闻报道之所以大量采用客观报道形式,其重要原因是为了因应“复杂问题”。换言之,当情况不明朗、难以迅速做出判断、难以进行有的放矢的评论之时,先客观报道,再静待后续,适时发声,则不失为一种明智的做法。请看下面这两篇报道——

偿还浪费公款　再次出任大臣

本报讯　因为出差花费过多而被解除职务的丹麦前教

① 方汉奇:《中国新闻事业编年史(中)》(第二版),福建人民出版社 2018 年版,第 987 页。

② 同上书,第 995 页。

③ 国际部:《中东地区报道中突破“禁区”的初步尝试和经验》,新华社《新闻业务》(活页版),1979 年 4 月 30 日,转引自李春:《当代中国传媒史(上)》,漓江出版社 2014 年版,第 79 页。

育大臣丽特·比耶雷戈尔夫人,在偿还超支的差旅费后,最近又被提名为新内阁的社会事务大臣。

丽特·比耶雷戈尔夫人去年十月间到巴黎出席联合国教科文组织的会议时浪费公款,因而在去年十二月二十二日被解除职务。在这以后,她向政府偿还了五千三百丹麦克朗(约合一千美元)。这笔钱是她在出差时花费的私人开支,其中包括雇用一辆小汽车和司机的费用、电话费和邮资。

(《人民日报》,1979-11-15)

谢胡自杀

新华社北京12月19日电 据阿通社报道,阿尔巴尼亚部长会议主席穆罕默德·谢胡12月18日凌晨自杀死亡。

这一消息是阿尔巴尼亚党政领导在18日晚发布的一项公报中公布的。这项公报说,谢胡是在“神经失常”时自杀的。

在这之前,阿通社在12月17日曾经发表谢胡16日在地拉那接见罗马尼亚政府贸易代表团的消息。

谢胡自1948年起任阿尔巴尼亚劳动党政治局委员,1954年起任阿尔巴尼亚部长会议主席,终年68岁。

(新华社,1981-12-19)

第一篇报道短小精干,通篇由新闻事实与新闻背景组成,记者没有任何评论,只是客观地陈述事实,最终在1979年首届中国好新闻评选中获评一等奖。

第二篇报道写法则更为“专业”,全文四段,共五句话,新闻来源、新闻背景、直接引语一应俱全,通篇没有出现记者的观点,却通过新闻事实与新闻背景的组合,客观展现出事件可能的疑点,写法完全符合客观报道的基本要求。

那么,为什么新时期的客观报道会首先出现在“外事报道”之中?可能的原因主要有两个:其一,报道题材涉及“域外”,需要同国际通行的报道方式有所对接;其二,外事报道必须相对谨慎,事实必须一目了然,不宜发表过多的评论。相反,记者通过客观叙述事实的方式,借“他山之石”来“攻玉”,这样的传播效果更佳。1981 年,在新华社建社 50 周年的茶话会上,时任中共中央书记处书记的习仲勋同志提出了新闻宣传的“五字希望”——“真、短、快、活、强”,前四个字强调新闻需要向报道事实回归,客观上为客观报道的“松绑”提供了观念与政策准备。此外,中国新闻社(简称“中新社”)的文体实践,也切实促进了客观报道在国内新闻界的普及。1983 年,中新社将其“灵活机动的报道方法”归纳为四点:“1. 用事实说话,反对宣传气味;2. 民间角度、客观手法;3. 要坚持实事求是,不回避缺点和问题;4. 不拘一格,努力创新。”[①]其中,“用事实说话”与“客观手法”都直接源自客观报道的理念与技巧。伴随《人民日报》、新华社、中新社等主流媒体的成功实践,基于对外传播的现实需要,1987 年 7 月 18 日,中共中央宣传部、中央对外宣传小组、新华社联合发出《印发〈关于改进新闻报道若干问题的意见〉的通知》。通知指出:“中国实行对外开放的新形势,迫切要求新闻

---

① 中国新闻社总编室:《突出自己的特点　发挥独特的作用》,载《中国新闻年鉴 1984》,中国社会科学出版社 1984 年版,第 173 页。

报道进行必要的改革。这种改革,不仅要求对国内的报道更好地发挥新闻工具作为党、政府和人民的喉舌的作用,而且要求对国外的报道力争主动权,同国外的新闻机构争雄。”①既然要与国外新闻机构竞争,就势必要使用带有普适性的新闻报道方式。于是,这一时期中国新闻界对客观报道的态度出现一个重大变化,亦即从“批判性拒斥”逐渐转向“策略性运用”。

从1980年开始,学术界连续开展“新闻与宣传”关系的讨论,及至1983年“信息”概念引入后,新闻界形成“信息热”,新闻的信息功能与信息价值不断得到重视,“传播新闻信息是新闻事业最主要的特征,这种功能长期被忽视,现在是恢复和积极发挥传播信息这一功能的时候了,应该把传播信息量的多少和及时与否,作为衡量新闻事业办得好不好的重要标准。”②此后,新闻界厘清了新闻与宣传的关系,并且逐渐将视线转向信息的专业获取与呈现维度,对此,梁衡的观点集中代表了当时新闻人对于“客观”的基本认知——

> 要讲究写法,在将信息送到读者手里的过程中还要注意尽量减少传递过程中的衰减。所以新闻稿不同于文学作品,要不夸饰,少抒发,不尚华丽,就是为了尽量少干扰信息本来面貌。……记者不露面或者少露面,他只将人物或事件推到读者面前,自己藏身其后;或者将这人或事拉过来,自己侧身其旁。尽量保存自然信息的原貌,减少加工痕迹,

① 方汉奇:《中国新闻事业编年史(中)》(第二版),福建人民出版社2018年版,第1108页。

② 钱辛波:《新闻理论研究的十年回顾》,载《中国新闻年鉴1987》,中国社会科学出版社1987年版,第51页。

减少传递过程中的衰减。这手法有点像修辞中的暗喻或明喻,让客体直接露面或介绍客体露面。①

由此,新闻界进一步赋予了客观报道作为"新闻文体专业范式"的重要呈现方式的地位。不过,其时新闻界对客观报道的认知更多停留在叙述方法层面,而且多将其内涵表述为"用事实说话"——"新闻写作的基本特征之一是用事实说话,记者要提高报道的思想性、指导性,应当在精选事实上、在安排事实上、在叙述事实上下功夫,使你的意图,认识,思想和感情,自然而然地通过事实流露出来,使读者在获得新闻的同时,不知不觉地、情不自禁地接受你的观点。"②请看下面这篇报道——

浦口夜景③

昨天晚上,浦口电影院首映惊险反特故事片《东方剑》,门前停着 102 辆自行车。紧靠电影院的是南京第14 中学夜校,记者数了数,校内自行车总数是 254 辆。

14 中学夜校原计划招生 900 名,实际已招 2 000 名。开学已两周,早已贴出"不再招生"的通告。可到昨天晚上止,仍有 58 人前来报名入学。

(《新华日报》,1983-04-24)

这篇报道一共 127 个字,记者没有发表任何评论或抒情,只是提供了三处对比性的数据:从电影院与夜校自行车数量的对

① 梁衡:《新闻绿叶的脉络——一个评委的笔记》,新华出版社 1995 年版,第 216 页。

② 严介生:《新闻语言要去"套"求"新"》,载《中国新闻年鉴 1985》,中国新闻出版社 1985 年版,第 66 页。

③ 转引自李良荣:《中国报纸的理论与实践》,复旦大学出版社 1992 年版,第 67—68 页。

比,传递出浦口人求知欲望高于娱乐的欲望;通过夜校计划招生与实际招生人数的对比;招生截止后仍前来报名人数的交代,展示了浦口人学习兴趣的高涨,从而向读者描画了“浦口夜景”。

此后,越来越多的媒体人接受并践行客观报道理念与方法。那么,客观报道为什么会在改革开放年代重新崛起?原因有三:首先,社会生态环境的急剧变化催生了公众的信息需求;其次,公众的主体性得到前所未有的伸张,人们越发需要不加修饰的“纯信息”;最后,新闻记者既定的认知框架越来越难以顺畅自如地评价社会变化和解释新闻事实的意义,于是客观报道的崛起就变得顺理成章了。

(二) 1990 年代至今:大规模职业化实践的展开

1990 年,中宣部委托中国记协举办了为期三年的“现场短新闻”评奖活动,李瑞环在首届颁奖会上明确对新闻写作提出“真、新、短、活”的基本要求,他尤其强调“有些现场短新闻,可以直接写事实”,新闻写作要“寓观点于材料之中”。[①] 由此,越来越多的记者开始主动寻求写作观念与技法的专业性突破。1991 年,经中宣部批准,中华全国新闻工作者协会举办了首届“中国新闻奖”,该奖坚持意识形态标准的主导地位,也突出对新闻作品的专业化要求,体现了“政治-专业”两个维度的互动。[②] 作为已举办了 32 届的全国优秀新闻作品最高奖,“中国新闻奖”的职业示范效应显著,有力推动了客观报道职业化实践在全国范围内的展开。

---

① 李瑞环:《在“现场短新闻”颁奖会上的讲话》,《中国新闻年鉴(1991)》,中国社会科学出版社 1991 年版,第 7—8 页。

② 刘勇:《记录、认可与导向——论新时期新闻作品评奖对新闻文体发展的影响》,《新闻记者》,2012 年第 8 期。

1991年1月19日,中华全国新闻工作者协会第四届理事会通过了《中国新闻工作者职业道德准则》。后经修改于1994年6月18日登载于《人民日报》要闻版。该准则第五条明确规定:“坚持客观公正的原则。新闻工作者要坚持辩证唯物主义和历史唯物主义的观点,从人民的根本利益出发,按照事物的本来面目反映事物,做到客观公正。”[①]这表明,新闻职业共同体内部已经对“客观公正作为新闻职业标准”达成共识,并将之上升到“新闻职业道德准则”的高度,从而使客观报道得以迅速在新闻界加以推广。1992年,李良荣教授曾在其专著《中国报纸的理论与实践》中对此做过精辟的阐释——

> 十年来,客观报道在中国报界重新勃兴,是社会的需要,新闻工作的需要。
>
> 1. 社会生活的纷繁复杂,新的现象、新的问题、新的事件、新的探索不断出现,使得新闻工作者难以作出迅速的评判,只能以中立态度作客观报道,以静候其变。
>
> 2. 社会对信息的有效需求增加,这使一批以提供纯粹的信息为目的的报纸问世,记者无须对这样的信息表现出自己的立场,也无须塞进什么思想。
>
> 3. 读者心理改变。在开放的环境中,他们渴求全面的客观的情况,而厌恶单面之词;他们强烈的自我导向意识,促使他们以报纸上获得更多的信息来自作主张,而不是被报纸强行灌输的对象。[②]

① 转引自张惠仁:《现代新闻写作学》,四川人民出版社2001年版,第92—93页。

② 李良荣:《中国报纸的理论与实践》,复旦大学出版社1992年版,第86页。

21世纪以来,“新闻文体专业范式”逐渐形构,客观报道则首当其冲。与之相照应,学术界也展开了系统的研究。2001年,芮必峰与姜红两位学者出版《新闻报道方式论》,他们整合各家观点,将客观报道视为内容与形式的统一,认为其内涵应包括“中立的报道立场、真实的报道内容和客观的报道形式。”①2002年以后,《经济观察报》《21世纪经济报道》《新京报》《第一财经日报》等一批专业化、市场化、纯信息类报纸相继创办。于是,符合国际新闻界普遍认同的专业规律的客观报道遂成为“新闻文体专业范式”的“典范”。“作为新闻业合法性源泉的客观性理念,再加上真实、独立、自由、公共性理念,共同构成了专业新闻理念体系”。②

2013年,由国家新闻出版广电总局组织编写的《新闻记者培训教材2013》,明确将客观报道定位为专业规范,“客观公正的原则被世界新闻业公认为新闻专业理念的奠基石,是一种职业的道德理想,与真实原则一样,已被看成许多新闻工作者职业自我认同的关键要素;也是一系列报道和编辑的惯例,是一种可操作的新闻写作的样式。”③这是国家层面对于客观报道的专业价值与职业地位权威性的确认。基于此,“客观报道”也基本完成了在中国的观念-实践“旅行”。从文体呈现角度,目前客观报道被国内新闻界普遍接受与认同的操作规范包括:报道只提供事实,不提供观点;运用“白描”手法、陈述方式,全面交代新

---

① 芮必峰、姜红:《新闻报道方式论》,安徽大学出版社2001年版,第51页。

② 杨保军、李泓江:《新闻学的“范式”转换:从职业性到社会性》,《新闻与传播研究》,2020年第8期。

③ 柳斌杰:《新闻记者培训教材2013(上册)》,人民出版社2013年版,第94页。

闻要素、新闻来源与新闻背景,提供直接引语与间接引语,形式上运用多段落、短段落、短句子,言简意赅,语言流畅。知名记者刘其中先生总结的“最佳新闻写作”的六条标准,基本概括了国内新闻界对于客观报道的操作性技法——

1. 导语言简意赅,提示全文,引人入胜;新闻要素比较齐全,新闻来源交代得比较清楚;

2. 在主体部分,新闻事实丰富,事事紧扣主题,写作层次分明,重要的新闻事实排在前面,转折、过渡写得比较自然;

3. 用事实说话,记者不在新闻中直接叙发个人见解,而是用“白描”的手法客观报道新闻事实;新闻中要有“人”,要善于使用直接引语,直接引语和间接引语最好能交替运用;

4. 对于一般读者不易理解的新闻事实,要提供必要的背景;对新闻中的难点、疑点以及隐藏在新闻背后的含义要提供必要的解释;

5. 篇幅较短,句子较短,段落也短,最好一句一段,一段表达一层意思;

6. 文字朴实无华,立意清新,能给读者以美的享受。①

近10多年来,关于客观报道,还有一个现象值得关注,亦即“宣传范式”越来越多地采用客观报道这一报道方式。例如下面这篇报道——

① 刘其中:《诤语良言:与青年记者谈新闻写作》,新华出版社2003年版,第273页。

中国高票当选首届 人权理事会成员	评析
	标题直接呈现新闻核心事实。
本报联合国5月9日电 记者邹德浩报道:第六十届联大今天以不计名投票方式选举产生了联合国人权理事会首届47个成员国。中国获得146票高票当选,任期3年。联合国5个常任理事国中,美国没有参加竞选,中、俄、英、法全部当选。	导语三句话直陈其事,交代了多个信息点,第一句话交代主要新闻要素,第二句是全篇的核心信息,第三句话是补充性信息,衬托核心信息的价值。
在当天上午举行的首轮投票中,联合国大会从74个报名参选的国家中选出了44个人权理事会成员,但在东欧地区参选的14个国家中,只有俄罗斯、波兰和捷克的得票超过当选所需的96票。因此,联大于当天下午又举行两轮投票,选出了阿塞拜疆、乌克兰和罗马尼亚3国。	主体部分进一步叙述整个投票过程,尤其陈述了两轮投票的原因和结果,其实质展示了投票的公正性与程序性。
选举结束后,本届联大主席埃利亚松主持了抽签仪式。根据抽签结果,南非等14名成员的任期为1年,巴基斯坦等15名成员的任期为两年,中国、俄罗斯、德国等18名成员的任期为3年。 **(《人民日报》,2006-05-11)**	最后一段交代了抽签结果、成员国的任期,进一步拓展了新闻信息。

这篇报道实质类似“成就报道”,如果按照传统“宣传范式”的写法,大多会采用“政论模式”,在报道中加入相关评论,同时辅之以相关背景,加以凸显中国当选的意义与价值。但是,本篇报道却采用了客观报道的方式,标题中“高票”“首届”“人权”等关键词,直接凸显了报道的新闻价值。导语围绕核心信息所进行的铺垫与补充,写法巧妙,仅简单的一句“美国没有参加竞选”,却充满了无尽的深意。主体部分表面只是在客观陈述选举的规则和过程,实则暗示此次选举方式的公正与严谨,值得一提的是,主体部分只有最后一句话提到中国,且与俄罗斯和德国并列提及,显得更加客观。总体看,这篇报道完全突破了传统“宣传范式”的基本写法,专业地呈现了整个事件的意义。

二、从“思想性”到“专业性”:深度报道的观念-实践转型

尽管“深度报道”并不是一个严谨的学术概念,但它在20世纪80年代的崛起,却是一个足以载入当代新闻史史册的“媒介事件”。按照国内新闻学界的共识,所谓深度报道,是指“涉及重大题材,系统提供新闻事件背景,用客观形式进行解释分析从而延伸和拓展新闻内涵的报道形式。……深度报道侧重回答新闻要素‘why’和‘how’,旨在揭示新闻深层次的内涵”。其主要特征包括:“主题的鲜明性、题材的重要性、报道的详尽性和表现手法的多样性。”①这一定义表明:“深度”是“新闻文体专业范式”的重要表征。从观念-实践维度考察,“深度报道”在当代中国的历程大致可以划分为两个阶段。

---

① 童兵、陈绚:《新闻传播学大辞典》,中国大百科全书出版社2014年版,第35页。

第一阶段(1978—1989年):以“思想性”求“深度”

1978年开始,“启蒙”与“改革”构成了时代主题。报告文学首先承担了启蒙社会大众的任务,诸如《哥德巴赫猜想》《人妖之间》《唐山大地震》《西部在移民》等一大批经典作品横空出世,在启迪民智的同时,也促发新闻界的观念更新。加之,不断变化的社会环境,也建构了社会公众对于新闻界新的诉求:人们越发意识到传统新闻报道从观念到呈现方式都与社会需求之间存在巨大的落差。“传统新闻表现形式的一个很大弊病是就事论事,往往是通过粗浅的直觉的观察和体验,只限于事实表面现象的描述,缺乏对新闻事实的解释和实质性的分析,这对于社会上存在着各个层次的受众来说,显然是不能满足需要的。”基于此,新闻界开始从报道题材、报道体裁和报道方法等维度寻求突破,“把笔触深入到了事实的内部或是背后,既反映新近发生的事实,又对事实的如何、何故等背景材料进行详细的分析和解释,使受众对于事实能够全面地了解。比如分析性报道、解释性报道、预测性报道、意向性报道等,都是在报道新闻事实的基础上,进一步提供详细的背景事实,进行解释、分析、综合或预测,增加了报道的透明性和开放性,不但具有较强的说服力,而且增强了报道的指导作用。”①

1985年,《中国青年报》刊发张建伟撰写的系列报道《大学生毕业成才追踪记》。这组报道带有浓厚的问题意识,打破“非黑即白”的思维定势,关注社会的“灰色地带”,力图寻找阻碍青年成才的主客观因素及其互动关系,写法上着意求新,巧妙地将

① 任稚犀、张雷:《新新闻体写作》,北京日报出版社1989年版,第10页。

通讯、特写、消息、综述、理论文章等文体样式熔于一炉,表达上包括了记叙、描写、议论、抒情等多种方式。这种“四不像”“非驴非马”的呈现方式无法简单地归入任何一种传统的新闻报道方式,《中国青年报》内部称之为“张建伟模式”。名记者樊云芳则认为该报道“突破了以往‘平面照相’的传统模式,以其特有的宏大的气势、思辨的色彩、立体的真实感和新颖的表现形式冲击着陈旧的新闻观念和新闻实践,给中国文坛带来了勃勃生机。”[①]由此,这组报道也被视为深度报道的“开山之作”。此后,张建伟连续发表了《第五代》(1986)、《命运备忘录》(1987)等,逐步完成了“张建伟模式”基本特质的“型构”:新闻性、专题性、宏观性、启蒙性与综合性。[②]

与此同时,不同媒体的记者们也纷纷开始多维度开掘深度报道的外延与内涵,《关广梅现象》《定远县农村青年恋人“私奔”采访记》《中国改革的历史方位》《鲁布革冲击》等成为其时的代表作。由此,“张建伟模式”也被中国新闻界命名为“深度报道”。卢跃刚则认为这个“命名”存在一定的偶然性,因为“深度报道这个概念的兴起,是围绕着过渡性的新闻文体而建立起来的,当时需要一个概念,来给中青报某些报道类型一个说法,于是就叫深度报道。”[③]1986年,“全国好新闻评选”设置“深度报道专项奖”,该奖的设立意味着“深度报道”的合法性得到了新闻职业共同体的最终确认。

---

① 樊云芳、丁炳昌:《新闻文体大趋势》,华夏出版社1989年版,第76页。

② 参见刘勇:《中国报纸新闻文体嬗变(1978—2008)》,中国人民大学出版社2016年版,第164—179页。

③ 张志安:《记者如何专业:深度报道精英的职业意识与报道策略》,南方日报出版社2007年版,第18页。

从某种意义上说,1987年之所以被称为"深度报道年",主要源自当年5月大兴安岭发生的那场火灾。1987年6月24日、27日和7月4日《中国青年报》连续发表了由三位记者和一位实习生采写的《红色的警告》《黑色的咏叹》《绿色的悲哀》(史称"三色报道")。据该组报道的责任编辑杨浪回忆,他们在策划这组稿件时,就产生了一个明确的报道思想,"要突破以往的灾难性报道的程式。以往某种灾难发生之后,人们总能把灾难化为'凯歌',往往灾难刚结束,报刊杂志上就出现了连篇累牍的赞歌。……灾难就是灾难,无论你怎样回避,怎样迂回,它首先应是灾难,是悲剧。"基于此,"成功的报道一定要有很明确的具有涵盖力(富有弹性)的报道思想,这一点至为关键"。[①] 于是,自然、社会与人的关系,就构成了这组报道的基本逻辑,这种观念在当时的新闻界是一个重大突破。

总体来看,第一阶段的深度报道主要诞生在《人民日报》《中国青年报》《经济日报》等中央级大报中,其文体边界也趋于模糊,形式多种多样,单篇报道、专题报道、系列报道、长篇通讯、新闻分析、研究性报道等均被纳入其范畴。尽管这些报道已经显示某些"专业范式"的特质,但更多还是表现为"宣传范式"的一种内在革新,也是新闻界对于改革年代社会大众基本诉求的一种回应。这种诉求即在于对新闻中WHY的解释。同时,这一时期"深度报道"的显著特征即在于以"思想"求"深度",因此相当数量的报道都是"策划"的产物,存在明显"主题先行"的问题。《中国青年报》著名编辑李大同在一次访谈中就曾对这

---

① 郑兴东:《好新闻后面——编辑耕耘录》,新华出版社1993年版,第223—226页。

个问题进行了反思:“有人后来批评说主题先行,确实是。先有这个想法,再找符合这个想法的人和事。当时的运作就是这样。当时新闻的形式,也不是纯正新闻所能允许的。……时代不同了。那种主题先行,以传播思想为主旨的时代过去了。……一旦这个时代过去,新闻向本体回归,新闻就是事实的报道。……但那不是新闻,是新闻形式的宣传,而且是很有效的宣传,对很多人起到非常大的影响。历史就是历史,我们不能苛求历史,这种东西在当时是很必要的,一定要有的。”①但在《中国青年报》知名记者刘畅看来,20 世纪 80 年代的这些报道文本与方法,其背后的精神内涵“是对国家进步的观照,对社会具有前瞻性的判断”,是“值得继承”的。因为“我们从过去的宏大叙事、激情写作到后来的冷静记录事实,还是有一个思想脉络在里面的。”②基于此,尽管 80 年代的报道方式与“专业范式”的要求确实存在一定的距离,但是,它对于当时中国新闻界思想解放的意义,却怎么评价都不过分。

第二阶段(1990 年代至今):以“专业性”求“深度”

20 世纪 90 年代以后,客观报道等专业理念被越来越多的新闻从业者所接受,“新闻不仅要报道事实,还要尽可能探求真相的观念深入人心。”此后,改革开放的纵深发展,新闻专业主义理念的引入与“转译”,社会大众对于“深度”需求的深化,合力促发了深度报道开始进入以“专业性”求“深度”的阶段。诚如喻国明教授分析的那样:“如果说,客观报道的基本要求是

---

① 张志安:《记者如何专业:深度报道精英的职业意识与报道策略》,南方日报出版社 2007 年版,第 38—39 页。

② 同上书,第 120 页。

‘实事’,那么,深度报道的本质要求就是‘求是’。……深度报道是一种突破了‘一人一地一事一报’的报道模式,它要求对新闻事实进行跨越时空、由表及里、从内到外的综合反映。”①

这一阶段深度报道的显著特征即在于新闻界运用多种文体样式、报道技巧来追求深度。例如,《南方周末》的专业化历程就印证了这一点。该报创刊于1986年,最初以“文学范式”为主,90年代后逐步转向“专业范式”——“穷尽一切角度来观察和刻画新闻事件,不让任何先入为主的价值判断损害新闻事件本身的丰富性,在此基础上,强调对事件的深度挖掘,还强调从微观全方位呈现事件、人性的丰富和微妙。是批判性的报道,还是中立呈现事件的整个进程,根据新闻事件本身的属性来选择和确定。简单说,新闻专业性是一个客观性的底线加上无限丰富的呈现可能性,还有《南方周末》一贯坚持的平民视角。在这条道路上,《南方周末》仍在不断探索。”②这一时期的《南方都市报》则用成文的《编辑大纲》形式,确立了深度报道的不同形式和要求:

> ①对突发事件、重大新闻的现场报道,强调及时性、采访的深度和角度、立场的独特,如对三峡蓄水、南丹矿难、北航空难的报道。在重大政治、社会事件的报道中,重视个人的体验和视角。②对特定事件内幕的揭露式报道,强调采访的深入程度和准确性。③对社会现象、社会问题的调查报道,强调调查的深度和背景知识的广度,如对“三农”问

---

① 喻国明:《媒介的市场定位——一个传播学者的实证研究》,北京广播学院出版社2000年版,第334—335页。

② 杨兴锋:《南方报业之路》,南方日报出版社2009年版,第96页。

题、艾滋病问题的报道。④对社会趋势的分析报道,强调判断力和预见。……。①

上述分类基本代表了21世纪专业新闻媒体对于深度报道的认知,在拓展深度报道外延的同时,更彰显了“专业范式”以“专业性”求“深度”的基本路径。以下,我们着重列举两种新闻文体样式来加以阐释。

(1) 调查性报道

调查性报道是“专业范式”范畴内一种重要的报道方式,“是对‘隐瞒的消息’经过调查弄清真相后进行的公开报道”②。一般来说,调查性报道具有三个基本特质:事件涉及公共利益,真相正在被隐瞒以及由记者独立展开调查。调查性报道兴起于美国20世纪六七十年代的“揭丑运动”。1972年,以《华盛顿邮报》为代表的美国新闻界对于“水门事件”坚持不懈的追踪掀起了调查性报道的世界性潮流。

调查性报道在我国的兴起大体从20世纪90年代中期开始。其时,《南方周末》开始深度介入舆论监督,关注转型期的社会问题,发表了一大批影响巨大的调查性报道。例如《乡党委书记含泪上书　国务院领导动情批复》《三位诺贝尔科学家指斥中国核酸营养品》《山西“割舌事件”真相调查》等。这些报道不仅切中了当时社会的主要问题,而且对新闻事件进行了有力量有锐度的呈现,引起了广泛共鸣。③ 1996年,中央电视台

① 转引自张志安:《编辑部场域中的新闻生产——基于〈南方都市报〉的研究》,复旦大学出版社2019年版,第223页。

② 芮必峰、姜红:《新闻报道方式论》,安徽大学出版社2001年版,第196页。

③ 参见杨兴锋:《南方报业之路》,南方日报出版社2009年版,第95—96页。

《新闻调查》栏目开播,开创了中国式“电视调查性文体”,强调“用纪实的方式拍摄,展现对新闻事件的调查和采访过程,把新闻当成故事来讲,事件中应有悬念和冲突,情节应当跌宕起伏”①。1998年,《财经》杂志创刊,《基金黑幕》《银广夏陷阱》等迅速为其获得专业口碑与社会知名度。2000年前后,《中国青年报·冰点》连续刊发《世纪末的弥天大谎》《被反复驳回的死刑判决》等调查性报道,标志着《冰点》由“软”到“硬”的风格转向以及对专业深度的不懈追求。“硬报道就是干干脆脆的新闻调查,没有任何渲染,更没有一些人批评的夹叙夹议。纯正的调查性报道是不允许议的,甚至刑侦术语都是原装的,因为这就是事实。”②与此同时,为了应对由调查性报道带来的日益增多的新闻官司,时任《中国青年报》副总编的周志春从实践中总结出八条报道原则,这即是著名的“周八条”③。

① 事实原则,甚至叫纯事实原则,非评论。

② 脊梁原则,讲主要事实、最有把握的事实,对其他事实留有余地,去掉那些难以证实的事实。

③ 法定证据原则,面对诉讼的时候能拿出文字资料,白纸黑字的,我们不止一次让当事人在资料上按红手印。

④ 平衡原则,它是保护记者最有力的砝码,就是给所有冲突当事方说话的机会。

⑤ 回避原则,如果消息来源是熟人、亲属,可能会有点

① 孙玉胜:《十年:从改变电视的语态开始》,三联书店2003年版,第224页。
② 石岩、李大同:《冰点故事:用新闻影响今天》,《南方周末》,2005年12月15日。
③ 张志安:《记者如何专业:深度报道精英的职业意识与报道策略》,南方日报出版社2007年版,第118页。

先入为主的东西,应该回避和保持距离。

⑥ 无欲原则……做新闻的时候别向往太多,别想去实现太多个人的东西。

⑦ 正负效应原则,判断这个报道跟整个社会、国家的利益有多大关系,正面效应和负面效应利害有多大。

⑧ 保密原则,国家机密、军事机密等要保密。

这八条报道原则是当代中国新闻人文体实践的经验结晶,其中涵括了“专业范式”的普适性,更凸显了“专业范式”在当代中国的独特性。此后,《中国青年报》《南方都市报》《华商报》《京华时报》《新京报》《东方早报》以及新华社等越来越多的新闻媒体开始成立专门的深度报道团队,批量生产调查性报道,由此带来了中国调查性报道持续十多年的大繁荣。

这一时期调查性报道作品的总体特征表现为:以监督题材为主,关注社会公平与公共利益,强调对新闻专业理念的遵循,恪守客观性原则,调查与采访力求专业而全面,交代新闻信源,提供大量新闻背景,交替使用直接引语与间接引语。简言之,即是用更为专业的方式追寻新闻真相。对此,两次全国性调研提供了佐证。2010—2011 年,一项针对全国 259 位调查记者的调查显示:就职业追求的重要性而言,调查记者最重视的方面是“保持事实准确”“报道客观”“保持公正”与“挖掘更深入”。① 2016—2017 年,另一项针对 175 位调查记者的调查表明:调查记者仍然非常重视“报道客观”“保持事实准确”“报道

① 张志安、沈菲:《中国调查记者行业生态报告》,《现代传播(中国传媒大学学报)》,2011 年第 10 期。

要平衡”等专业导向的新闻价值追求。① 2019年暴发的新冠肺炎疫情再次凸显了新闻的专业价值,以新华社、《人民日报》、财新传媒为代表的一大批专业媒体运用调查性报道、解释性新闻等深度报道形式,为浸淫碎片化信息中的社会公众,提供了大量专业且直抵人心的报道,帮助公众解疑释惑,寻求真相。

(2)特稿

如前所述,特稿强调新闻性与文学性的融合,但这一特性并不意味着特稿不能成为深度报道的一种重要呈现载体,南香红曾指出,“特稿需要再现一个完整的世界”——“一般的新闻可能是从事件发现出发,向未来的维度里寻找,而特稿还必须向历史的维度开掘,向未来的反方向寻找;一般的新闻可能更多地把眼光集中在这件新闻本身,而特稿可能就要兼顾左右,在看起来不着边际没有多大的关系的事件里发现。”②简言之,特稿是对一般新闻的展开,无论是题材的选择,还是新闻背景的调用、细节的挖掘,特稿都比一般新闻更具深度旨趣。

21世纪以来的特稿尤其重视对深度的追求,这主要体现在特稿本身的定位及其对文学理念与手法的“调用”。“特稿的写作常常就是一篇人物报道,通常它都有一个好的故事和这个故事所潜藏的时代内涵,记者以文学写作手法来调度他所采访到的素材并融入对社会问题的判断,其结构的设置、细节的描写和语言的运用都体现了文学的生动和丰富。这种强烈的故事性和

① 曹艳辉、张志安:《地位、理念与行为:中国调查记者的职业认同变迁研究》,《现代传播(中国传媒大学学报)》,2020年第12期。

② 杨瑞春、张捷:《南方周末特稿手册》,南方日报出版社2012年版,第320页。

文学性在阅读上具有特别的吸引力,同时保有记者对时代的深度思考和思想贡献。”[1]更为重要的是,文学本身对于社会“大真实”、个体独特性的追求,也影响着特稿记者对于深度的理解。名记者赵涵漠就认为:“特稿就是在记录这个社会,记录那些平常你不会注意的人和事,为你看这个世界提供多一个角度。特稿的细节更应该体现在‘这个人怎么做’,而不是‘这个人怎么想’。”[2]因此,优秀的特稿不仅能够呈现复杂的真实,而且能够搭建人与人之间、事件之间的认知桥梁,发掘那些隐匿的关联性,从而帮助读者加深对于新闻事件、新闻人物的认识与理解。诚如《南方周末》特稿编辑张捷所阐释的那样:“面对中国转型时期的复杂现实,客观上需要借助特稿,特稿具有表现弱冲突或隐性冲突的先天特性,对转型期中国复杂现实的表现力强大。”[3]

例如,曹筠武撰写的《系统》[4]就用了一种故事化呈现深度的方式。其责任编辑李海鹏为该篇特稿配发的“编者按”首先即勾画了整篇报道的“深度”——

> 在一款同时在线人数超过百万、全部玩家加起来可以组成一个超级城市的网络游戏中,它的游戏精神是指向乐趣,还是指向权力和金钱?它的社会规则是新世界的开放自由,还是率土之滨莫非王臣?这不只是对某一款游戏的

---

① 参见杨兴锋:《南方报业之路》,南方日报出版社2009年版,第111—112页。

② 张志安、刘虹岑:《转型与坚守:新媒体环境下深度报道从业者访谈录》,南方日报出版社2015年版,第148—149页。

③ 杨瑞春、张捷:《南方周末特稿手册》,南方日报出版社2012年版,第296页。

④ 曹筠武:《系统》,《南方周末》,2007年12月20日。

追问,甚至也不只是对韩式网游的价值观的追问,而是对人与游戏、人与人的关系的追问。虚拟世界是现实世界的一部分,也有着人们必须捍卫的准则。

在当下中国最火的一款网络游戏中,玩家们遭遇到一个“系统”,它正在施行一种充满诱惑力的统治。这个“系统”隐匿无踪,却无处不在。它是一位虚拟却真实的垄断者。“如果没有我的允许,这个国家的一片叶子也不能动。”这是智利前独裁者皮诺切特的声音,悄然回响在这个虚拟世界之中。

这两段提炼自报道主要内容的“编者按”,不仅交代了报道所关注的核心问题,而且也明确呈现了全篇报道的核心观点,亦即网络游戏的实际控制者是一个无处不在的“系统”。而“系统”本身就是一个有关控制的巨大隐喻。正文通过讲述一位27岁游戏玩家从沉迷《征途》到“决定永远不再回来”的故事,深入展示了主人公认知网络游戏本质的心路历程,最终点明主题:“玩家们最终发现,在这个世界里,自由市场经济在某种程度上被禁止了,合法的私有财产只许保有,不许交易。在这里只有一个庞大的终极卖家被允许存在,那就是系统本身。”这篇特稿结构精巧,运用了故事化的呈现方式,精彩地展现了虚拟网络游戏的“战斗”场景,其中又灵活穿插玩家的内心感受和真实生活,现实与虚拟交相呼应,表面上是在写一个玩家的网游经历,实则暗含了深邃的主题,文中对于“系统”权力、“控制与反控制”淋漓尽致的展现,充满了洞见。该文获得《南方周末》“总编奖”的评语凸显了报道对于深度的专业挖掘:“母词系统的深度发掘,不仅是对现实的有力映射,更是对新闻易碎品属性的一次挣脱。”①

2010年以来,调查性报道式微,特稿更加强调以其独特的呈现方式来展现深度报道的特质。对此,三位名记者的观点颇具启发意义。南香红认为:“特稿故事有时候不仅仅追求真相,它的外延要远远大于调查报道的真。特稿故事要告诉你的或许在五个W之外。”②袁凌明确指出,“调查性报道与特稿之间并不存在真正的矛盾”,而真正有价值的特稿应该涵括了“调查的品格”——“好的特稿背后是揭示制度的,只是它没有用直白的话去表述。它能让你体会到这个人的人性是在什么样的社会历史背景和制度下形成的,这是我真正欣赏的特稿。”③原《南方都市报》编委方三文则鼓励记者通过文本创新来追求特稿的深度:“文本要比较感性,所传达出来的东西要特别有感染力,这是深度报道的基本属性。”④

2020年,《人物》刊发2万多字的长篇特稿《外卖骑手,困在系统里》⑤,其“导读”就采用与《系统》相似的写法——

> 一系列交警部门公布的数据背后,是外卖员已成高危职业的讨论。
>
> 一个在某个领域制造了巨大价值的行业,为什么同时也是一个社会问题的制造者?为了找到这个问题的答案,《人物》团队进行了近半年的调查,通过与全国各地数十位

① 邓科:《南方周末:后台(第三辑)》,南方日报出版社2010年版,第155页。

② 南方周末:《南方周末写作课》,中信出版社2021年版,第33页。

③ 张志安、刘虹岑:《转型与坚守:新媒体环境下深度报道从业者访谈录》,南方日报出版社2015年版,第123页。

④ 转引自张志安:《编辑部场域中的新闻生产——基于〈南方都市报〉的研究》,复旦大学出版社2019年版,第234页。

⑤ 赖祐萱:《外卖骑手,困在系统里》《人物》,2020年第9期。

外卖骑手、配送链条各环节的参与者、社会学学者的交流,答案渐渐浮现。

文章很长,我们试图通过对一个系统的详细解读,让更多人一起思考一个问题:数字经济的时代,算法究竟应该是一个怎样的存在?

“导读”第一段以一个基本事实交代新闻由头,第二段第一句话将新闻由头提炼为一个充满张力的疑问,继而引出对整篇报道的介绍,第三段则展示了报道的核心问题,“数字经济的时代,算法究竟应该是一个怎样的存在?”正文通过对十多位外卖骑手、专家学者的采访,结合对大量数据和研究文献的分析,深刻剖析了平台智能算法系统对外卖骑手的压迫,在真实呈现外卖骑手群体生存状态的同时,更揭示出人工智能所带来的深层次时代命题。报道结尾采用了评述方式,再次升华了新闻主题——

美团市值突破 2 000 亿美元的新闻发布后,一片惊叹声中,有人再次提及王兴对速度的迷恋,还有他曾提起过的那本对自己影响很大的书——《有限和无限的游戏》,在这本书中,纽约大学宗教历史系教授詹姆斯·卡斯将世界上的游戏分为两种类型:有限的游戏和无限的游戏,前者的目的在于赢得胜利,而后者则旨在让游戏永远进行下去。

系统仍在运转,游戏还在继续,只是,骑手们对自己在这场无限游戏中的身份,几乎一无所知。他们仍在飞奔,为了一个更好生活的可能。

结尾仅两段话,第一段是“述”,第二段是“评”。第一段叙述了两个重要事实,其一是美团市值突破 2 000 亿美元,其二是介绍美团 CEO 王兴推崇的一本书及其主要内容,从而构成了第二段评论部分的论据。第二段的评论承接上文,有理有据,言简意赅,意味深长,凸显了记者对算法系统的深刻反思。文末还列举了 30 条参考文献,内容包含诸如文森特·莫斯可的《数字劳工与下一代互联网》等高被引学术专著与论文,也有像《2019 年上半年中国外卖行业发展分析报告》等研究报告和研究数据。整体观之,与《系统》相比,《外卖骑手,困在系统里》更似一篇以“故事”包装后的学术研究成果,展现了特稿深度化可能达到的专业程度。

对于特稿而言,经由故事的形式追求“复杂的真”、专业地呈现新闻事实、多维度连接新闻背景、多角度开掘新闻深度,这是 21 世纪新闻特稿包孕的一种新的话语方式。诚如张志安总结的那样:“在记录中影响,在监督中启蒙,是当下深度报道作品的独特功能;超越事实,报道真相,是中国深度报道从业者的共同追求。新闻,归根结底是关乎民主的事情,深度报道精英们正以自己的行动在转型中国的语境中承载着铁肩道义、妙手文章的使命与责任。”①

第三节　在“自由”与“尺度”之间:特稿的实践之维

作为一种特殊的文体样式,特稿兼具文学与新闻的双重特

① 张志安:《记者如何专业:深度报道精英的职业意识与报道策略》前言,南方日报出版社 2007 年版,第 4 页。

质,展现了"文学范式"与"专业范式"的互动与博弈。一方面,文学性是区别特稿与其他新闻文体的重要标志,"一篇杰出的特稿首要关注的应该是高度的文学性和创造性"①。另一方面,特稿毕竟归属新闻的范畴,自然必须遵循新闻文体的基本规范,"就算你有太平洋那么多的技巧,也只能装在新闻这只小瓶子里"②。于是,特稿常常凸显出文学与新闻之间的巨大张力,因为"文学可以探索无疆界,新闻却不得不受制于职业规则"③。当这种张力"投射"在记者的文体实践上,就表现为"自由"与"尺度"之间的博弈。

所谓"自由",强调特稿的文学面向,亦即"我手写我心"的写作境界、个性得以恣意挥洒的写作状态、文学技巧能够得到充分运用的写作实践;所谓"尺度",强调特稿的新闻面向,呈现的是记者在文体实践中对新闻专业规范的遵从。换言之,记者的特稿实践就是在此二者之间进行"提纯"——"提纯就是个浓缩的过程,结构、情节、起承转合,包括文字,所有的要素都可以集中在一个尺度里,碰撞、冲突、跌宕,文章自然就会变得好看起来。"④由此延宕出的问题是:特稿中的文学性与新闻性是如何被呈现的?记者如何在"自由"与"尺度"之间"提纯"并实现文学与新闻的平衡?我们又该如何对这一文体在"专业范式"与"文学范式"之间的互动实践进行"深描"?基于此,本节选择名记者李海鹏

---

① [美]戴维·加洛克:《普利策新闻奖·特稿卷》前言,多人译,李彬校,新华出版社1999年版,第4页。

② 李海鹏:《大地孤独闪光》,南方日报出版社2011年版,第120页。

③ 邓科:《南方周末:后台(第三辑)》,南方日报出版社2010年版,第155页。

④ 杨瑞春、张捷:《南方周末特稿手册》,南方日报出版社2012年版,第114页。

作为研究个案，运用内容分析与文本分析的方法，系统解读其19篇代表性特稿，结合其特稿实践，尝试对上述问题做出回答。

一、研究样本概况

之所以选择李海鹏作为研究对象，原因有二：

一是因为他拥有丰富的特稿写作实践。"可以把这美好或肮脏的一切变成文字"一直都是他的职业诉求。[①] 从2003年2月19日发表《南方周末》历史上第一篇特稿《举重冠军之死》开始，李海鹏的职业声誉几乎都与特稿有关，被誉为"中国最好的特稿写作者，没有之一"。[②] 他的特稿作品成为业界学习的"范文"，他撰写的大量业务札记、特稿研究性文章也成为学术界引用的基本资料。

二是因为他的职业生涯始终与特稿有关。从《南方周末》的高级记者、《第一财经周刊》专栏作家，到《智族GQ》专题总监、《人物》杂志主编、《时尚先生Esquire》总编辑，再到自由作家和亭东影业首席内容官，尽管扮演的角色不尽相同，但李海鹏始终致力于挖掘好故事，大力推广特稿等"非虚构写作"文体，比如他在《时尚先生Esquire》时成立"特稿实验室"，出品的包括《太平洋大逃杀亲历者自述》《黑帮教父最后的敌人》等一批特稿作品，皆成为价值可观的媒体报道IP。

有鉴于此，李海鹏已成为特稿研究中无法绕过的实践者。然而，目前国内关于特稿的研究大多还停留在技巧层面，对李海

① 李海鹏：《你为什么活着》，http://mp.weixin.qq.com/s/qpIMiq13g92uiSI77U0rCQ，2015年5月4日。

② 劳骏：《李海鹏：这世道，再容不下一条无尾狗》，https://www.douban.com/note/578187471/，2016年8月19日。

鹏的作品亦缺乏系统的研究。因此,本文选择李海鹏在《南方周末》公开发表且独立署名的19篇特稿作品作为研究样本①(见表1),辅之以他的“记者手记”“主编寄语”“个人微信号推文”“专栏文章”以及他接受媒体采访的报道、访谈、从业经历等资料。

表1 特稿研究文本一览

序号	题目	发表时间	所在版面②
1	举重冠军之死	2003年6月19日	城市版
2	车陷紫禁城	2003年10月16日	城市版
3	人工盲童	2004年2月19日	新闻二叠
4	无情戒毒术	2004年4月1日	新闻二叠
5	120收费“战”与杨桂珍之死	2004年4月15日	调查版
6	故宫,不可能完美的大修?	2004年7月29日	新闻二叠
7	一个农民富豪的“乌托邦”	2004年9月16日	新闻二叠
8	悲情航班MU5210	2004年11月25日	头版
9	带给藏族盲童的彩色世界	2005年2月24日	新闻二叠
10	中国足球　朝代更替	2005年2月24日	头版
11	“神童”到中年	2005年7月21日	头版
12	外国“红孩子”的中国人生	2005年10月13日	新闻二叠
13	寒春:一生坚定在中国	2005年10月13日	新闻二叠
14	抢救“碗礁一号”	2005年10月27日	新闻二叠
15	富豪征婚记	2006年1月5日	新闻二叠

① 这些报道样本后以《大地孤独闪光》结集出版。鉴于该书中的文本主要来自记者报道的原稿,更能体现作者个人的旨趣,因此我们会在后文将之与报纸上发表的终稿进行对比分析。

② 2003年6月后的“城市版”及2006年后的“新闻二叠”是《南方周末》的“特稿版”。

续　表

序号	题目	发表时间	所在版面
16	满语消失的最后一瞬	2007 年 7 月 26 日	新闻二叠
17	日本在中国的真实存在	2008 年 5 月 8 日	时局版
18	两个刘翔的跨越	2008 年 8 月 7 日	奥运特刊
19	韩寒者，冒犯也	2009 年 12 月 31 日	年度人物特刊

在上述 19 篇报道中，人物类选题共 9 篇，占比 47%，人群类选题共 3 篇，二者叠加一共占比 63%。（见图 1）而 3 篇事件类报道中的《悲情航班 MU5210》和《120 收费"战"与杨桂珍之死》虽是基于新闻事件的报道，但事件中人物的命运仍是记者关注的重点，透过事件中个体的命运窥视真相缺席的灾难，质问死板的规章条令。总体来看，李海鹏特稿的一大特点在于：选题以人为主，善于将个体命运同举国体制、城乡发展、医疗卫生、教育制度、文化传承、时代记忆等进行勾连，通过故事去挖掘、解释意义，"用一个充满戏剧张力的小故事，指向这个国家的重大问题"①。

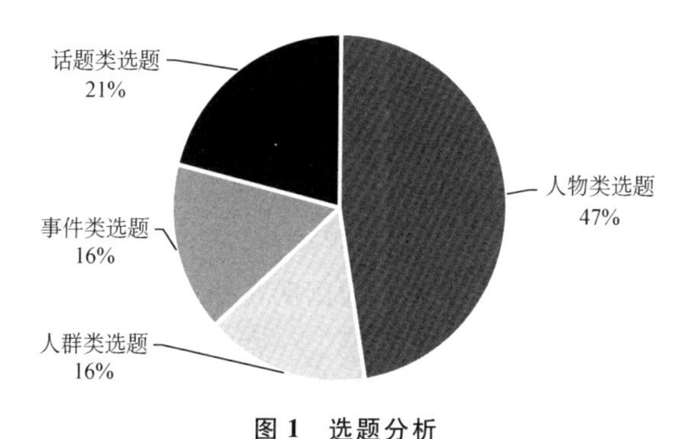

图 1　选题分析

① 李海鹏：《大地孤独闪光》，南方日报出版社 2011 年版，第 4 页。

二、个体的言说:李海鹏特稿的文学面向

2022年版的《新闻学与传播学名词》对“特稿”做了如是描述:“特稿是通过讲故事和大量细节描写的方法进行报道的新闻体裁。强调叙述性,一般篇幅较长,具有较高的文学品质。”[①]因此,与诗歌、小说等文学作品相比,特稿的文学性更多体现在对于文学技巧的“征用”层面,包括故事化的叙事、戏剧性的凸显、文学修辞的运用以及各种极具想象力与表现力的表达方式等等。对此,中文系毕业、擅长写诗的李海鹏从不掩饰对这种自由写作状态的向往:“自由是一种成就,而拘谨则是一种失败。”[②]于是,他的特稿文本内外常常渗透出充满个人风格的言说诉求,这种风格则是“建立在事实、引用、说明的选择,以及词汇的选择、句子的长度,甚至是段落的长度的基础之上的”[③]。

(一) 隐藏“记者”以保持故事的完整性

通过强化记者的“在场”来凸显报道的真实、可信、独家,甚而展示记者的采访本领,已成为当下许多媒体惯用的报道“技巧”。与此形成鲜明对比的是,李海鹏的特稿大多会选择隐藏记者的存在。图2显示,在19篇报道中,“记者”一共出现26次,单篇最高出现6次,7篇报道完全没有出现“记者”。这与李海鹏“只有故事才能完全地阐明故事自身”的写作理念密

---

① 新闻学与传播学名词审定委员会:《新闻学与传播学名词》,商务印书馆2022年版,第51页。

② 李海鹏:《佛祖在一号线》,文化艺术出版社2010年版,第29页。

③ [美]梅尔文·门彻:《新闻报道与写作(第9版)》,展江主译,华夏出版社2003年版,第225页。

不可分。① 这种理念更似小说,其实质意在凸显语境,保持故事的完整性,从而把读者的注意力引向新闻故事本身。

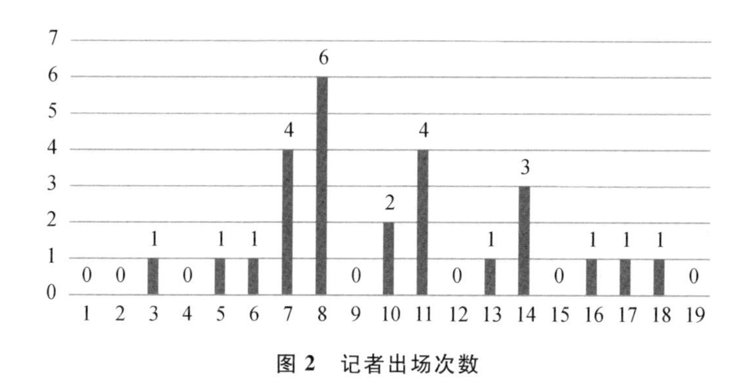

图 2 记者出场次数

(二) 制造“节奏感”促发新闻话语的视听化呈现

和具象的影像相比,文字是抽象的,单一的呈现方式容易让读者陷入阅读疲劳。在李海鹏看来,“控制”着读者的不是内容,而是“细密的、有智性的逻辑链,是剪辑技巧,是节奏感”。② 只有这种“节奏感”才能实现新闻话语的视听化呈现。譬如下面两例:

> 墨绿色的玉米在风中伏低、摇摆,伏低、摇摆,像梦境一般枯燥又永无休止。于是整整一天屯子里再无生气。直到夜里 9 点半,整个屯子上炕睡觉。这就是一个不停地遗忘着的地方拥有的东西:现在。
>
> (《满语消失的最后一瞬》)

以上是该篇特稿的倒数第三段,该段描写了整个屯子一天

---

① 李海鹏:《大地孤独闪光》,南方日报出版社 2011 年版,第 62 页。
② 同上书,第 122 页。

的生活,“伏低、摇摆,伏低、摇摆”重复动作的玉米暗喻着那里生活的百无聊赖,展现出屯子里毫无生气的画面,字里行间着力营造出的慢节奏,却快速吸引读者的注意,最后一句话则引导读者在被遗忘的“现在”与终将消失的“满语”之间建构关联。

> 两根射频针的顶端为裸露金属,相距6毫米,平行进入大脑,分别释放正、负电极并每秒钟转换上百万次,使得靶点区域内的正、负离子高速往来,摩擦生热并达到72℃,杀死神经元,在周围形成一个8毫米高的椭圆形“死海”。
>
> ……
>
> 第5次、第6次、第7次、第8次,钝头探针深入赵雷的大脑,烧死他的一些意识。
>
> (《无情戒毒术》)

以上内容摘自《无情戒毒术》的第三部分“脑内战争”,主要描述手术过程。与前两部分相比,这部分段落明显变短,短句增多,节奏加快,顿号的连续使用迅速将一台“快、狠、准”的脑部手术“画面”呈现在了读者面前。

(三)用“集中”的手法凝聚戏剧性

“戏剧性”是特稿文学性的重要体现,其实现途径主要有二:一是新闻故事本身具有高度的戏剧性,二是写作时戏剧性手法的运用。前者依赖于选题以及对选题的提炼,后者则更多依靠叙事技巧。有研究者将此提炼为“四化”,亦即“主题事件化,事件故事化,故事人物化,人物性格化”①。李海鹏就善于用“集

① 杨瑞春、张捷:《南方周末特稿手册》,南方日报出版社2012年版,第293页。

中”的手法凝聚特稿的戏剧性。《举重冠军之死》强化的是时间上的集中,呈现了才力死前 19 个小时的经历,记者刻意将这个戏剧性的一天与其戏剧性的一生连接起来;《车陷紫禁城》则从空间维度集中描述了北京道路上的堵车之旅,巧妙地将大城市的繁华同堵车的现实性命题戏剧性地勾连起来;《一个农民富豪的乌托邦》则聚焦人物的集中,展现了一位农民富豪企图回乡建设新乡村的戏剧性经历,突出反映了在乡村发展过程中建设者和本地农民之间在致富理念与生活方式上的种种冲突。

除此之外,像《举重冠军之死》中在开篇就描述了才力母亲的“噩梦”,将凶兆之意贯穿全文,宿命的结局更为故事平添了些许戏剧色彩;《富豪征婚记》则直到文末才交代开头出现的信源张茵(曾参加过富豪征婚的女孩)如今的身份——文中最重要当事人律师何鑫的女友。这种充满戏剧性的结尾往往会令读者唏嘘不已。

由此可见,大量运用类似小说的结构与表达方式来强化报道的戏剧性,是李海鹏特稿的一个显著特征。

(四) 比喻修辞的广泛使用

“特稿的文学性,体现在它必须最大程度地调动读者的感官。……人的视觉、听觉、触觉、想象力和好奇心,统统被唤起。”①而大量使用比喻修辞手法,则是李海鹏特稿的一个显著特点。例如,在《车陷紫禁城》中,北京被比喻为“庞大的章鱼”与“巨人”,堵塞的道路被比作被堵住的“水管”;《人工盲童》中,盲童的眼球被比作将萎缩的“干苹果”;《无情戒毒术》的手

① 蒯乐昊:《奢侈的特稿》,《南方传媒研究》,2013 年第 42 期。

动颅钻被比作"汽车的手动摇把"等等,形象的比喻在增强特稿文学性与生动性的同时,也让抽象的概念变得易于理解。

在《举重冠军之死》文末处的比喻,更是将才力亲人在得知才力过世时的震惊以最具象的方式呈现出来:

> 这时病房里所有的家属都看见,一直俯身做胸压的护士停止了动作,转过身来对他们说:"你们准备后事吧。"他们在最初的一段时间里都没有听懂这句话,就像被截断了一条肢体之后以为它还在那里,很难相信自己已经失去了什么。
>
> (《举重冠军之死》)

作为该篇报道的结尾,李海鹏将亲人离世之痛比作断肢的切肤之痛,痛难自持但仍无法相信,记者言语间虽尽力克制,但这种复杂的情绪已然蔓延开来,读者也更能理解与体悟。

(五) 作为背景材料的文学

李海鹏特稿中的背景材料常常直接源自文学作品。

在《车陷紫禁城》中,他选取郁达夫《故都的秋》和马可·波罗《游记》对北京城的赞美作为背景,和今天北京城的拥堵进行对比,甚至连建筑学家库哈斯的著作中对城市的描述也被他用以佐证的材料。

他还在《故宫,不可能完美的大修?》中引用苏易简《文房四谱》来印证澄浆泥制品的珍稀难求;《满语消失的最后一瞬》中专门引入了满学家金启孮在《梅园集》中对"太太"的解释;而在《日本在中国的真实存在》这篇几乎用史料撑起的报道中,本尼迪克特的《菊与刀》、亨廷顿的《文明的冲突》、周作人的《日本管窥之四》、成仿吾的《东京》等都成为记者的取材来源。

此外,很多文学作品还为李海鹏特稿写作提供了某种路径或启示。例如,他在《举重冠军之死》中描述才力母亲的“噩梦”时,其实借鉴了马尔克斯的小说资源:“这个梦让我想起马尔克斯的有真实材料来源的小说《没有人写信的上校》。它们都体现了被抛弃的孤独感,以及孤独带来的幽闭和恐惧。”①

三、专业的呈现:李海鹏特稿的新闻面向

“特稿不仅是一种更好看的新闻,还是一种更深入的新闻。”②既然是新闻,特稿就必须符合基本的新闻文体规范:强调真实客观、注重准确简洁、提供新闻要素、交代新闻背景、使用直接引语、注明新闻来源等。基于这样的认知,李海鹏在特稿实践中,一方面在努力追求“像写小说那样写新闻”,另一方面又始终将文学技法限定在新闻职业规范的“尺度”之中。

(一)多种方式呈现“真实”与“客观”

作为专业常识,新闻报道必须真实与客观。李海鹏在特稿中,主要采取以下四种方式来呈现职业规范:

1. 大量使用引语,尤其是直接引语

借用他人之口推进故事进程、凸显新闻可信度,是李海鹏特稿的一大特点。根据我们的统计:19篇特稿的引语使用篇幅在8%—30%以内,共使用引语744处,单篇最多使用引语79处,最高使用篇幅占比29%。从直接引语和间接引语的对比来看,19篇稿件共使用直接引语528处,使用间接引语216处,二者

① 杨瑞春、张捷:《南方周末特稿手册》,南方日报出版社2012年版,第78页。
② 李海鹏:《大地孤独闪光》,南方日报出版社2011年版,第61页。

比例约为 2.5 : 1,虽然前期对直接引语和间接引语的使用倾向并不明显,但后期对直接引语的使用明显超过间接引语(见图 3)。

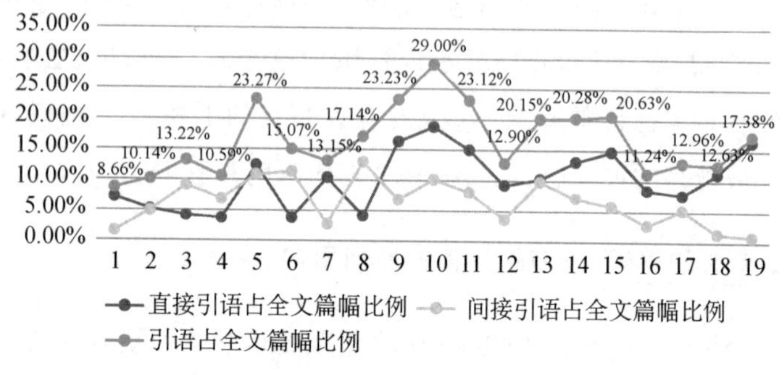

图 3 引语占全文篇幅

2. 大量采用具名信源

信源,又叫新闻来源,通常指新闻报道中主要事实的出处,包括向媒体提供消息的个人、机构和实体(文件或其他资料)等。基于对报道样本的细读,我们统计出李海鹏特稿中的信源数量(见表 2)。

表 2 信源使用数

序号	1	2	3	4	5	6	7	8	9	10
信源数	7	14	13	5	13	8	9	16	13	15
序号	11	12	13	14	15	16	17	18	19	
信源数	21	5	3	15	9	18	25	8	4	

19 篇特稿一共使用了 221 个信源,单篇最高使用 25 个信源,最少使用 3 个信源,平均每篇使用近 12 个信源。在与公共利益或政治议题相关的报道中,信源使用较多,在单个人物类报道中,信源的使用则并不多。

根据表述的清晰程度，信源可以分为"具名信源"和"匿名信源"。具名信源即为具体的某人、某单位或者某材料、文件等。匿名信源则是指完全没有相关信息或只提供部分信息的消息来源。通过信源和相应引语的对照研究可以发现，李海鹏特稿中的大多数引语都有"明确的信源"与之对应，少数情况下会使用匿名信源或不交代对应信源（见图4）。

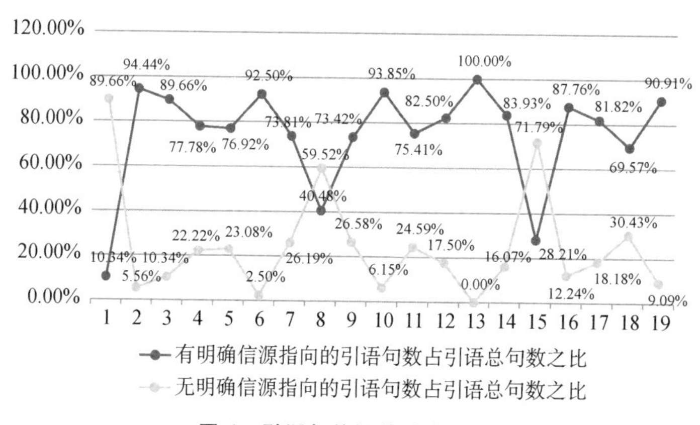

图4　引语与信源的结合分析

此外，无明确信源指向的引语句数占比最多的三篇报道引起我们的关注。除了第15篇报道是因为匿名信源占比较多之外，其他两篇报道都是因为引语的来源并未清楚点明，而这两篇报道的叙事方式如同小说的行文，记者好似"全知全能的上帝"，在新闻现场看到了所有的事情，听着故事里面人物的对话，如同录像机般将画面记录传递出来。这表明，李海鹏使用信源的方式会综合考量故事的逻辑性与完整性。

3. 运用数字凸显准确性

图5显示，19篇样本中共使用数字960处，平均每篇50处，

单篇报道最高89处,最低9处。有些时间的表述甚至精确到分秒,如《悲情航班MU5210》中,便以“55个人的最后40秒”的小标题开篇,通过对飞机失事前后3个时间点的描绘,试图还原失事现场。使用精确的数字,不仅能获得读者的认同,而且能体现新闻报道的准确性要求,展现记者对精致细节的追求。

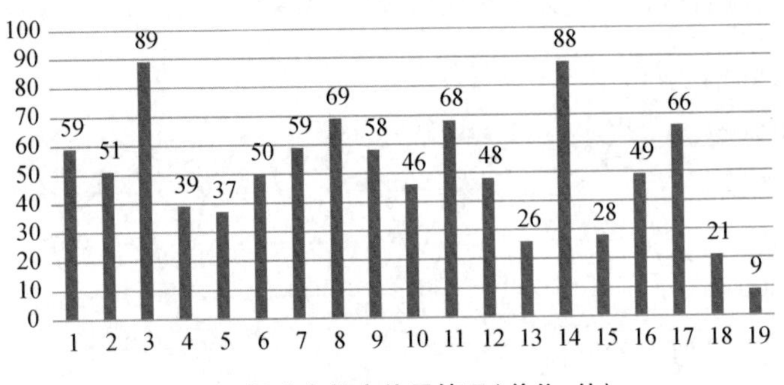

图5 报道中数字使用情况(单位:处)

4. 克制情感,强化中性表达

我们对每篇报道的修饰词进行统计后发现(见图6),李海鹏19篇特稿中一共使用修饰词970个,其中中性修饰词最多,

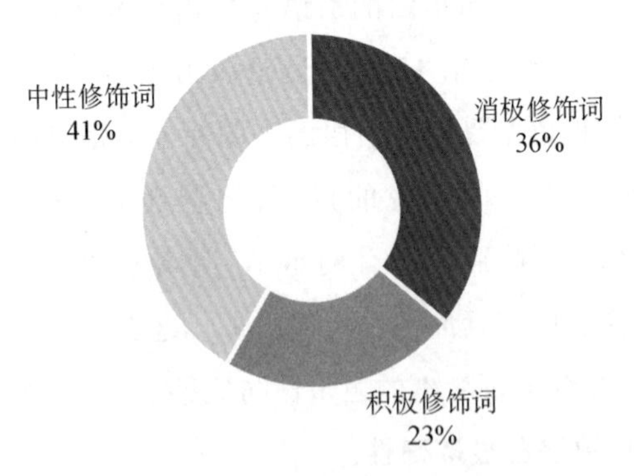

图6 三类修饰词占修饰词总数百分比

总计 402 个,占比 41%,消极形容词次之,总计 349 个,占比 36%,而积极形容词使用最少,仅有 219 个,占比 23%。

此外,我们还统计了修饰词在全文中的占比情况。图 7 显示:修饰词在李海鹏特稿中的篇幅在 10%以内,最低为 1.09%,最高为 9.19%,从整体上看,他对修饰词的使用呈下降趋势。

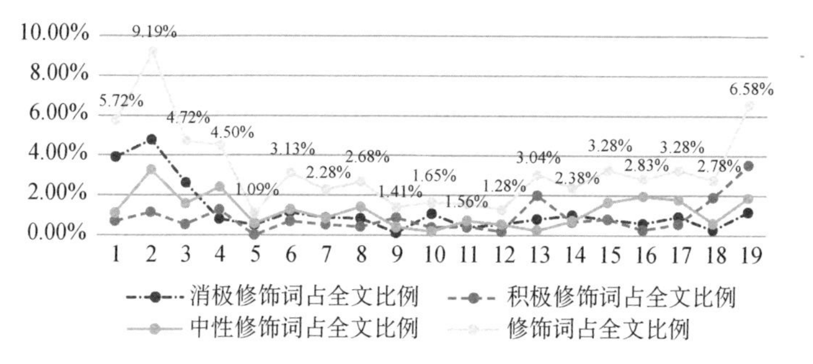

图 7　各类词性修饰词占全文篇幅百分比

（二）编辑把关:克制抽象化和倾向化的表达

“新闻话语也是非个人的作品……是私营或公立的制度化组织制作、表述的产品。”①换言之,经过编辑的把关与修改,最终呈现在媒体上的稿件与记者原稿之间一定存在差异。因此,通过对李海鹏发表在《南方周末》上的作品以及其结集在《大地孤独闪光》中的原稿进行比对分析,我们可以发现记者特稿实践中那些被替换、遮蔽以及抑制的“言说”。

1. 被修改的标题

表 3 和表 4 显示出原稿与终稿在标题上有 5 篇不一致,而文内小标题不同的则有 10 篇,具体对比如下:

---

① ［荷］梵·迪克:《作为话语的新闻》,曾庆香译,华夏出版社 2003 年版,第 77 页。

表3 终稿与初稿标题对比

序号	终稿标题	初稿标题
7	一个农民富豪的"乌托邦"	农民富豪的乌托邦
9	带给藏族盲童的彩色世界	萨布瑞亚校长的事业
13	寒春:一生坚定在中国	寒春:留在1960年代
16	满语消失的最后一瞬	最后的满语者
17	日本在中国的真实存在	日本在中国

表4 终稿与初稿小标题对比

<table>
<tr><th>序号</th><th>终稿小标题</th><th>初稿小标题</th></tr>
<tr><td rowspan="3">3</td><td>吸氧,令他们坠入无边黑暗</td><td>吸氧</td></tr>
<tr><td>时间窗,在无知无觉间关闭</td><td>时间窗</td></tr>
<tr><td>要生命就不能要眼睛?</td><td>责问</td></tr>
<tr><td rowspan="4">6</td><td>武英殿:"铁三角"的修复样板</td><td>武英殿重现辉煌</td></tr>
<tr><td>倦勤斋:"时间之战"</td><td>倦勤斋:内饰修缮面临课题</td></tr>
<tr><td>露天工程:修比建还要难</td><td rowspan="2">寄希望于研发</td></tr>
<tr><td>故宫:用现代技术模拟古风</td></tr>
<tr><td rowspan="4">7</td><td>豪宅的外壳　农民的生活</td><td>豪宅的外壳　农民的生活</td></tr>
<tr><td>"老板":改造农村的宏图牛业</td><td>"老板"的宏图大业</td></tr>
<tr><td rowspan="2">黄夹镇的新文化运动</td><td>黄夹镇的新文化运动</td></tr>
<tr><td>"放在毛泽东时代,我肯定算是思想特别好的人"</td></tr>
<tr><td rowspan="4">8</td><td>55个人的最后40秒</td><td>55个人的最后40秒</td></tr>
<tr><td>"你想起了什么?"</td><td>"你想起了什么?"</td></tr>
<tr><td>待揭开的谜底</td><td rowspan="2">第一现场</td></tr>
<tr><td>各种传闻</td></tr>
</table>

续　表

序号	终稿小标题	初稿小标题
9	让盲童自信并且快乐	让盲童自信并且快乐
	延自布莱叶的道路	延自布莱叶的道路
	孩子们,你们都是毕加索	非常非常艰难
	憧憬背面是忧虑	关于未来的种种苦恼
	这不是付出,而是快乐	"所有的帮助都不是永远的"
12	"我们要到毛泽东的国家去了"	"我们要到毛泽东的国家去了"
	"好像哪里都不是故乡似的"	异乡人
	有些东西不冒险就不能体验	狂暴,阴郁,青春
	"这个无所畏惧的新世界啊"	这个无所畏惧的新世界啊
14	从反盗捞开始	又一次从盗捞开始
	时间之战	时间之战
	吾华之瓷	吾华之瓷
	最美的一艘沉船	正在失去的沉船
15	他们心中所要的	他们心中所要的
	他们与这些女性之间	你要求什么处女
	她们的直言不讳	卖个好价钱
18	期待"刘翔王朝"	体制与民间的双重期待
	意料不到的时刻	意料不到的时刻
	两个刘翔	两个刘翔
19	剥除伪装像呼吸一样自然	—
	用调笑的声音说出肃穆的真理	
	鼓舞了无数的"自我"	

通过主标题的对比,我们可以发现:

第一,初稿标题更关注故事中的“人”,而终稿的标题则更关注“事”。比如,第9篇和第16篇的主标题,李海鹏把着眼点放在了“萨布瑞亚校长”和“满语者”两个个体身上;而报纸最终发表时分别突出的则是“萨布瑞亚所做的贡献”以及“满语消失的不可挽回”。

第二,初稿标题更加偏于抽象与隐晦,终稿标题则更加具体实在。第7篇终稿加了“一个”作为限定,第17篇加了“真实”,都更加准确也更具体。第13篇终稿标题是《寒春:一生坚定在中国》指向更加明确,而初稿《寒春:留在1960年代》则相对含蓄。

通过对文内小标题的比较,我们不难发现:从字符数上看,李海鹏喜欢用短小的词句传递信息,言辞短促有力,同时,他还喜欢使用诸如“问责”“异乡人”“狂暴,阴郁,青春”等抽象化的文学表述直接传达意义,而终稿刊发的小标题则更“实在”,传递的信息也更明确。

2. 被删减的话语

事实上,特稿实践中的“尺度”不仅涵盖新闻文体的基本规范,也包括记者所在媒体的价值取向与风格定位,比如对社会责任的坚守、对社会舆论的正面引导、对低俗价值观的抵制等等。这些也都是编辑把关的重点。不妨以《富豪征婚记》和《韩寒者,冒犯也》为例来加以说明。这两篇特稿的终稿都比原稿减少了1 000多字,那么究竟哪些内容被删减了?

(1) 删掉了“低俗”的欲望

《富豪征婚记》初稿重点提及了富豪征婚的要求——“罩杯

大”和“处女”,也道出应征未婚妻女子的欲求——希望能过上像电视剧里一样奢华的生活。与之相对照,终稿将这些内容尽数删去。小标题中也同样删去了“处女”和“卖”的字眼。《韩寒者,冒犯也》则删掉了韩寒提及的有关“充气娃娃”的表述。

(2) 删掉了消极的爱情观

在《富豪征婚记》初稿中,一位应征女子表达了不同于传统的爱情观,她认为“爱情”是虚幻的存在:“爱情养不活任何人,是不是?在这个时代再说过去的那些老观念,我觉得就是骗人了。”这种与主流价值观不相吻合、甚至相对消极的爱情观在终稿中也被删去了。

(3) 删掉了对社会情态的影射

为了解释一位女大学生对“金钱”态度变化的原因,《富豪征婚记》原稿本引用女大学生对社会的看法,传递女大学生对医保制度、大学教育等方面的忧虑与质疑,并将之归结于“‘社会风气’本就如此”,这些内容在终稿中被尽数删去。再如,《韩寒者,冒犯也》原稿中曾论及韩寒母亲上访却遭“闭门羹”的事件,这些在终稿中亦未能出现。

四、特稿的实践之维

基于对李海鹏特稿实践的“深描”,我们期望探讨的核心问题是“特稿中的文学性与新闻性究竟被如何呈现?“专业范式”与“文学范式”如何在特稿实践中共生与交融?记者如何在‘自由’与‘尺度’之间‘提纯’并实现文学与新闻的平衡”。我们认为,作为一种特殊的文体形态,特稿本质上属于新闻,文学技法丰富了新闻文体的呈现方式。“特稿突破了依靠事实罗列的传统新闻手法,将文学技法引入新闻写作,把故事讲述得引人入胜,富有感染力。……文学性是区分特稿与其他新闻文体的关键要素,但文学性需要服从新闻的专业规范。文学技法的引入并不必然就会伤害新闻的真实、客观……当然,特稿记者在使用文学技巧的同时,也需要审慎和节制。"①从这个意义上说,"新闻为体,文学为用"是特稿的应有之义,"新闻之真"与"文学之美"则是特稿实践的双重追求。

"特稿的选择,是一个记者理解世界的方式的选择,是一个记者对新闻的解读方式的选择,同时也是他呈现方式的选择。"②因此,记者作为特稿生产的主体,其特稿实践首先建立在对特稿本质的深刻理解与精准把握的基础之上,继而才能在"自由"与"尺度"两个维度的博弈中寻求平衡。

"自由"强调的是特稿的文学面向,常以记者的个性化言说、风格化表达为表征,突出记者对于文学传统的尊重以及文学技巧的使用,其背后也凸显了每一位特稿写作者的"执念"——即使如李海鹏所言,"新闻是个瓶子",但记者们仍想在瓶中求新,甚而打上自己的烙印。而且,一个非常有意思的现象是,几乎所有的记者在论及特稿的文学性时,都明确指出特稿之"特"就在于文学技巧的引入,但至于哪些技巧应该被引入以及如何被引入,则往往语焉不详。我们认为,文学创作中的具有想象力与表现力的表达方式、对故事结构的谋篇布局、对戏剧性的艺术化凸显、对各类修辞的适度运用等等,最终实现特稿的风格化呈现。这些都是特稿实践中可资调用的文学资源。诚如有研究者

① 包丽敏:《特稿的魅力》,《南方传媒研究》,2013年第42期。
② 南香红、陈丰:《特稿二辨》,《南方传媒研究》,2013年第42期。

所言——“敏锐的观察力和感受力、出色的判断和分析,恰当地搭建框架并选用语词,能够如同化石树脂一般,将信息紧紧包裹,抵御时间。词语的外壳是透明的,也需要是坚硬而精巧的,它能让新闻作品最终像艺术品一般精美。”①

“尺度”彰显的是特稿的新闻面向,其背后凝结的是新闻理念与职业规范:“新闻是由以组织方式而进行工作的专业人员来采制和传播的。所以,新闻必然是新闻工作者通过机构程序并遵循机构规范而生产的产品。”②从筛选新闻线索、进行新闻价值判断,到采访写作新闻,每一个环节都浸润了新闻行业的“惯例”。这些即构成了记者特稿实践的“尺度”,它从根本上规定了记者文体实践与创新的边界——“特稿的文采是真实下的文采。在真实的边界里,特稿可以动用一切的手法:小说的情节之曲折,戏剧的冲突之激烈,诗歌的动词诗眼之灵动,舞蹈、音乐等的艺术语言,甚至数学、逻辑之冷峻,无所不可拿来一用,只要用得妥帖而又没有超过真实的边界。”③这就是说,特稿的对象首先必须是真实的,其次必须具有新闻价值,最后写作中可以征用一切合适的方法但不能背离真实性原则,可以发挥想象力但不能杜撰细节,可以下判断但不能失之偏颇。

在“自由”与“尺度”之间的特稿实践,其逻辑起点与最终归宿都指向了公众的社会诉求。这是因为,作为公共知识和读者接受对象的存在,特稿不仅对现实具有强大的表现力和解释力,也承担着影响、教化与引导社会公众的功能,其意义最终也应在

---

① 范承刚:《特稿写作:尴尬的炼金术》,《南方传媒研究》,2013年第42期。

② [美]盖伊·塔奇曼:《做新闻》,麻争旗、刘笑盈、徐扬译,华夏出版社2008年版,第32页。

③ 南香红、陈丰:《特稿二辨》,《南方传媒研究》,2013年第42期。

此汇合。可以说,没有自由的特稿容易失去吸引力,没有尺度的特稿势必失去规范性,而没有社会诉求的特稿则必将失去其时代性和指向性。所谓优秀特稿的特质,大体如李海鹏所描述的那样:

> (1)题材重要,揭示时代的本质;(2)不断指向事件背后的终极推动力;(3)关怀公共利益;(4)信息的收集、择取和推演过程与事实本身相符;(5)具备吸引眼球的亮度;(6)具备艺术的真与美。①

一言以蔽之,特稿的实践之维即是在"自由"与"尺度"之间,寻求"专业范式"与"文学范式"的交融与平衡,追寻"文字的美",呈现"复杂的真"。

① 李海鹏:《我写作是为了光阴流逝使我心安》,载邓科:《南方周末:后台(第一辑)》,南方日报出版社2006年版,第179页。

结　语

“文体范式”是透视新闻文本内在机理的“棱镜”，也是检视当代中国新闻文体史的重要“窗口”。中国新闻文体从1949年到2019年的历史变迁，其实质是“宣传范式”“文学范式”“专业范式”的共生、互动与交融，三大“范式”既参与了新闻文体嬗变的历程，也在这一过程中得以实现自身的形构与演化，从而丰富了新闻文体的内涵与外延。对此，尽管我们在本书正文中已经做了详细阐释，这里仍有必要做一番归纳与总结。

(一) 共生于当代新闻文体之中的三大“范式”彰显了不同的新闻观念，在基于各自不同的逻辑演进中，也参与了当代新闻文体史的建构

三大“范式”共生于当代新闻文体的历史演进之中，实质彰显了政治、文学(文化)、专业三种力量之于新闻文体的影响，其背后也蕴含了不同的新闻观念。“任何新闻业务操作过程(新闻生产过程)，总是在一定新闻观念支配指导下展开的，不管是媒体组织的新闻生产方式，还是职业个体的业务操作过程，甚至是民众新闻传播者的新闻行为，都会以直接感性的

形式或比较隐蔽的形式(渗透在字里行间、体现在文本语境之中)呈现着他们内在的新闻观念。一言以蔽之,新闻观念不可避免地要以形象直观物化方式或客体化方式表现在新闻文本之中。”①

新闻是政党宣传最直接、最有效的方式之一。“新闻文体宣传范式”着力突出新闻文体的宣传取向,其逻辑起点和最终归宿都带有浓厚的宣传目的和宣传诉求,实质是一种“用新闻进行宣传”的新闻观念。“‘宣传’是其立足的根基,对新闻模式的提倡是期望突破灌输式、宣讲式、说教式的观念传播方式,把新闻传播实践中被证明行之有效的传播方式应用于党刊的宣传活动。”②1949—2019 年中国共产党领导下的党报以及其他类型党媒的实践历程,本身也是“新闻文体宣传范式”的内涵生成与发展的过程。从基本内核“党报理论”的诞生与拓展,到根本指针“以正面宣传为主”的提出与践行,从“政论模式”与“信息模式”的形构与转向,到“印证式”与“用事实说话”报道方法的锚定与转型,这些嬗变背后也彰显了中国共产党新闻宣传观念与方法的历史变迁。

新闻源自文学。“新闻文体的母体原是文学。我国古代文学史学应用文不分家,新闻文体就是从这不分家的文学母体中分化出来的。它独立成体之后,既像应用文那样注重实用价值,像史学那样注重事实和理念,又有文学的可读性。”③因此,“文学”始终是 70 年新闻文体演进背后的内隐性因素。每当新闻文

---

① 杨保军:《新闻观念论》,复旦大学出版社 2014 年版,第 130 页。

② 张晓红、郑宏民:《中共党刊研究述评:议题、演进与不足》,《现代出版》,2021 年第 2 期。

③ 樊凡:《拓展新闻写作研究的思维空间》,科学出版社 2018 年版,第 145 页。

体遭遇困境,都会向文学“求援”。“新闻文体文学范式”强调新闻对文学观念和创作手法的征用与借鉴,展现了新闻与文学的互动,凸显了文学之于新闻文体的意义与价值。诚如《人民日报》编辑费伟伟所言:“新闻写作是文学这棵大树上的新枝,新闻人当学会到文学长河里沿波讨源,从各种文学体裁中汲取营养,领悟文章之道、写作大法。”①

独立新闻文体的形成与发展是新闻职业化与专业性的重要表征。“新闻文体专业范式”即源自新闻职业化进程中逐渐形构的专业理念以及由此产生的一整套新闻操作规范与技巧,客观性是其核心理念,“信息模式”与“深度模式”则是其核心话语体式。在70年新闻文体演进脉络中,“专业范式”也伴随时代变迁而不断变换:客观报道历经“批判性拒斥”“策略性运用”“职业化实践”三个阶段,深度报道也经由“思想性”到“专业性”完成观念-实践的转型。基于此,“新闻的专业性在思想上有理论指导,在行为上有伦理约束,在操作上有系统的规范和技术,在结果上有典范”②。

综上所述,在当代新闻文体70年的历史变迁中,“宣传范式”强调新闻所承载的意识形态功能,自1956年“三大改造”完成、社会主义制度在中国完全确立后,即始终居于主导地位;“文学范式”显示新闻文体的文学传统,是新闻文体嬗变背后的一个内隐性因素,在每一个历史阶段都对新闻文体产生着巨大影响;“专业范式”凸显独立新闻文体的专业自洽性,在20世纪

① 费伟伟:《人民日报记者说:好稿是怎样“修炼”成的》,人民日报出版社2018年版,第117页。

② 彭增军:《新闻业的救赎:数字时代新闻生产的16个关键问题》,中国人民大学出版社2018年版,第174—175页。

90年代以来的传媒市场化进程中,伴随新闻职业化历程而不断形构与调整。

(二)三大“范式”相互勾连、交织与融通,彼此借鉴、吸纳与改造,藉此推进当代中国新闻文体的演化与发展

从历史维度看,新闻文体三大“范式”虽各自独立,但其界限又难以泾渭分明,你中有我、我中有你,始终处于不断互动与交融之中,当代新闻文体亦即在三大“范式”的互动与交融中得以不断演进,这完全符合文体学的基本原理——“所有文学类型在形成和发展的过程中都得力于不同文类之间的交叉与浸透。不同文类之间的关系是既排斥又相吸引,结果是形成综合艺术结构的途径。”①

一方面,“故事”成为连接三大“范式”的重要元素,作为“文学范式”的重要组成部分,“故事模式”被“宣传范式”与“专业范式”广泛征用,由此也展现出三大“范式”的交光互影。

“宣传范式”挪借“故事模式”,更多源自宣传目标和传播效果层面的考量。2012年中共“十八大”以后,“讲好中国故事”逐渐成为新时代新闻舆论工作的基本要求。2013年8月19日,习近平在全国宣传思想工作会议上的讲话中,明确对外宣传的基本要求是“讲好中国故事,传播好中国声音”②。2014年,习近平在中共十八届四中全会第二次会议上,将“讲好中国故事”拓展至“对内宣传”领域,提出“加强统筹协调,整合各类资源,推动内宣外宣一体发展,奏响交响乐、大合唱,把中国故事讲

① 陶东风:《文体演变及其文化意味》,云南人民出版社1994年版,第79页。

② 习近平:《把宣传思想工作做得更好》,载于《论党的宣传思想工作》,中央文献出版社2020年版,第17页。

得愈来愈精彩,让中国声音愈来愈洪亮。"①2018 年出版的《习近平新闻思想讲义》则将"讲好中国故事"的具体内涵细分为两个维度:"讲什么"和"怎么讲"。"讲什么"就是"要把握时代脉搏、关注发展大势,聚焦'两个一百年'奋斗目标和中华民族伟大复兴的中国梦,把当代中国发展进步的主流展示好,把中国人民蓬勃向上的风貌展示好。""怎么讲"就是"要真实、生动、鲜活地讲。真实的故事最精彩,百姓的故事最生动。要坚持实事求是,不断改进创新,努力出新出彩,做到见人、见事、见思想、见精神。"②2021 年 5 月 31 日,习近平在中共中央政治局第三十次集体学习时再次将"讲好中国故事"提升至"国家传播能力建设"的视角加以审视,他指出:"讲好中国故事,传播好中国声音,展示真实、立体、全面的中国,是加强我国国际传播能力建设的重要任务。……要加快构建中国话语和中国叙事体系,用中国理论阐释中国实践,用中国实践升华中国理论,打造融通中外的新概念、新范畴、新表述,更加充分、更加鲜明地展现中国故事及其背后的思想力量和精神力量。"③上述事实传递了两个基本信息。其一,"故事模式"正在成为"新闻文体宣传范式"的基本呈现方式。尽管"讲好中国故事"聚焦的起点是"对外宣传""国际传播",但在"内宣外宣一体化"理念下,"故事模式"显然已被拓展至"宣传范式"的全部领域。其二,"新闻文体宣传范式"强调

---

① 习近平:《把中国故事讲得愈来愈精彩,让中国声音愈来愈洪亮》,载于《论党的宣传思想工作》,中央文献出版社 2020 年版,第 122—123 页。

② 本书编写组:《习近平新闻思想讲义(2018 年版)》,人民出版社、学习出版社 2018 版,第 150 页。

③ 《习近平在中央政治局第三十次集体学习时强调 加强和改进国际传播工作展示真实立体全面的中国》,《新华每日电讯》,2021 年 6 月 2 日。

的不仅是故事化的叙述方式,也要求作为报道内容的“故事”必须能够彰显其背后的思想性。换言之,“讲好中国故事”的目标是通过“故事”来建构“中国话语和中国叙事体系”,以达到政治宣传的新境界。

“专业范式”对“故事”的强调,源自新闻业对新闻的专业认知,“‘故事’(story)——一种携带新闻信息的叙事形式,描述了记者在收集和呈现新闻时所生产的内容。包括消息、简讯、报告、系列报道、记录、编年史、叙述、专栏、特写、短视频、推文在内的不同类别的新闻故事,都在争夺着公众的注意力,而且每种方式都对最有价值的信息种类、呈现风格、占用与呈现位置、扮演的角色抱有不同期望。”①事实上,在当代新闻文体的历史演进中,“专业范式”对于“故事”的这种认知也是伴随新闻实践的变化而不断演化。从 20 世纪 80 年代“大特写”“深度报道”对文学故事写作的挪移与改造,到调查性报道“黄金十年”中对故事呈现硬新闻的尝试与努力,再到“中国式特稿”借助故事寻求新闻深度、探查事实真相的实践创新,中国新闻界逐渐发现了“故事”在“专业范式”中的意义与价值。杨瑞春在回忆《南方周末》的文体实践时曾指出,“南周”最初在调查性报道与特稿之间存在“一道鸿沟”,“调查性报道大部分写得比较刚猛、粗粝,主旨是揭示真相、伸张社会正义。而注重文学性的手法讲故事的特稿,其题材往往比较软性、边缘”。后来他们尝试将特稿和一些重大的传统题材相结合,并在业内获得良好口碑时,他们才意识到特稿完全可以成为探查真相的新闻品种,“专业范式”完全可

---

① [美]芭比·泽利泽:《想象未来的新闻业》,赵如涵译,中国人民大学出版社 2022 年版,第 19—20 页。

以运用“故事”来展现深度,于是“中国式特稿”得以诞生:“特稿方法论与重大题材的结合,在《南方周末》最重要的头版位置的频频曝光,进一步提升了《南方周末》特稿的影响力,这是当年《南方周末》特稿能够迅速崛起、被广泛认可的重要原因。”① 21世纪开启的数字新闻业及其文体实践,新闻传播学术界亦再度反思“信息模式”与“故事模式”的关系,探寻未来新闻文体的样子,有学者甚至断言:“新闻的本质是故事,而故事是关于人的情感、需求和欲望的——这将是未来的新闻生产的支配性观念。”②

另一方面,杂交文体的生成,本身就是“范式”交融的产物。“散文式新闻”是“宣传范式”借助“文学范式”突破僵化的“新华体”模式、寻求革新的一种“调适性文体形态”。20世纪50年代的“报告文学”是“文学范式”与“宣传范式”互动的产物,80年代的报告文学则更多显示出“文学范式”与“专业范式”的交融。“专业范式”中的深度报道实质是报告文学演变的一个重要分支:深度报道吸纳了报告文学的“非虚构”和“人文性”特质,又不断挣脱报告文学的“束缚”,逐渐发展成为独立的新闻文体样态。报告文学中的“非虚构”成分原本就属于新闻的本质特征,深度报道予以保留并不断强化,报告文学中的“文学”特性,深度报道则保留了其人文性,而扬弃了文学的想象、艺术的虚构、小说的技法等。由是观之,在非虚构写作的发展历程中,从报告文学、大特写到特稿、非虚构,每一次新的文体样态的

---

① 南方周末:《南方周末写作课》,中信出版社2021年版,第188—189页。

② 常江、王雅韵:《作为故事的新闻:观念、实践与数字化》,《新闻大学》,2023年第1期。

引入,都包含着新闻向文学的“求援”,包括调用文学资源以及文学潜移默化的影响,就连“非虚构写作”的命名也是新闻界从文学领域直接照搬过来的。与此同时,新闻文体的发展又具有某种专业“自洽性”,每一次文体创新,也是新闻挣脱文学束缚、寻求独立的文体理念与叙事技巧的过程,背后彰显了新闻人对于新闻文体独立性的捍卫与坚守。

总体看,在70年新闻文体发展历程中,三大“范式”并非完全按照时间线索渐次出现,也不是简单迭代关系,相反,它们有时会共生于同一阶段,有时会共存于一家媒体之中,有时甚至会出现在同一篇新闻文本之中。

(三)“新媒介实践”与“媒介新实践”共同促发“新闻文体杂合范式”的生成与形构

依循文体学的基本原理,“文体既在变化,又在延续,变化是延续的保证,延续则使变化变得可以理解。脱离了变化的延续是不能持久的,僵化的文体只能是一种短命的文体。或者说,缺乏自我转化能力的结构是一种死结构;另一方面,任何创造性的变化都有其结构的相似性,否则我们就无法解释创造何以会发生,历史就变成了不连贯的个体的杂乱无章的堆积”①。以此为参照,无论是自然演进,还是自我革新,新闻文体都只有在变化中才能得以延续与发展。

21世纪以来,伴随全球新闻业数字新闻实践(包括传统媒介的新实践和新媒介的传播实践)的不断普及与深入,“液态”新闻业得以生成:“在新技术主导的以社交平台和公共参与为

---

① 陶东风:《文体演变及其文化意味》,云南人民出版社1994年版,第36页。

重要特征的新传播形态下,‘液态’的新闻业及其从新闻生产到协作性新闻‘策展’的转变,呈现的是新闻从业者和社会公众,每一个个体,在新闻信息生产和传递的网络节点上不断的相互介入、相互挤占、相互渗透,原有的框架被不断突破、变形甚至不复存在,新的意义不断溢出。”①主体的多元化与节点化成为新闻生产的重要特征。与之相对照,新闻的叙事方式与话语体式也随着“流动的新闻业”和“流动的新闻实践”而不断发生改变。诚如美国新闻学者芭比·泽利泽所言:“随着移动设备逐渐占据网络的首要地位,结合了交互式、超文本和非线性形式的数字媒体在讲故事方面的动态特征在持续变化。”②

近10年来,中西方数字新闻实践中都出现了一种新的现象:多元新闻生产者并存、新闻文体形态融合、新闻客观性与个体情感并置、多样化叙述方式共生等。我国学者罗以澄教授较早关注到这个现象,他曾以“侠客岛”为研究对象,并从新闻文体角度将之命名为“文体杂糅”——“微信平台之上的新闻文体表现出与以往新闻文体不一样的面貌,它所呈现的是各种不同新闻体裁或样式的‘杂糅’。……‘侠客岛’的新闻语态表现出异样的面貌,集中表现为游戏化的叙事策略,即使用游戏化的言说呈现新闻报道。”③西方学者则将这种现象命名为“杂合新闻”(hybrid journalism)。常江教授从三个维度定义“杂合新

---

① 陆晔、周睿鸣:《“液态”的新闻业:新传播形态与新闻专业主义再思考——以澎湃新闻“东方之星”长江沉船事故报道为个案》,《新闻与传播研究》,2016年第7期。

② [美]芭比·泽利泽:《想象未来的新闻业》,赵如涵译,中国人民大学出版社2022年版,第21页。

③ 罗以澄、王继周:《网络社交媒体的新闻文体“杂糅”现象分析——以〈人民日报·海外版〉微信公众账号“侠客岛”为例》,《现代传播(中国传媒大学学报)》,2016年第2期。

闻”——“第一,在形态上,杂合新闻是采用了多种形式、汇聚了不同媒介要素、拥有丰富传播线程的新闻,不同元素既‘杂’又‘合’,构成一个个围绕特定新闻事件形成的小信息生态。第二,在文本上,杂合新闻是融合了(传统)专业报道与个人情绪的叙事文体,杂合新闻的传播同时诉诸接受者的理性与情感,且日益倚重于情感。第三,在文化上,杂合新闻较传统新闻更嘈杂、更大众化,赋予非专业生产者较大的话语权,并包容多元的、非主流的新闻表达。[①] 基于此,姜华与张涛甫两位教授提出了“杂合体新闻业”的概念,并将之视为未来新闻业的常态——“未来新闻业的联结之网,是‘人类之网’‘物物之网’‘人-物之网’的杂合体,新闻活动的诸多环节,尤其是传播过程中的‘再生产’,能够触达何种‘网络’之中的何种要素,是具有高度不确定性的,传统新闻业中的‘现成性’,在未来新闻传播新业态中都变为‘可能性’,而‘可能性’则没有一个确定的形态,它更多表现为一个过程,一个‘行动之流’”。[②] 有鉴于此,陈力丹先生将“杂合新闻”列入2022年新闻传播学研究的十大新鲜话题,“杂合新闻这个术语大致体现出当下数字新闻业给人们的感受:兼容并包、瞬息万变。这种变动的感受经验,来源于数字新闻业各种边界的重构”[③]。

结合上述研究成果,基于对正在进行中的数字新闻实践的

---

① 常江:《理解杂合新闻:技术祛魅与边界重构》,《青年记者》,2022年第8期。

② 姜华、张涛甫:《传播结构变动中的新闻业及其未来走向》,《中国社会科学》,2021年第8期。

③ 陈力丹、张月:《2022年中国新闻传播学研究的十个新鲜话题》,《当代传播》,2023年第1期。

观察，我们尝试在本书结尾处提出新闻文体的第四种“范式”，姑且称之为“新闻文体杂合范式”。该“范式”的生成源自数字新闻实践的泛在化与流动性，专业人士、普通公众与非人类实体等多元主体共同参与新闻生产，融合“宣传范式”“文学范式”与“专业范式”的不同特质，杂合观念、信息、故事、情绪等多样化内容，接合主流叙事、技术表达与大众话语，从而形构“新闻文体杂合范式”的基本样貌，展现数字化语境中的新型新闻文化，“杂合体新闻业是一种全新的新闻业态，它汇集了传统新闻业和新兴新闻业态，非人类实体要素（特别是以人工智能、算法、大数据等为主的技术簇）对于新闻实践带来前所未有的变化。”①

---

① 姜华：《复杂真相与意义生成：论杂合体新闻业的新闻真实及其实现》，《新闻界》，2022年第5期。

部分参考文献

一、中文专著

艾丰:《新闻写作方法论》,人民日报出版社 2010 年版

白红义:《以新闻为业:当代中国调查记者的职业意识研究》,上海交通大学出版社 2013 年版

陈力丹:《马克思主义新闻学词典》,中国广播电视出版社 2002 年版

陈力丹:《马克思主义新闻观百科全书》,中国人民大学出版社 2018 年版

陈平原:《中国散文小说史》,上海人民出版社 2004 年版

陈作平:《新闻报道新思路——新闻报道认识论原理及应用》,中国广播电视出版社 2000 年版

陈岳芬:《新闻传播精品导读·报告文学与深度报道》,复旦大学出版社 2008 年版

程曼丽、乔云霞等:《新闻传播学辞典》,新华出版社 2013 年版

操瑞青:《有闻必录:一个中国新闻口号的兴衰》,中国社会科学出版社 2019 年版

邓科:《南方周末:后台(第一辑)》,南方日报出版社 2006 年版

邓科:《南方周末:后台(第二辑)》,南方日报出版社 2008 年版

邓科:《南方周末:后台(第三辑)》,南方日报出版社 2010 年版

丁晓原:《文化生态与报告文学》,上海三联书店 2001 年版

丁晓原:《中国报告文学三十年观察》,作家出版社 2011 年版

方汉奇:《中国新闻事业通史》(三卷本),中国人民大学出版社 1999 年版

方汉奇:《中国新闻事业编年史》(三卷本),福建人民出版社 2018 年版

方汉奇:《方汉奇文集》,汕头大学出版社 2003 年版

方芳、乔申颖:《名记者清华演讲录》,人民日报出版社 2003 年版

方旭:《我们尝试了什么:〈青年周末〉陈述与思考》,文化艺术出版社1996年版
樊凡:《中西新闻比较论》,武汉出版社1994年版
樊凡:《拓展新闻写作研究的思维空间》,科学出版社2018年版
樊云芳、丁炳昌:《新闻文体大趋势》,华夏出版社1989年版
范敬宜:《总编辑手记》,人民日报出版社2010年版
费伟伟:《人民日报记者说:好稿是怎样"修炼"成的》,人民日报出版社2018年版
复旦大学新闻系:《中国报刊研究文集》,上海人民出版社1962年版
甘惜分:《甘惜分自选集》,中国人民大学出版社2007年版
龚举善:《报告文学现代转型研究》,中国社会科学出版社2012年版
郭玲春:《郭玲春新闻作品选》,新华出版社1991年版
何光先:《十年新闻写作变革》,中国新闻出版社1989年版
黄科安:《延安文学研究——建构新的意识形态与话语体系》,文化艺术出版社2009年版
洪子诚:《中国当代文学史》,北京大学出版社1999年版
《胡乔木传》编写组:《胡乔木谈新闻出版(修订本)》,人民出版社2015年版
蒋原伦、潘凯雄:《历史描述与逻辑演绎——文学评论文体论》,云南人民出版社1999年版
蒋丽萍、林伟平:《民间的回声:新民报创始人陈铭德邓季惺传》,新世界出版社2004年版
孔祥军:《新闻传播精品导读:新闻(消息)卷——范式与典例》,复旦大学出版社2004年版
李庄:《李庄文集(四册)》,人民日报出版社、宁夏人民出版社2004年版
李良荣:《中国报纸的理论与实践》,复旦大学出版社1992年版
李良荣:《中国报纸文体发展概要》,福建人民出版社2002年版
李金铨:《文人论政:知识分子与报刊》,广西师范大学出版社2008年版
李彬、常江:《新闻人生——名记者清华演讲选》,清华大学出版社2009年版
梁衡:《新闻绿叶的脉络——一个评委的笔记》,新华出版社1995年版
梁衡:《新闻原理的思考》,人民出版社1996年版
梁启超:《饮冰室合集之六》,中华书局有限公司1936年版
龙伟:《成为人民报纸:新中国上海报业的历史变革(1949—1953)》,社会

科学文献出版社 2022 年版
栾梅健:《二十世纪中国文学发生论》,广西师范大学出版社 2006 年版
路鹏程:《难为沧桑纪废兴:中国近代新闻记者的职业生涯(1912—1937)》,东方出版中心有限公司 2021 年版
罗以澄:《新闻写作现代化探析》,武汉大学出版社 1989 年版
林帆:《新闻写作纵横谈》,浙江人民出版社 1980 年版
李彬:《新中国新闻论》,北京大学出版社 2015 年版
李大同:《冰点故事》,广西师范大学出版社 2005 年版
李海鹏:《佛祖在一号线》,文化艺术出版社 2010 年版
李海鹏:《大地孤独闪光》,南方日报出版社 2011 年版
李春:《当代中国传媒史(上、下)》,漓江出版社 2014 年版
李梓新:《非虚构写作指南》,中信出版集团 2019 年版
刘海贵:《中国现当代新闻业务史导论》,复旦大学出版社 2002 年版
刘海贵、刘勇、邓建国:《中国新闻采访写作学》(第三版),复旦大学出版社 2022 年版
刘建明:《宣传舆论学大辞典》,经济日报出版社 1992 年版
刘家林:《新中国新闻传播 60 年长编(1949—2009)》(上、下),暨南大学出版社 2010 年版
刘保全:《新闻论争综述 16 题》,中国人民大学新闻学院(内部用书)2002 年
刘其中:《诤语良言:与青年记者谈新闻写作》,新华出版社 2003 年版
刘海龙:《宣传:观念、话语及其正当化》,中国大百科全书出版社 2020 年版
刘勇:《中国报纸新闻文体嬗变(1978—2008)》,中国人民大学出版社 2016 年版
刘勇:《大追寻:美国媒体前沿报告》,上海远东出版社 2002 年版
刘蒙之、张焕敏:《非虚构何以可能:中国优秀非虚构作家访谈录》,中国社会科学出版社 2018 年版
林晖:《历史的探索》,武汉大学出版社 2009 年版
楼榕娇:《新闻文学概论》,台湾学生书局 1979 年版
马役军:《新闻打个文学的盹儿》(上、下),作家出版社 2010 年版
穆青:《穆青论新闻》,新华出版社 2003 年版
宁树藩:《宁树藩文集》,汕头大学出版社 2003 年版
南香红:《野马的爱情》,南方日报出版社 2011 年版

南方都市报:《八年:南方都市报创办日报八周年(1997—2004)》,南方日报出版社 2004 年版
南方周末:《南方周末写作课》,中信出版社 2021 年版
彭家发:《新闻客观性原理》,台湾三民书局 1994 年版
彭增军:《新闻业的救赎:数字时代新闻生产的 16 个关键问题》,中国人民大学出版社 2018 年版
人民日报社:《人民日报 70 年》,人民日报出版社 2018 年版
任稚犀、张雷:《新新闻体写作》,北京日报出版社 1989 年版
芮必峰:《政府、市场、媒体及其他:新闻生产中的力量博弈》,中国传媒大学出版社 2018 年版
芮必峰、姜红:《新闻报道方式论》,安徽大学出版社 2001 年版
单波:《20 世纪中国新闻学与传播学 · 应用新闻学卷》,复旦大学出版社 2001 年版
申丹:《叙述学与小说文体学研究》,北京大学出版社 1998 年版
孙德宏:《中国百年新闻经典(消息卷)》,人民出版社 2016 年版
孙玉胜:《十年:从改变电视的语态开始》,生活 · 读书 · 新知三联书店 2003 年版
童兵、陈绚:《新闻传播学大辞典》,中国大百科全书出版社 2014 年版
童兵:《主体与喉舌——共和国新闻传播轨迹审视》,河南人民出版社 1994 年版
童庆炳:《文体与文体的创造》,云南人民出版社 1994 年版
童庆炳:《文学理论教程》(修订二版),高等教育出版社 2004 年版
陶东风:《文体演变及其文化意味》,云南人民出版社 1994 年版
王中:《王中文集》,复旦大学出版社 2004 年版
王晖:《时代文体与文体时代——近 30 年中国写实文学观察》,人民出版社 2010 年版
王春泉:《武装的眼睛:现代新闻报道形式及写作》,安徽人民出版社 2008 年版
王安忆:《小说课堂》,商务印书馆 2012 年版
王润泽:《近代中国新闻实践史略》,人民出版社 2020 年版
王辰瑶:《新中国新闻报道史暨代表作研究》,北京大学出版社 2015 年版
王君超:《第三只眼睛看传媒:媒介批评热点文选》,清华大学出版社 2009 年版
吴定勇:《都市报崛起之谜》,四川大学出版社 2005 年版

武楠:《发掘好新闻——改革开放初期中国新闻观念研究(1979—1988)》,河南大学出版社2021年版
吴肇荣:《中国现代作家型记者》,武汉大学出版社1987年版
习近平:《干在实处　走在前列——推进浙江新发展的思考与实践》,中共中央党校出版社2006年版
习近平:《习近平谈治国理政》第二卷,外文出版社2017年版
习近平:《论党的宣传思想工作》,中央文献出版社2020年版
徐培汀:《中国新闻传播学说史》(1949—2005),重庆出版社2006年版
熊蕾、[美]朱迪·波罗鲍姆:《变脸:中国新一代职业媒体人口述实录》,新华出版社2009年版
新华社新闻研究所:《邓小平论新闻宣传》,新华出版社1998年版
新华通讯社史编写组:《新华通讯社史(第一卷)》,新华出版社2010年版
徐百柯:《冰点·特稿2012—2013》,中央编译出版社2014年版
新华社新闻研究所:《新闻作品评析》,新华出版社1985年版
新闻学与传播学名词审定委员会:《新闻学与传播学名词》,商务印书馆2022年版
杨义:《中国叙事学》增订本,商务印书馆2019年版
杨保军:《新闻观念论》,复旦大学出版社2014年版
杨兴锋:《南方报业之路》,南方日报出版社2009年版
杨瑞春、张捷:《南方周末特稿手册》,南方日报出版社2012年版
袁勇麟:《当代汉语散文流变论》,上海三联书店2002年版
喻国明:《中国新闻业透视——中国新闻改革的现实动因和未来走向》,河南人民出版社1993年版
喻国明:《传媒变革力——传媒转型的行动路线图》,南方日报出版社2009年版
喻国明:《媒介的市场定位——一个传播学者的实证研究》,北京广播学院出版社2000年版
喻国明:《解构民意:一个舆论学者的实证研究》,华夏出版社2001年版
张达芝:《新闻理论基本问题》,陕西人民教育出版社1990年版
张惠仁:《现代新闻写作学》,四川人民出版社2001年版
张志安:《编辑部场域中的新闻生产——基于〈南方都市报〉的研究》,复旦大学出版社,2019年版
张志安:《报道如何深入:关于深度报道的精英访谈及经典案例》,南方日报出版社2006年版

张志安:《记者如何专业:深度报道精英的职业意识与报道策略》,南方日报出版社 2007 年版
张志安、刘虹岑:《转型与坚守:新媒体环境下深度报道从业者访谈录》,南方日报出版社 2015 年版
张志安、陶建杰:《中国应用新闻传播十大创新案例》(第五辑),南方日报出版社 2022 年版
张持坚、蒋耀波、谢金虎:《新华社中青年记者散文式新闻选萃》,新华出版社 1991 年版
张之华:《中国新闻事业史文选(公元 724 年—1995 年)》,中国人民大学出版社 1999 年版
张建伟:《深呼吸——未曾公开的新闻内幕》(上、下),经济日报出版社 1998 年版
赵遐秋:《中国现代报告文学史》,中国人民大学出版社 1987 年版
赵超构:《赵超构文集》(六卷本),文汇出版社 1999 年版
郑鸣:《关于记者:郭超人新闻思考》,新华出版社 2010 年版
郑兴东:《新闻冲击波——北京青年报现象扫描》,中国人民大学出版社 1994 年版
郑宇丹:《新中国的民营报纸(1949—1957)》,河南大学出版社 2021 年版
中共中央文献研究室、新华通讯社:《毛泽东新闻工作文选》,新华出版社 2014 年版
中共中央文献研究室、新华通讯社:《毛泽东新闻作品集》,新华出版社 2014 年版
周国华、陈进波:《报告文学论集》,新华出版社 1985 年版
中国社会科学院新闻研究所:《中国共产党新闻工作文件汇编》(上、中、下),新华出版社 1980 年版
《中国新闻社六十年佳作》(四卷),中国传媒大学出版社 2012 年版
中国青年报编辑组:《报之道》,内部交流,2007 年
张建星:《中国报业 40 年》,人民日报出版社 2018 年版
臧国仁、蔡琰:《叙事传播:故事/人文观点》,台湾五南图书出版股份有限公司 2017 年版
曾华国:《中国式调查报道》,南方日报出版社 2006 年版
《好新闻(1979—1988 年)》
《中国新闻年鉴》(1982—2019 年)
中华全国新闻工作者协会国内部:《现场短新闻——首届评选获奖作品

集》,新华出版社 1990 年版

中国新闻奖评选委员会办公室:《中国新闻奖作品选(首届)(1990 年)》,中国广播电视出版社 1992 年版

中国新闻奖评选委员会办公室:《中国新闻奖作品选(1991—2020 年)》,新华出版社 1993—2021 年版

二、译著

[美] C. 赖特 · 米尔斯:《社会学的想象力》,陈强、张永强译,生活 · 读书 · 新知三联书店 2005 年版

[美] 托马斯 · 库恩:《科学革命的结构》,金吾伦、胡新和译,北京大学出版社 2003 年版

[美] 黛安娜 · 克兰:《无形学院——知识在科学共同体的扩散》,刘珺珺等译,华夏出版社 1988 年版

[美] 卡斯珀 · 约斯特:《新闻学原理》,王海译,中国传媒大学出版社 2013 年版

[法] 热拉尔 · 热奈特:《叙事话语　新叙事话语》,王文融译,中国社会科学出版社 1990 年版

[美] 罗伯特 · K. 默顿:《社会研究与社会政策》,林聚任等译,生活 · 读书 · 新知三联书店 2001 年版

[美] Wilbur Schramm:《大众传播的责任》,程之行译,台湾远流出版事业公司 1992 年版

[美] 梅尔文 · 门彻:《新闻报道与写作(第 9 版)》,展江主译,华夏出版社 2003 年版

[美] 比尔 · 科瓦齐、汤姆 · 罗森斯蒂尔:《真相:信息超载时代如何知道该相信什么》,陆佳怡、孙志刚译,中国人民大学出版社 2014 年版

[美] 迈克尔 · 舒德森:《发掘新闻:美国报业的社会史》,陈昌凤、常江译,北京大学出版社 2009 年版

[美] 盖伊 · 塔奇曼:《做新闻》,麻争旗、刘笑盈、徐扬译,华夏出版社 2008 年版

[美] 戴维 · 加洛克:《普利策新闻奖 · 特稿卷》,多人译,李彬校,新华出版社 1992 年版

[荷] 梵 · 迪克:《作为话语的新闻》,曾庆香译,华夏出版社 2003 年版

[美] 新闻自由委员会:《一个自由而负责任的新闻界》,展江、王征、王涛译,中国人民大学出版社 2014 年版

［美］约翰·C.哈索克:《美国文学新闻史:一种现代叙事形式的兴起》,李梅译,复旦大学出版社 2019 年版
［美］莫里斯·迪克斯坦:《伊甸园之门:六十年代的美国文化》,方晓光译,译林出版社 2007 年版
［美］芭比·泽利泽:《想象未来的新闻业》,赵如涵译,中国人民大学出版社 2022 年版

三、论文

包丽敏:《特稿的魅力》,《南方传媒研究》,2013 年第 42 期
陈力丹:《深度报道"深"在哪儿?》,《新闻与写作》,2004 年第 4 期
陈力丹、王亦高:《深刻理解"新闻客观性"——读〈维系民主? 西方政治与新闻客观性〉一书》,《新闻大学》,2006 年第 1 期
陈力丹、张月:《2022 年中国新闻传播学研究的十个新鲜话题》,《当代传播》,2023 年第 1 期
陈阳、郭玮琪、张弛:《我国报纸新闻中的情感性因素研究——以中国新闻奖一等奖作品为例(1993—2018)》,《新闻与传播研究》,2020 年第 11 期
常江、王雅韵:《作为故事的新闻:观念、实践与数字化》,《新闻大学》,2023 年第 1 期
常江:《理解杂合新闻:技术祛魅与边界重构》,《青年记者》,2022 年第 8 期
曹艳辉、张志安:《地位、理念与行为:中国调查记者的职业认同变迁研究》,《现代传播(中国传媒大学学报)》,2020 年第 12 期
程天敏:《我看"社会大特写"》,《新闻界》,1998 年第 2 期
崔伟奇、史阿娜:《论库恩范式理论在社会科学领域中运用的张力》,《学习与探索》,2011 年第 1 期
陈丽杰:《模糊的"范式"——再论库恩的"范式"》,《理论界》,2017 年第 7 期
樊凡:《新闻散文化的内在动因》,《武汉大学学报(社会科学版)》,1991 年第 4 期
范承刚:《特稿写作:尴尬的炼金术》,《南方传媒研究》,2013 年第 42 期
黄旦:《突破"记者式"研究的框式——对新闻理论研究现状的思考》,《杭州大学学报(哲学社会科学版)》,1994 年第 2 期
胡群芳:《杜强:非虚构作品,要有放到十年后还能看的潜力》,《南方传媒研究》,2019 年第 6 期

姜华、张涛甫:《传播结构变动中的新闻业及其未来走向》,《中国社会科学》,2021 年第 8 期
姜华:《复杂真相与意义生成:论杂合体新闻业的新闻真实及其实现》,《新闻界》,2022 年第 5 期
蒯乐昊:《奢侈的特稿》,《南方传媒研究》,2013 年 42 期
罗以澄、王继周:《网络社交媒体的新闻文体“杂糅”现象分析——以〈人民日报·海外版〉微信公众账号“侠客岛”为例》,《现代传播(中国传媒大学学报)》,2016 年第 2 期
黎明洁:《重审散文式新闻论争》,《学术论坛》,2004 年第 6 期
刘勇:《新闻与文学的交响与变奏:基于对“非虚构写作”的历时性考察》,《现代传播(中国传媒大学学报)》,2017 年第 8 期
刘勇、邹君然:《在“自由”与“尺度”之间:特稿的实践之维——基于对李海鹏系列作品的考察》,《新闻大学》2017 年第 4 期
刘勇、邹君然:《记者文体意识与个体风格的互渗与博弈》,《中国地质大学学报(社会科学版)》,2018 年第 1 期
刘勇:《新中国新闻文体 70 年:“范式”的共生与交融》,《南京师大学报(社会科学版)》,2019 年第 6 期
刘勇:《作为“宣传范式”典范的“新华体”:历史变迁与内涵建构》,《南京师大学报(社会科学版)》,2021 年第 4 期
刘勇:《作为宣传的新闻:范式锚定与逻辑演进——基于中国共产党百年党报实践的考察》,《现代传播(中国传媒大学学报)》,2022 年第 2 期
李娟:《新闻文体“文学范式”的生成与型构——基于对“散文式新闻”的历时性考察》,《未来传播》,2019 年第 4 期
李娟、刘勇:《变动时代新闻职业价值的消解与重构——基于 ONE 实验室解散的元新闻话语研究》,《新闻记者》,2018 年第 5 期
陆晔、周睿鸣:《“液态”的新闻业:新传播形态与新闻专业主义再思考——以澎湃新闻“东方之星”长江沉船事故报道为个案》,《新闻与传播研究》,2016 年第 7 期
马少华:《新闻报道要有自己的叙事规范》,《新闻与写作》,2013 年第 12 期
宁树藩:《信息观念与新闻学研究》,《新闻界》,1998 年第 2、3 期
南香红、陈丰:《特稿二辨》,《南方传媒研究》,2013 年第 42 期
潘忠党、陈韬文:《从媒体范例评价看中国大陆新闻改革中的范式转变》,《新闻学研究》(台湾),2004 年总第 78 期

潘忠党、陆晔:《走向公共:新闻专业主义再出发》,《国际新闻界》,2017 年第 10 期
钱钢:《〈唐山大地震〉和那个十年》,《财经》,2009 年第 15 期
芮必峰:《论新新闻学》,《潍坊学院学报》,2002 年第 1 期
汤林峄、雷跃捷:《旗帜·阵地·杠杆:恩格斯党报党刊思想及实践》,《现代出版》,2021 年第 2 期
王克勤:《调查性报道基本问题梳理》,《法治新闻传播》,2011 年第 2 期
王辰瑶:《模糊而有意义——谈谈文字报道体裁的分类与命名》,《新闻与传播研究》,2015 年第 1 期
王长庚:《媒体整合的背景及应对举措——李良荣教授在暨南大学的专题演讲述评》,《当代传播》,2002 年第 3 期
王佳莹:《李海鹏:职业操作规范下的非虚构写作》,《北京青年报》,2014 年 9 月 19 日
王雄:《论"新新闻学"与"新闻文学"》,《南京大学学报(哲学·人文科学·社会科学版)》,2000 年第 4 期
王维:《报纸应以发表新闻为主》,《新闻战线》,1980 年第 2 期
文有仁:《漫议"新华体"》,《新闻爱好者》,2001 年第 5 期
笑蜀、傅剑锋:《"如果对苦难冷漠,你就不配当记者"——王克勤访谈录》,《南方周末》,2010 年 8 月 12 日
薛国林:《论散文式新闻》,《暨南学报》(哲学社会科学版),1997 年第 3 期
徐亮:《泛文学时代的文艺学》,《浙江大学学报(人文社会科学版)》,2002 年第 1 期
杨保军:《倒金字塔——新闻思维的规律性结构》,《新闻战线》,2008 年第 6 期
杨保军:《三个向度中的当代中国新闻业》,《今传媒》,2008 年第 6 期
杨保军、李泓江:《新闻学的范式转换:从职业性到社会性》,《新闻与传播研究》,2020 年第 8 期
张征:《新闻报道三十年的发展演变趋势》,《国际新闻界》,2008 年第 10 期
张志安、沈菲:《中国调查记者行业生态报告》,《现代传播(中国传媒大学学报)》,2011 年第 10 期
张志安、张京京、林功成:《新媒体环境下中国新闻从业者调查》,《当代传播》,2014 年第 3 期
张涛甫:《非虚构写作:对抗速朽》,《新闻记者》,2018 年第 9 期

张晓红、郑宏民:《中共党刊研究述评:议题、演进与不足》,《现代出版》,2021年第2期

祝华新:《〈中国改革的历史方位〉与80年代》,《中国改革》,2018年第4期

周胜林:《“海派”文体——大特写》,《新闻战线》,1995年第4期

周葆华、查建琨:《网络新闻从业者生存状况调查报告》,《新闻与写作》,2017年第3期

Carlson. Matt. (2016), Metajournalistic Discourse and the Meanings of Journalism: Definitional Control, Boundary Work, and Legitimation, *Communication Theory*. 26(4), 349-368.

Zelizer. B. (1993), Journalists As Interpretive Communities, *Critical Studies in Mass Communication*, 10(3), 219-237.

Patrick. F. & Ross. T. (2018), Access, Deconstructed: Metajournalistic Discourse and Photojournalism's Shift Away From Geophysical Access, *Journal of Communication Inquiry*, 42(2), 121-137.

后　记

没有想到,当年以“新闻文体史”作为研究对象、撰写博士论文,我居然在这个“冷门”领域坚持了18年,产出了30多篇学术论文和1本专著,先后完成1个教育部人文社科项目和1个国家社科基金项目,这些成果虽难尽人意,却是串接我学术生涯的“印迹”。

本书是我在这个领域出版的第二本专著,也是我主持的2013年度国家社科基金青年项目“当代中国报纸新闻文体史研究(1949—2013)”的最终成果。该成果在2019年以“优秀”结项,之后即转入“修改—发表—再修改……”的循环中,以致立项的是“青年项目”,出版时已人到中年。感谢各位盲评专家的专业意见,相关建议我已在修改中予以吸收。需要说明的是:在本书中,我将时间节点延伸至2019年,从而聚焦中华人民共和国成立70年的新闻文体史。此外,“宣传范式”部分考察了中共党报的百年实践,“非虚构写作”部分追溯了1949年以前的实践历程,全书还尽可能多地采用了2020—2023年的新闻报道案例。

新闻实务研究的学术发表殊为不易。感谢《现代传播》《新闻大学》《南京师大学报》《未来传播》《青年记者》等学术刊物,为本书部分章节提供了较多版面,也感谢各位论文盲审专家的辛劳。

在这个领域"耕作"越久就越发感觉千头万绪。2022 年,我又以"百年中国新闻文体史(1921—2021)"为题,申报并获批了国家社科基金项目。我知道一个新的征程已然开始,希望自己能做得更好。

感谢我的硕士导师芮必峰教授和博士导师刘海贵教授。两位先生引领我走上学术之路,更是我人生的导师,他们的魅力和睿智永远启迪着我。

感谢父母、岳父母对我们的关爱与支持。四位老人为我们搭建避风的港湾,却对我们没有任何要求,惟愿他们幸福安康。

特别要感谢爱人李娟。正是她对家庭的无私付出,才使我得以"扎进"历史静心爬梳。作为同行,她也是本项目的核心成员,不仅帮助我寻找文献与案例,而且撰写了本书的文献综述和"散文式新闻"部分的初稿。

感谢女儿妞妞。她是我的精神动力和快乐之源。日常与女儿的插科打诨、嬉戏玩闹,使我的生活充满欢声笑语。她现在已经是一名上进的中学生了,在这个众"生"皆"卷"的环境中,我更希望她能独立自信、快乐成长。

感谢本书的责任编辑章永宏博士,他的细致与专业,为本书增色不少。

最后,感谢我先后求学、供职的两个学院:安徽大学新闻传播学院、复旦大学新闻学院。

人生总是充满机缘。

就像——1998 年考入安徽大学新闻传播学院读本科，我不知道我的人生会与这个学院产生 23 年的奇妙缘分。

就像——2005 年考入复旦大学新闻学院攻读博士学位，我也无法预知自己会在博士毕业 13 年后，回归这座绿树红墙的院子。

一切相遇皆是美好！

我相信！

刘　勇

2023 年 9 月 7 日

于复旦新闻学院

图书在版编目(CIP)数据

“范式”共生与交融:中国新闻文体的当代演进:1949-2019/刘勇著.—上海: 复旦大学出版社, 2023.11
(新闻传播学术原创系列)
ISBN 978-7-309-17024-5

Ⅰ.①范…　Ⅱ.①刘…　Ⅲ.①新闻-文体-文学研究-中国-1949-2019　Ⅳ.①G212.2

中国国家版本馆 CIP 数据核字(2023)第 189809 号

“范式”共生与交融:中国新闻文体的当代演进:1949—2019
刘　勇　著
责任编辑/章永宏

复旦大学出版社有限公司出版发行
上海市国权路 579 号　邮编: 200433
网址: fupnet@fudanpress.com　http://www.fudanpress.com
门市零售: 86-21-65102580　团体订购: 86-21-65104505
出版部电话: 86-21-65642845
常熟市华顺印刷有限公司

开本 890 毫米×1240 毫米　1/32　印张 11.375　字数 246 千字
2023 年 11 月第 1 版
2023 年 11 月第 1 版第 1 次印刷

ISBN 978-7-309-17024-5/G・2531
定价: 48.00 元